● 土木工程施工与管理前沿丛书

上海地方本科院校"十二五"内涵建设"现代综合交通智能化管理工程"
成果（项目编号：0852011XKZY15）
上海高校青年教师培养资助计划项目（项目编号：ZZGJD12034）

复杂工程项目进度控制的系统动力学仿真方法研究

The Research on System Dynamics Simulation-based Time Control Methodology for Complex Construction Projects

王宇静 吴 清 著

中国建筑工业出版社

图书在版编目（CIP）数据

复杂工程项目进度控制的系统动力学仿真方法研究/王宇静，吴清著. —北京：中国建筑工业出版社，2013.5
土木工程施工与管理前沿丛书
ISBN 978-7-112-15337-4

Ⅰ.①复… Ⅱ.①王…②吴… Ⅲ.①工程项目管理-系统动态学-系统仿真-研究 Ⅳ.①F284-39

中国版本图书馆CIP数据核字（2013）第072364号

　　本书以复杂工程项目为研究对象，以系统动力学的理论和方法为指导，提出了一种新的复杂工程项目进度控制方法。它系统地考虑了工程进度影响因素，帮助管理者从全局的角度分析复杂工程进度问题，对复杂工程项目进度计划优化和进度控制策略的选择提供决策支持。在工程项目复杂化趋势不断增强和复杂性科学大发展推动各学科交叉与融合的双重背景下，本书对于促进复杂项目管理理论体系的构建、提高复杂工程项目的社会效益和经济效益具有一定的理论意义和实践意义。

* * *

责任编辑：赵晓菲
责任设计：董建平
责任校对：肖　剑　王雪竹

土木工程施工与管理前沿丛书
复杂工程项目进度控制的系统动力学仿真方法研究
The Research on System Dynamics Simulation-based Time Control Methodology for Complex Construction Projects
王宇静　吴　清　著

*

中国建筑工业出版社出版、发行（北京西郊百万庄）
各地新华书店、建筑书店经销
北京红光制版公司制版
廊坊市海涛印刷有限公司印刷

*

开本：787×1092毫米　1/16　印张：10½　字数：255千字
2013年5月第一版　2013年5月第一次印刷
定价：**30.00**元
ISBN 978-7-112-15337-4
（23367）

版权所有　翻印必究
如有印装质量问题，可寄本社退换
（邮政编码　100037）

前　言

随着社会、经济的不断发展和科学技术的日新月异，我国基本建设领域内复杂工程项目日益增多。由于受到多种因素的影响，复杂工程项目的执行过程呈现出高度的动态性和不确定性，这为其进度目标控制带来了重大挑战。而传统进度控制方法无法描述项目各项工作之间、工作与各种进度影响因素之间的相互关系，而是把其留给了人脑来处理，致使复杂工程项目进度控制决策常缺乏有效性和科学性。为此，本书以系统动力学（System Dynamics，SD）的理论和方法为指导，提出了一种新的工程进度控制方法，它系统地考虑了主要进度影响因素，帮助管理者从全局的角度分析工程进度问题，对复杂工程项目进度计划优化和进度控制策略的选择提供决策支持。

本书主要研究内容如下：

（1）工程进度控制 SD 仿真方法的内涵。从 SD 的视角分析了复杂工程项目系统的特征；阐释了工程项目 SD 模型的构建原理和模型特征；阐明了该方法的适用范围和应用的基本过程，比较分析了其与其他工程进度控制方法的异同。

（2）工程项目 SD 模型的构建和检验。面向工程进度问题，确立了模型边界并建立了包含建设过程子系统、范围子系统、资源管理子系统、进度目标子系统和项目表现子系统的模型总体结构；以先定性分析子系统诸要素之间的逻辑关系并识别出主要的因果反馈回路、再提炼模型变量并确立主要变量的数学方程为研究思路，分别构建了各子系统模型结构。对该模型依次进行了直接结构检验、面向结构的行为检验和行为模式检验，检验结果验证了模型的有效性。

（3）基于 SD 模型的工程进度控制决策分析。分析了特定场景下模型的动行为；对模型进行仿真实验，应用系统内部的动态结构和反馈机制决定系统行为的理论以及主导动态结构作用原理，分别研究了并行建设、劳动力分配策略、调整进度目标和调整时间延迟四类进度控制策略对项目绩效的影响机理；通过项目绩效对进度控制策略参数的敏感性分析，提出了实验项目的进度控制综合策略和进度计划的优化方案。

（4）基于 SD 模型的工程进度控制决策支持系统的设计。在分析系统开发必要性基础上，提出了系统设计要求并界定了系统内涵；设计了系统功能和系统架构，提出了详细的系统开发技术方案。

本书是在作者博士学习阶段导师同济大学丁士昭教授的悉心指导下完成的，在此，谨向他致以衷心地感谢！

在本书的撰写过程中，参阅了近年来国内外该领域的大量研究成果，在此向相关作者表示诚挚的谢意！

本书的出版得到了上海地方本科院校"十二五"内涵建设"现代综合交通智能化管理工程"（项目编号：0852011XKZY15）和上海高校青年教师培养资助计划项目（ZZGJD12034）的资助，谨向资助方致以诚挚谢意！

由于学术水平的局限，书中谬误之处在所难免，恳请各位专家、学者批评指正。

目 录

前言
第1章 绪论 ··· 1
　1.1 研究背景 ··· 1
　1.2 文献综述 ··· 3
　　1.2.1 复杂工程项目进度问题研究综述 ··························· 3
　　1.2.2 工程进度控制方法研究综述 ································ 4
　　1.2.3 项目系统动力学模型结构研究综述 ······················· 6
　　1.2.4 项目系统动力学模型在复杂项目进度管理中的应用研究综述 ··· 9
　　1.2.5 文献综述总结与评价 ·· 11
　1.3 研究对象、内容和方法 ··· 13
　　1.3.1 研究对象 ··· 13
　　1.3.2 研究内容和研究思路 ·· 13
　　1.3.3 研究方法 ··· 15
　1.4 研究的意义 ··· 16

第2章 工程进度控制系统动力学仿真方法的内涵 ··············· 17
　2.1 理论基础 ··· 17
　　2.1.1 系统动力学理论基本点 ···································· 17
　　2.1.2 系统动力学仿真方法 ······································· 18
　2.2 系统动力学视角下的复杂工程项目系统的特征分析 ······· 19
　2.3 工程项目系统动力学模型构建原理与特征 ··················· 21
　　2.3.1 工程项目系统动力学模型的构建原理 ··················· 21
　　2.3.2 工程项目系统动力学模型的主要特征 ··················· 23
　2.4 工程进度控制系统动力学仿真方法的主要特征 ············· 24
　　2.4.1 方法的适用范围 ··· 24
　　2.4.2 方法应用的基本过程 ······································· 25
　　2.4.3 与其他工程进度控制方法的对比分析 ··················· 26

第3章 工程项目系统动力学模型 ···································· 32
　3.1 模型边界与模型总体结构 ······································ 32
　　3.1.1 模型边界 ··· 32
　　3.1.2 模型总体结构 ··· 33

3.2 工程项目过程子系统 ·································· 34
3.2.1 工作任务依赖关系子块 ···························· 34
3.2.2 质量管理过程子块 ································ 37
3.2.3 工程变更管理过程子块 ···························· 46
3.2.4 项目建设过程模型总体结构 ························ 51
3.3 工程项目范围子系统 ···································· 53
3.4 工程项目资源管理子系统 ································ 54
3.4.1 调整劳动力人数策略 ································ 54
3.4.2 工人加班工作策略 ································ 56
3.5 工程项目进度目标子系统 ································ 58
3.5.1 工作目标工期的调整 ································ 58
3.5.2 进度压力对项目表现的影响 ·························· 60
3.6 项目表现子系统 ·· 61
3.6.1 生产效率子块 ······································ 61
3.6.2 工程质量子块 ······································ 64
3.7 工程项目系统动力学模型与其他项目系统动力学模型的比较 ···· 66

第4章 工程项目系统动力学模型的检验 ···························· 69
4.1 系统动力学模型检验的理论探讨 ·························· 69
4.2 直接结构检验 ·· 71
4.2.1 模型结构评价检验 ·································· 71
4.2.2 参数估计检验 ······································ 72
4.2.3 边界恰当性检验 ···································· 73
4.2.4 量纲一致性检验 ···································· 74
4.3 面向结构的行为检验 ···································· 74
4.3.1 极端条件检验 ······································ 75
4.3.2 灵敏度检验 ·· 76
4.3.3 积分误差检验 ······································ 77
4.4 行为模式检验 ·· 77
4.4.1 项目概况 ·· 78
4.4.2 模型参数估计 ······································ 78
4.4.3 模型行为与项目行为分析 ···························· 83
4.5 模型检验结论 ·· 85

第5章 基于系统动力学模型的工程进度控制决策分析 ················ 86
5.1 模型的特定场景仿真结果分析 ···························· 86
5.2 并行建设对项目绩效的影响 ······························ 90

5.2.1	并行建设的内涵	90
5.2.2	并行建设中的反馈回路分析	90
5.2.3	设计与施工并行的策略选择	92

5.3 劳动力分配策略对项目绩效的影响 …… 96
5.4 调整进度目标对项目绩效的影响 …… 101
5.5 时间延迟对项目绩效的影响 …… 104
    5.5.1 劳动力增加延迟对项目绩效的影响 …… 105
    5.5.2 变更处理决策延迟对项目绩效的影响 …… 107
5.6 进度控制综合策略与项目进度计划优化 …… 108
    5.6.1 进度控制综合策略 …… 108
    5.6.2 项目进度计划优化 …… 110

第6章 基于系统动力学模型的工程进度控制决策支持系统 …… 112

6.1 系统开发的必要性分析 …… 112
    6.1.1 工程项目系统动力学模型应用面临的挑战 …… 112
    6.1.2 现有项目信息系统的功能局限性 …… 113
6.2 系统设计要求 …… 114
6.3 系统内涵 …… 116
    6.3.1 系统特征 …… 116
    6.3.2 系统与其他项目信息系统的比较 …… 118
6.4 系统功能设计 …… 119
    6.4.1 系统输入 …… 119
    6.4.2 项目进展预测与方案对比分析 …… 120
    6.4.3 实时仿真 …… 122
    6.4.4 系统动力学模型校正 …… 123
    6.4.5 进度计划优化与完工概率分析 …… 124
    6.4.6 系统管理 …… 124
6.5 系统架构与系统开发 …… 124
    6.5.1 系统软件架构设计 …… 124
    6.5.2 系统开发技术方案 …… 126
6.6 系统应用实例 …… 133
    6.6.1 基本参数输入 …… 133
    6.6.2 应用场景分析 …… 133
    6.6.3 进度控制方案设计与方案评价 …… 134
    6.6.4 完工概率分析 …… 138

结束语 …… 139

附录A　工程项目SD模型主要变量说明表 ·································· 142
附录B　Vensim（DSS）仿真软件函数含义说明表 ························ 146
参考文献 ··· 147

图 目 录

图 1.1 项目 SD 模型主要结构 ·· 6
图 1.2 论文研究内容和研究思路 ·· 14
图 2.1 系统仿真方法三要素及其关系 ···································· 18
图 2.2 多回路驱动下的工程项目动态行为模式 ························ 20
图 2.3 控制回路对工程项目动态过程的描述 ·························· 22
图 2.4 工程项目系统动力学模型基本结构 ····························· 22
图 2.5 工程项目内的正负反馈回路 ······································ 24
图 2.6 复杂工程项目进度控制的 SD 仿真方法实施过程 ············· 26
图 2.7 控制行为对进度的干预作用 ······································ 28
图 2.8 网络计划技术、DES 方法和 SD 仿真方法灵活性、适用性对比 ·· 29
图 3.1 工程项目 SD 模型边界 ··· 32
图 3.2 工程项目 SD 模型总体结构 ······································· 33
图 3.3 工程项目建设的基本过程模型 ···································· 34
图 3.4 工作任务依赖关系子块模型结构 ································· 35
图 3.5 工作内部任务依赖关系表函数 ···································· 35
图 3.6 SS 依赖关系曲线示例 ·· 36
图 3.7 工程质量问题对进度影响分析示意图 ·························· 39
图 3.8 质量管理过程因果关系回路图 ···································· 40
图 3.9 质量管理过程模型结构 ·· 41
图 3.10 隐含质量问题协流（Co-Flow）结构 ·························· 46
图 3.11 变更管理过程因果关系回路 ···································· 48
图 3.12 变更管理过程模型结构 ·· 49
图 3.13 设计变更处理流程示例 ·· 50
图 3.14 项目建设过程模型总体结构 ···································· 51
图 3.15 变更引发需重新处理任务产生速度 ··························· 52
图 3.16 工程项目范围子系统结构 ······································· 53
图 3.17 资源管理子系统模型结构 ······································· 55
图 3.18 需要的工作时间表函数 ·· 57
图 3.19 进度目标子系统模型结构 ······································· 59
图 3.20 进度压力与工程进度之间的因果回路图 ····················· 61

图 3.21　生产效率子块模型结构 ……………………………………………… 62
图 3.22　进度压力对生产效率影响表函数 ………………………………… 63
图 3.23　工人疲劳对生产效率影响表函数 ………………………………… 63
图 3.24　学习效应对生产效率影响表函数 ………………………………… 64
图 3.25　工程质量子块模型结构 ……………………………………………… 64
图 4.1　系统动力学模型检验 ………………………………………………… 70
图 4.2　模型量纲一致性检验 ………………………………………………… 74
图 4.3　模型极端条件行为与传统计划方法的比较 ………………………… 75
图 4.4　某道路工程平面图 …………………………………………………… 78
图 4.5　某道路工程总进度计划 ……………………………………………… 79
图 4.6　模型参数估计步骤 …………………………………………………… 79
图 4.7　模型行为检验——完工比例 ………………………………………… 84
图 4.8　模型行为检验——劳动力人数 ……………………………………… 84
图 5.1　项目进展情况 ………………………………………………………… 87
图 5.2　质量问题和工程变更引发的新增工作任务 ………………………… 88
图 5.3　劳动力人数仿真结果 ………………………………………………… 88
图 5.4　桥面铺装工作生产效率及相关因素 ………………………………… 89
图 5.5　并行化建设过程与传统建设过程的比较 …………………………… 91
图 5.6　并行建设反馈回路图 ………………………………………………… 91
图 5.7　设计施工并行实际缩短工期与期望缩短工期对比 ………………… 93
图 5.8　设计与施工并行对建设过程的影响 ………………………………… 94
图 5.9　设计与施工并行对项目影响程度变化趋势 ………………………… 95
图 5.10　不同的调整劳动力人数意愿下的模型仿真结果 ………………… 97
图 5.11　调整劳动力人数触发的反馈回路 ………………………………… 98
图 5.12　不同的采取加班策略意愿下的模型仿真结果 …………………… 99
图 5.13　加班策略触发的反馈回路 ………………………………………… 100
图 5.14　不同的劳动力分配策略对项目绩效影响 ………………………… 100
图 5.15　不同的调整进度目标意愿下的模型仿真结果 …………………… 102
图 5.16　不同的调整进度目标意愿对项目绩效影响变化 ………………… 103
图 5.17　调整进度目标触发的反馈回路 …………………………………… 103
图 5.18　不同的增加劳动力时间下的项目绩效 …………………………… 105
图 5.19　增加劳动力延迟对项目绩效影响的因果回路分析 ……………… 106
图 5.20　不同的增加劳动力时间下劳动力人数的行为变化 ……………… 107
图 5.21　Basecase 和综合策略下项目进展状况 …………………………… 109
图 5.22　综合策略下的项目工期概率分布 ………………………………… 109

图　目　录

图 5.23　Basecase 的项目工期概率分布 …………………………………………… 110
图 5.24　实施综合策略下的项目进度计划 ………………………………………… 110
图 6.1　SD 模型应用的校正过程 …………………………………………………… 113
图 6.2　信息技术在项目管理领域应用的发展阶段 ……………………………… 113
图 6.3　SDMPDSS 中项目管理工具之间的信息流关系 ………………………… 116
图 6.4　基于 SD 模型的项目进度计划与控制决策支持系统界面 ……………… 119
图 6.5　项目工作特征参数输入 …………………………………………………… 120
图 6.6　进度控制策略参数输入 …………………………………………………… 121
图 6.7　项目进展预测与方案对比分析——项目行为曲线 ……………………… 121
图 6.8　项目进展预测与方案对比分析——工作行为曲线 ……………………… 122
图 6.9　项目进展预测与方案对比分析——甘特图 ……………………………… 122
图 6.10　实时模拟 …………………………………………………………………… 123
图 6.11　模型校正 …………………………………………………………………… 124
图 6.12　基于 SD 模型的工程进度控制决策支持系统软件架构 ………………… 125
图 6.13　基于 SD 模型的工程进度控制决策支持系统三层体系 ………………… 126
图 6.14　基于 SD 模型的工程进度控制决策支持系统开发技术方案 …………… 127
图 6.15　SDMPDSS 业务信息对象（BIOs）类表 ……………………………… 129
图 6.16　SDMPDSS 应用服务器端缓冲池智能代理 …………………………… 132
图 6.17　SDMPDSS 缓冲池代理（PoolingAgent）静态类结构 ……………… 132
图 6.18　SDMPDSS 缓冲池代理（PoolingAgent）工作流程 ………………… 132
图 6.19　SDMPDSS 数据库表结构 ……………………………………………… 134
图 6.20　工程变更前后桩基工程任务完成比例仿真结果 ………………………… 135
图 6.21　桩基工程进度控制策略参数输入 ………………………………………… 135
图 6.22　桩基工程不同进度控制策略下的预测结果 ……………………………… 136
图 6.23　桩基工程进度控制策略因果关系分析 …………………………………… 137
图 6.24　桩基工程变更前后及实施控制策略后的进展预测 ……………………… 138
图 6.25　桩基工程完工概率分析 …………………………………………………… 139

表 目 录

表 1.1　系统动力学系统建模与分析工具及其表达含义 ················· 15
表 2.1　网络计划技术、DES 方法和 SD 仿真方法的对比 ················· 29
表 3.1　工程项目 SD 模型与现有项目 SD 模型对比分析 ················· 66
表 4.1　因果模型和相关性模型的比较分析 ··························· 69
表 4.2　模型直接结构检验 ··· 71
表 4.3　面向结构的行为检验 ······································· 75
表 4.4　灵敏度检验参数值设置 ····································· 76
表 4.5　参数灵敏度检验结果 ······································· 77
表 4.6　模型参数估计访谈提纲 ····································· 80
表 4.7　某道路工程 SD 模型主要参数估计 ··························· 81
表 5.1　设计与施工并行对项目绩效影响 ····························· 93
表 5.2　劳动力分配策略对项目绩效影响 ····························· 96
表 5.3　调整进度目标对项目绩效影响 ······························ 101
表 5.4　时间延迟对项目绩效的影响 ································ 104
表 5.5　Basecase 和进度控制综合策略对比情况表 ···················· 109
表 6.1　SDMPDSS、PMIS 和 PIP 的比较 ····························· 118
表 6.2　SDMPDSS 业务信息对象（BIOs）各类/接口主要功能 ··········· 127
表 6.3　SDMPDSS 主要数据类型及其属性 ···························· 133
表 6.4　桩基工程不同进度控制策略下的仿真值 ······················ 136

第1章 绪　　论

1.1 研　究　背　景

（1）基本建设领域内复杂工程项目增多，其进度目标控制面临重大挑战。

随着我国经济改革的不断深入、城市化进程的不断推进和科学技术的日新月异，基本建设领域内投资高速增长，复杂工程项目不断增多。复杂工程项目的复杂性特征常表现在组织、管理、技术和经济维度上。组织维度中复杂的工作流程、由文化和知识背景差异产生的各参与方之间较大的协调难度增加了管理决策和指令下达的时间。管理维度中复杂的合同关系对管理者的进度控制策略选择影响较大。技术维度中专业种类多和技术复杂，项目工作之间的交叉和并行增多，工作之间的耦合度加大，潜在的质量问题和工程变更增多。经济维度中如劳动力市场的供给状况波动等因素直接影响着管理者在人员安排上采取的策略。可见，与一般工程项目相比，复杂工程项目进度影响因素增多，工作执行过程中的等待和返工现象频繁发生，同时，不同工作之间复杂的相互关系使某种因素对某项工作的局部影响向整个项目逐层放大，使项目执行过程呈现出高度动态性和不确定性，这为其进度目标控制带来了重大挑战。

（2）传统方法对复杂工程项目进度控制的支持作用已凸显不足。

长期以来，CPM（Critical Path Method，关键路径法）是工程进度控制的主要方法。很多学者以 CPM 为基础，在不确定性活动时间的估计方法、项目进度和费用等多目标均衡优化问题以及资源约束的项目计划问题三个方面作了大量的扩展研究。尽管研究的侧重点有所不同，但其均遵循的是分析、分解和还原的途径，将工程项目分解为多个可认知、可管和可控的工作，在估计每项工作的时间和资源需求后，借助表示工作逻辑的网络图将各要素予以简单叠加组合从而得到整个项目的工期和资源需求。在过去很长一段时间内该类方法对于改善项目绩效和提高项目管理水平作出了重要贡献，但其对复杂工程项目进度控制的支持作用已凸显不足。由于其无法系统地描述复杂工程项目执行过程中各种进度影响因素与项目各项工作之间、项目不同工作之间复杂的相互作用关系，管理者在制定计划和选择进度控制策略时对这些复杂关系的分析和判断都是凭借自身知识和经验在大脑（所谓的脑力模型"mental modle"[1]）中进行，而人的有限理性决定了最佳的脑力模型也无法胜任该项工作[2]，导致了管理者进度控制决策常缺乏有效性和科学性。因此，复杂工程项目急需一种综合考虑主要的工程进度影响因素，能够体现项目执行过程动态性和不确定性，帮助管理者从系统和全局的角度分析问题，能够对复杂工程项目进行进度计划优化和为其进度控制策略的选择提供决策支持的进度控制方法。

（3）复杂性科学的兴起为复杂工程项目进度控制的方法创新带来契机。

当今世界步入了以复杂系统为研究对象、跨学科和跨领域的复杂性科学大发展的时代。复杂性科学在方法论上打破了还原论的局限，被誉为"21世纪的科学"[3]，为各种学科的发展提供了新的思维方式和研究方法。在项目管理领域，如何应用复杂性科学的最新成果进行项目复杂性管理研究是当前的研究热点。IPMA（国际项目管理协会）从2008～2010年连续3年把复杂项目管理作为年度大会的专题；PMI（美国项目管理协会）在2005～2008年开展了"复杂性理论对项目管理的影响：勾勒复杂性理论领域，在项目和项目管理实践中使用复杂性概念作为一个解释框架"课题研究；2008年澳大利亚成立ICCPM（复杂项目管理国际中心），指出"传统的、线性的项目管理工具和技术对管理当今复杂的项目已显不足，ICCPM的目的是和全球合作伙伴一道研究和实践复杂项目管理的先进方法"。围绕复杂项目管理的各类国际会议和研究课题正如雨后春笋般涌现，不一而足。

目前，我国复杂项目管理的研究正处于起步阶段，主要集中在项目复杂性认识和复杂项目的管理模式探讨方面[4~6]，而结合具体的复杂性科学理论和方法对复杂项目目标控制方法和工具的研究尚少。系统动力学（System Dynamics，SD）是研究信息反馈系统的学科，由于与项目管理具有共同的理论基础——控制论，为其应用于复杂项目管理领域创造了先天条件，在过去20多年里已取得了一定的研究成果[7]。国外从事该领域理论研究并具有重要影响力的学术团体和机构主要有美国麻省理工学院、美国PRA（Pugh-Robert Associates，隶属于PA咨询集团）和英国斯特莱斯克莱德大学。在理论上，国外学者纷纷致力于识别项目系统反馈回路和制定改善系统行为策略的研究；在应用实践上，PRA应用项目SD模型成功解决了30多个复杂项目的合同纠纷问题和70多个复杂项目的战略管理问题[8]。国内王其藩教授及其指导的博士研究生对SD在软件项目管理领域的应用展开了相关研究。该领域早期的研究主要集中在研究与发展项目、软件项目和产品开发项目中，近年来国外学者将SD引入到了复杂工程项目管理领域内，而我国的相关研究尚相当匮乏。

综合上述分析，一方面复杂工程项目迫切需要一种新的有效的进度控制方法，另一方面系统动力学在复杂项目管理领域内的应用已取得的研究成果为研究一种适于复杂工程项目的进度控制方法奠定了研究基础。本书的研究即是在此背景下展开的。

1.2 文 献 综 述

1.2.1 复杂工程项目进度问题研究综述

1. 复杂工程项目进度影响因素识别研究

Kaming 等[9]识别与分析了印度尼西亚 31 个高风险复杂工程项目的影响因素，指出工期延误的主要因素是设计变更、劳动力生产效率低下、资源供给不足和项目进度计划不完善等。Al-Momani[10]对约旦 130 个复杂公共项目工期延误的原因作了分析。他指出除了设计质量差、业主方变更频繁、天气恶劣、现场施工条件差、材料供应不及时和资金短缺等因素外，承包商的管理和技术水平是导致工期延误最重要的直接原因。Assaf[11]通过对沙特阿拉伯不同类型的大型复杂工程项目的长期跟踪调查和 23 家承包商、19 家咨询单位和 15 家业主的访谈，得出了 73 种进度影响因素，并根据不同参与方的立场，对影响因素的重要性作了排序。业主方和咨询单位对重要的进度影响因素持几近相同的观点，它们主要是：劳动力短缺、劳动力经验不足、承包商管理水平低下、承包商资金不足、进度计划不完善、劳动力生产效率低、施工质量差导致大量返工、业主进度款支付延迟和各参与方之间的沟通协调效率低等。承包商则认为重要的进度影响因素是：业主方工程支付款不及时、业主方各项审批工作迟缓、业主方变更请求频繁、设计质量缺陷、业主方的决策速度慢和材料采购不及时等因素。

2. 复杂工程项目的复杂性特征与工程进度的关系研究

学者们认为复杂工程项目的进度与其复杂性特征密不可分。Turner 和 Cochrane[12]认为项目目标及实现目标方法的不确定性引起了项目的复杂性。Baccarini[13]在工程项目的复杂性概念的综述中指出，项目的复杂性由许多相互影响和相互作用的部分构成，并能通过差异性和相互依赖性来表征。Williams[14]的研究综合了 Turner 和 Baccarini 的观点，认为项目的复杂性由不确定性和结构复杂性（即 Baccarini 所指的差异性和相互依赖性）两种因素构成，而这两种因素之间的相互作用使项目工期延误问题更加突出。例如，在复杂工程项目中，项目开始前业主方的需求常不确定，执行过程中设计变更频繁，而由于项目结构的复杂性，与该设计变更有关的其他专业和任务均需要变更，进一步产生了交叉影响、返工和反馈现象。Ackermann 等[15]指出在考虑项目的复杂性特征与项目工期之间的关系时，应不仅考虑项目当前的复杂性特征，还需要把项目执行过程中不断增加的复杂性考虑在内。Williams 等[16]强调，由于存在结构复杂性，多项变更对项目工期的影响远远大于每项变更对项目工期的影响之和。

3. 复杂性特征的认识与实现复杂工程项目进度目标之间的关系研究

Baccarini[13]指出，项目的复杂性理解对于如何管理项目的复杂性是非常重要的。

Bertelsen[17]把复杂工程项目糟糕的进度绩效归因于缺乏对项目复杂性本质的认识,认为原因在于目前项目管理的理论基础无法对项目复杂性作出解释,并试图从复杂系统理论对系统复杂性特征的认识角度解释了工程项目实施过程的复杂性。Gidado[18]认为缺乏项目复杂性评估的工具和技术使项目管理者忽略了或者主观地假设项目复杂性对进度目标的影响,并提出了测评项目实施过程复杂性的方法,帮助管理者在进度目标控制过程中关注项目的复杂性。

1.2.2 工程进度控制方法研究综述

1. 网络计划技术综述

CPM(关键路径法)和PERT(项目计划评审技术)是从20世纪50年代起一直沿用至今的两种重要的网络计划技术,被广泛地用于项目进度控制中[19~20]。CPM方法假定完成项目各项活动的时间是确定的,而尽管PERT在一定程度上考虑了活动时间的不确定性,用乐观时间、悲观时间和最可能时间三种估计值来描述活动持续时间,但由于工程项目实施过程中受到多种复杂因素的影响,上述两种方法基于对活动时间的简单估计所作出的项目进度预测结果可靠性较低[21],往往与项目的实际进度有较大的差距[22]。

针对CPM和PERT的局限性,近年来网络计划技术在以下三个方面得到了广泛的拓展研究:

(1) 不确定性活动时间的估计方法

不确定性通常认为包含随机性、模糊性和完全不知性等几种类型[23],这些不确定性使得工程网络计划错综复杂[24]。McCahon[25]分析了在工序工期为模糊数情形下的工程期望完工时间以及满足某一完工时间的可能性问题,高朋[26]提出了一种具有LR型模糊数的线性规划模型,解决了工程网络计划的时间参数估计和关键路径识别问题。柔性网络计划及其分析方法[27]则将网络计划仿真技术与风险分析技术结合起来,更好地描述了网络计划的不确定性。工序机动时间的设置是解决网络计划不确定性的另一手段。

(2) 项目工期和费用等多目标均衡优化问题

考虑到项目工期、费用、质量、环境和安全等目标的对立统一关系,制定项目多目标均衡的网络计划是被广泛关注的研究领域。从早期的工期、成本优化[28],到工期、成本和质量优化[29][30],再到工期、成本、质量和环境[31]或安全[32]优化,尽管均衡目标在不断增多,但该类问题的研究思路是基本相同的,即:首先建立包括项目目标函数(或评价函数)、约束条件和可供选择的策略空间在内的目标优化模型,再利用计算机算法对模型进行求解,得到的模型最满意解作为项目的最终控制目标。

(3) 资源约束的项目计划问题(Resource-constrained Project Scheduling Problems,RCPSP)

PERT/CPM 最显著的局限性在于模型中没有考虑资源约束等复杂的情况，而资源约束是描述活动之间相互关系的重要组成部分，更是制约项目活动完成进度的普遍现象和重要因素。与 RCPSP 相对应的是关键链（TOC）方法，它一度被称为"应用于项目管理中的约束理论"，强调将有限的资源配置到关键链上最关键的工序，被认为是项目管理领域自 CPM 和 PERT 以来最重要的进展之一[33]。针对 RCPSP 在实际应用当中遇到的新问题，该领域的研究在不断放宽假设条件，提出了很多新概念，从各个角度丰富和完善 RCPSP 模型和模型求解方法。典型扩展包括：1）多模式 RCPSP（即 MRCPSP）：该模型可以适合于大多数问题，是一种高度抽象的模型[34]。2）多项目：刘士新等[35~36]提出了多项目应用关键链管理的研究方向。3）多资源：邢超等[37]基于灰色系统理论提出了多资源分配的优化准则，结合关键链管理对多资源约束下的关键链进度计划进行了优化。

2. 离散事件系统仿真在工程进度控制中的应用研究综述

离散事件系统仿真方法和系统动力学仿真方法（Discrete Event Simulation，DES）是目前建筑工程领域应用的两种主要的系统仿真方法[38]。DES 认为系统状态是在随机的时间点上发生瞬间的跃变，而系统状态跃变是由系统中发生某随机性事件所引起的[39]，仿真过程是通过在计算机上设置仿真钟和应用时间步长推进法来完成的。与系统动力学仿真相比，DES 在建筑工程领域的应用较早，起步于 20 世纪 70 年代，主要用于工程施工系统仿真。

（1）全过程仿真建模与仿真工具

DES 最基础典型的方法是循环网络仿真技术（CYCLONE）。它将排队理论和模拟技术应用到网络计划技术中，通过对循环施工过程和随机时间进行模拟，反映循环施工的运行过程。工程施工系统仿真模型通常包含 CPM 网络计划模型和 CYCLONE 模型这两个层次[40]。CPM 网络计划模型对应着工程控制的基本单位——工序，以此进行整个工程项目的进度计划分析。CYCLONE 模型是 CPM 计划工序的具体实施，例如将楼层混凝土施工描述为立模、钢筋绑扎、混凝土浇筑、混凝土振捣等多项事件（施工作业）的循环反复过程。这种建模方式兼顾了仿真的整体性和细节性，而且克服了循环网络仿真建模复杂的问题[41]。

国外学者在循环网络仿真技术的基础上，发展了一系列的工程施工仿真理论方法并形成了许多较成功的仿真工具，如 DISCO[42]、STROBOSCOPE[43]、CIPROS[44]、ABC[45]、Simphony[46]、KMOS[47]、GCPSU[48]、SPSS[49] 等。这些研究已在高层建筑工程、道路工程、土方工程、隧道工程、港口工程施工中得到了一定程度的应用。天津大学钟登华教授领导的研究团队在地下洞室群、超高层建筑和混凝土高拱坝施工动态仿真领域取得了大量的研究成果，并研制了相应的仿真系统[50~53]。

（2）全过程仿真模型在施工进度控制的应用

刘东海等[54]和钟登华等[55]提出了应用施工系统仿真模型进行施工进度实时仿真

预测和控制的方法。该方法能动态反映实际施工工艺和资源配置等施工条件的变化，对于工期的预测与进度偏差分析较之传统方法更具定量性和精确性；通过调整施工参数，可制定较好切合实际的动态进度计划；通过对不同进度调整措施的有效性进行评价，可为选择合理的进度控制措施提供决策支持。

李良宝[56]和杨国文等[57]、宋洋等[58]和 Zhong 等[59]进一步将可视化技术应用于上述的施工过程仿真模型中，实现了基于地理信息系统（GIS）的仿真结果的可视化表达，增强了仿真研究的实现性、逼真性与透明性。杨国文等[57]和宋洋等[58]相应地提出了基于可视化仿真的施工进度分析与控制方法。

1.2.3 项目系统动力学模型结构研究综述

对于系统动力学，应用结构和功能相统一的方法来研究系统问题。建立模型结构时，把项目管理过程当做一个整体看待，着眼于项目中存在的各种反馈回路。尽管由于解决的问题不同，模型结构存在差异，但归纳起来项目 SD 模型主要包括以下几类基本结构：项目特征、返工循环、项目控制、"波及效应"（ripple effects）、"撞击效应"（knock-on effects）和与业主有关的回路。图 1.1 为包含所有上述主要回路的项目 SD 模型结构[7]。

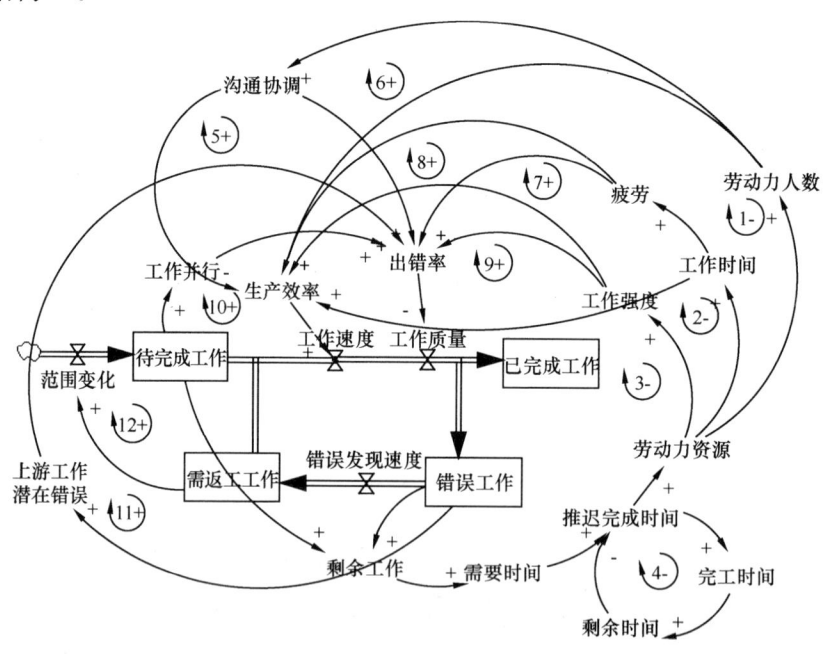

图 1.1 项目 SD 模型主要结构

1. 项目特征

应用 SD 对项目建模的一个重要假设是将项目开发任务或工作包看做是流经项目的同质工作流，项目开发任务的执行即是工作流从"待完成工作"存量流入"已完成工作"存量中的过程，如图 1.1 所示。Roberts[60]是首位将 SD 运用于项目管理领域的学者，他开发的第一个 SD 模型包含 30 个方程并用于解决 R&D 项目中的基本动力学问题。该模型中，项目开发任务被看做"工作单元"（job units），"工作单元"在产品开发过程中的执行速度由投入资源和生产效率决定。此外，该模型引入了对于后续项目 SD 建模影响极为重要的假设：（1）认知差距（perception gaps）——管理者认为的项目进展和项目实际进展以及认为的生产效率和实际生产效率不同；（2）管理者往往容易低估项目范围和所需投入。这两种现象导致了资源分配不足或者效率低下，最终影响了项目绩效。

继 Robert 之后，大量学者纷纷将项目实际开发过程和项目管理的真实特征纳入到 SD 模型中。其中，对项目开发过程增加的描述主要包括：将正确执行的工作和错误执行的工作加以区别[61]，包含多个开发阶段[62~63]，质量管理需要分配额外资源[63~64]，可执行工作对项目进展的约束为非线性约束（首位提出者为 Homer[65]），将开发过程视为增值老化链（Value-adding aging chains）（首位提出者为 Ford and Sterman[61]）和并行约束限制了可同时执行的工作数量[61],[66]等。模型在项目管理方面增加的描述主要包括：由于变更和不确定性的增加对项目设计予以"冻结"或者"解冻"[67~69]、使用应急资金[70]、设置进度缓冲（buffers）[71~72]以及资源分配[73~75]等。

2. 返工循环

返工循环被认为是最重要的项目 SD 模型结构[7]。返工循环的迭代特征（即返工会不断地产生更多的返工）将项目执行中有问题的行为向项目整个执行过程拓展延伸，是项目管理面临的重要挑战[76]。Cooper[76~78]建立了首个返工循环结构（被错误执行的工作流入"错误工作"和"需返工工作"存量中，再重新执行，如图 1.1 所示），并对其与项目行为之间的关系展开了系列研究。

在继 Cooper 建立返工循环之后，所有的项目 SD 模型均包含了返工循环。Ford 和 Sterman[61],[79]建立的返工循环在 Cooper 的基础上做了进一步的扩展，其除秉承返工循环的迭代特征外，还增加了其他项目特征并集成了其他的基本结构。例如，在 Ford 和 Sterman[79]建立的老化链结构中，工作任务需历经首次执行、质检和流入与老化链的"质检"存位（stock）相连的返工循环三个过程。Park 和 Pena-Mora[80]的模型中将返工分为由于变更产生的重新执行和对质量问题的重新处理两类，返工循环除了与"质检"存位（stock）连接外还与"已完成任务"存位（stock）连接。Lee 等[81]建立的返工循环着重分析了质量问题和变更是如何给项目整个网络带去的负面影响的过程。Ford 和 Sterman[61]的模型将项目各阶段之间的沟通和协调过程加入到了返工循环中，Lee 和 Fena-Mora[72]的模型考虑了项目各参与方的协同工作延迟对返工循环的影响。

3. 控制反馈回路

根据剩余工作和剩余时间的关系，存在着两类主要的控制手段，即根据绩效调整目标和根据目标改进绩效。在根据目标改善绩效的控制行为中，项目 SD 模型主要包括以下三类控制手段：雇用工人（自 Robert 后所有的模型均包括此结构）（图 1.1 中负反馈回路"1"）、加班工作[82~83]（图 1.1 中负反馈回路"2"）和加快工作速度[84~85]（图 1.1 中负反馈回路"3"）。当增加资源投入受到现实条件的制约而无法满足目标要求时，调整目标是另一种控制手段[86]（图 1.1 中负反馈回路"4"）。此外，SD 模型关注管理者采取控制手段时对信息的处理过程，即管理者选择的控制手段和采取的控制强度是基于其对实际情况的认知，而非实际的项目状况。例如，由于管理者将未发现的质量问题视为已完成工作，以致高估了项目进展和生产效率[8]、[64]。

4. 波及效应（ripple effect）

"波及效应"是指由于系统内部的策略抵制作用，管理控制行为产生了负效应，这种负效应主要是指控制行为对生产效率和质量的负面影响[7]。"波及效应"涉及的回路主要包括：劳动力人数增加的同时也增加了沟通协调的困难，对生产效率和工作质量产生了负面影响（图 1.1 中正反馈回路"5"和"6"）；加班导致疲劳从而降低生产效率和质量（图 1.1 中正反馈回路"7"和"8"）；加快工作速度降低了工作质量（图 1.1 中正反馈回路"9"）。可见，项目控制手段在发挥负反馈调节机制的同时触发了正反馈回路导致项目绩效进一步恶化，产生了"波及效应"。此类回路在 Abdel-Hamid[84~85] 和 Cooper[82] 建立的 SD 模型中得到了清晰地表达，并被普遍包含于之后的项目 SD 模型中。

5. 撞击效应（knock-on effect）

"撞击效应"是指在工作流流经项目系统并经物理执行的过程中，上游工作中存在的问题对下游工作的影响[7]。"撞击效应"部分源自于上述的"波及效应"结构。项目 SD 模型中涉及的"撞击效应"回路归纳起来主要包括以下几类：

（1）加快工作速度扰乱了工作秩序：加快工作速度导致了在信息不完备和工作面条件不允许的情况下各项工作并行开展，从而降低了生产效率和工作质量[8]、[79]、[82]（图 1.1 中正反馈回路"10"）。

（2）错误产生错误：当下游工作对上游工作存在较强的物理依赖时（即下游工作在上游工作基础上加工、生产或施工），未及时发现的上游工作错误将对下游工作的质量造成严重的影响[8]、[80][87]，如图 1.1 中正反馈回路"11"。

（3）错误产生更多的工作：返工过程中会产生大量额外的工作任务，或者说需要投入比工作首次执行时更多的资源[72]（图 1.1 中正反馈回路"12"）。Talor 和 Ford[88~89] 指出，回路 12 是驱动项目"拐点"（tipping point）动态行为的主要结构，即从项目的某一时刻起，项目完工比例不增反降，从而导致项目失败。

6. 与业主方有关的回路

控制反馈回路、波及回路、撞击回路这三类回路是站在项目实施方（产品开发商、软件开发商或施工单位等）的角度构建的，业主方（客户）的行为与项目绩效之间的关系也常被纳入到项目 SD 模型中[90~92]，包括的回路主要有：

（1）业主方提出的变更请求引发控制行为并随之产生"波及效应"和"撞击效应"，从而对项目的进度和成本产生负面影响；

（2）严重拖延项目进度使业主方降低了对项目团队的信任，项目团队需花费更多的时间与业主方进行沟通和准备项目进度报告，因此又会降低自身的生产效率，进一步对项目进度造成了负面影响；

（3）项目进度拖延严重，业主方通过各种手段施加进度压力，迫使项目管理者产生项目控制行为；

（4）如果项目问题引发了诉述，项目各方对诉讼的关注度大于项目工作本身，使项目绩效继续恶化。

1.2.4 项目系统动力学模型在复杂项目进度管理中的应用研究综述

项目 SD 模型在复杂项目进度管理中的应用研究主要集中在以下领域：

1. 进度拖延的责任纠纷问题

应用项目 SD 模型解决进度拖延的责任纠纷问题利用了 SD 模型的后评估作用，即帮助管理者理解已发生的现象，分析项目进度是如何以及为什么会偏离项目初始计划。

复杂项目实施过程中，项目实际工期偏离合同工期的情况发生频繁，项目各参与方均负有相应责任。各参与方行为作为对项目影响的外生因素，作用于项目系统中的控制反馈、"波及效应"和"撞击效应"等回路，导致了复杂项目的超工期现象。各种反馈回路交织作用产生的项目动态复杂性使人脑难以处理各方责任纠纷，而项目 SD 模型则可以准确评估不同参与方的行为对项目造成的影响，以明确各方责任。PRA 应用 SD 模型为 30 多个复杂项目的工期索赔提供咨询服务[93]，Weil[69]对模型用于索赔的过程做了详细讨论研究。Strathclyde 大学的系统动力学研究团队将项目 SD 模型成功应用于六个大型复杂项目的工期索赔中[94]。

2. 复杂项目人员需求和工期估算

项目人员需求和工期估算应用了 SD 模型对项目的预测能力。Abdel-Hamid 和 Madnick[95]、Abdel-Hamid[85]将项目 SD 模型应用于软件项目的人员需求和工期估算中，验证了项目估算准确性会对项目成本和进度产生影响——低估项目时间产生了"波及效应"动态特性从而使项目成本增加，高估项目时间又会由于工作松懈降低生产效率从而使成本增加。Qin-Fan 和 Xiao-Qian[96]应用 SD 模型分析了不现实的进度目标对项目进度和成本绩效的恶化。宁晓倩[63]应用"饮鸩止渴"基模分析了软件项目中参照类似项目对新项目进行时间估算造成项目花费时间越来越长的现象。

3. 变更对复杂项目工期的影响的讨论

Cooper 和 Reichelt[97]讨论了变更给复杂项目进度带来的影响，特别指出了变更触发的"波及效应"和所有变更之间的非线性叠加关系。Eden 等[68]指出多种变更同时发生对复杂项目产生的影响大于单个变更对复杂项目产生的影响之和，并称之为"组合效应"（Portfolio Effect）。项目实践中，项目参与方在提出变更请求、变更报价和确认变更的过程中，往往仅考虑变更产生的直接影响，而忽略了变更通过"波及效应"对项目产生的其他间接影响[7]。Williams[98]应用 SD 模型来估算变更产生的工期延长时间。Howick 和 Eden[94]讨论了项目开始后业主方提出压缩项目工期对项目产生的影响，并指出由于忽略了"波及效应"，承包商提出的补偿要求往往低于他们实际增加的投入。

4. 进度计划与控制中不确定性因素的处理

如何制定各种不确定性因素存在的情况下使项目绩效最佳的管理策略是 SD 模型在复杂项目中另一类应用。当项目某些特定假设发生时，针对该特定假设制定相应策略的管理者比对不确性因素进行较宽范围管理的管理者表现更好；而实际情况与特定假设相差甚远时，前者的表现却差于后者[7]。因此，学者们探索了如何应用 SD 模型来制定确定条件和不确定条件同时存在时的均衡管理策略[70]、[99]。Park 和 Pena-Mora[71]提出并验证了应用进度缓冲（buffer）策略管理并行建设中的不确定性。

5. 复杂项目进度控制领域研究

SD 模型应用于复杂项目进度控制领域的研究成果主要包括：

（1）通过提高工作质量改善进度绩效。尽管提高工作质量可能会消耗更多的工作时间，降低了生产效率，但更利于项目的整体绩效。除了通过放缓工作节奏来提高工作质量外，集成化的项目组织也是提高工作质量和及时发现质量问题的方法[100]。此外，基于对"错误产生更多错误"动态性的理解，项目管理者应意识到已完成工作中总存在一定比例的质量问题，并主动采取措施降低其产生的负面影响。Park 和 Pena-Mora[71]以及 Lyneis 等[8]均提出了在实施新工作开始前对上游工作质量进行检查的管理策略。

（2）应用 SD 模型帮助进度控制策略的贯彻实施。由于项目存在"先变差后变好"的行为模式，一项有效的控制策略的贯彻实施常会碰到阻力。系统动力学结构和行为相统一的研究方法可以帮助整个项目团队认识项目行为产生的机理并使项目管理者获得持续推进该项管理策略的信心[7]。例如，增加项目成员的控制策略由于增加了成员之间的沟通和协调，会造成短期内工作效率降低，项目进展反而变慢，但长期会大幅加快项目进度[82]、[84]、[85]。

（3）应用 SD 模型帮助制定资源分配策略。Lee 等[75]应用 SD 模型重点讨论了资源分配延迟对项目工期的影响，得出并非越短的控制周期（延迟）能够使工期越短的反直观结论。尽管充足的资源能够提高项目进度，但同时会增加项目成本，Park[74]研究了如何应用 SD 模型制定成本和进度均衡的资源分配策略。Ford 等[86]研究了如何应用 SD 模型帮助管理者在项目控制中制定定量的资源分配策略，例如增加多少比例的劳动力人数、加班多长时间和工作强度应提高多大程度才能够获得最佳的项目控制效果。

1.2.5 文献综述总结与评价

1. 复杂工程项目进度问题的相关研究尚缺乏定量的分析

复杂工程项目进度影响因素的识别研究认识到了各类因素与进度之间存在关联以及关联的重要性程度，但没有揭示出各种因素对工程进度的影响机理。其实质上是一种静态和孤立的视角，忽略了各影响因素之间的联系和进度快慢本身对各因素的反作用以及随着项目不断进展这些关系的不断演化过程。复杂工程项目的复杂性特征与工程进度关系的研究从项目系统结构的内在复杂性和环境的外在复杂性的角度分析了复杂性特征与工程进度的关系，研究深度较影响因素识别更进一步，但多数研究尚停留在定性分析层面。复杂性特征的认识与实现复杂工程项目进度目标之间的关系研究指出了认识项目的复杂性对实现进度目标的重要性，但对帮助人们认识项目复杂性进而提高项目进度绩效的定量分析的工具和方法的研究尚缺乏。

2. 网络计划技术不能系统地将多种进度影响因素考虑在内

网络计划技术对工程项目资源安排、进度的计划编制、优化和控制作出了很大贡献，目前该领域的研究仍在不断扩展。尽管研究的侧重点有所不同，但研究的基本思路均是设置多种假设条件，建立严谨的数学模型，通过对数学模型的求解来优化进度和资源。对于复杂工程项目而言，影响进度的不确定性因素很多，其对工期的影响也较为复杂，当应用该方法考虑实际当中存在的多种影响因素时，数学建模和模型求解均面临着很大困难。该类研究主要存在以下局限：

(1) 考虑进度目标和其他项目目标之间的均衡关系、进度和资源之间的约束关系的一类研究可为在相对稳定的环境中执行的项目或者局部某项具体工作的实践提供比CPM更丰富的指导信息，而当其实际的执行过程受到很多因素干扰时，计划难以得到执行，而是不断地、被动地频繁更新，计划对实践的指导作用难以得到发挥。

(2) 不确定性网络分析考虑了工程项目执行过程的不确定性，应用概率模型和模糊数等表达工作的持续时间，最后根据工作逻辑关系可获得整个项目的完工概率。该类方法的局限在于不能分离出具体某项因素对工作持续时间产生的不确定性影响，因此不能对管理者应对哪些因素进行控制来提高项目的进度绩效提供决策支持。此外，实际情况中当某项工作的完成时间超出预计完成时间时，管理者会在后续的工作中采取增加资源投入等控制手段赶工期，因此项目实际完工概率可能会大于该方法得到的项目完工概率。

3. 离散事件系统仿真方法主要是对复杂工程项目操作层面的进度控制提供支持

应用离散事件系统仿真方法可以实时地对复杂的具有多种随机因素的施工系统进行动态仿真分析，其在工程实践中的成功应用已充分体现了仿真技术在工程进度控制中不确定性问题分析和控制决策支持上具有的优势。该类方法具有的特征如下：

(1) 施工过程仿真是按照还原的思维方式，在网络计划的基础上，进一步将项目工序分解为若干项施工作业，而对于工序之间除了时间依赖关系以外的诸如质量之间的影响关系无法考虑在内。

(2) 建模对象是开环的施工系统，通过仿真能够再现项目的物理执行过程，但由于没有将项目管理过程纳入到模型边界内，无法体现项目管理对施工物理过程的反馈调节作用，因此对进度的主动控制决策支持上存在不足。

(3) 考虑的进度影响因素主要为影响某项作业施工的资源的种类、数量、生产效率、地质参数和施工方法等，主要是在施工方法、施工工艺和机械设备配置等进度控制措施的选择上提供帮助。

可以看出，离散事件系统仿真方法的建模过程更多地关注项目执行过程中的具体细节问题，主要是对工程项目操作层面的进度控制提供支持。由于划定的系统边界较小，没有将工程质量问题、工程变更、决策延迟和资源调整周期等宏观层面对进度的影响因素考虑在内，因此无法对复杂工程项目进度控制战略层面的问题提供决策支持。

4. 国内 SD 在项目管理领域中的应用研究相对较少

与国外相比，SD 在项目管理领域的应用尚未引起国内学者的广泛关注，目前该领域的研究成果仍较少。王其藩[96]、[101]宁晓倩[63]和翟丽[102]对 SD 在软件项目管理领域的应用作了相关研究和探讨；检索到的工程项目领域的研究文献尚停留在对 SD 方法的介绍、应用价值和意义的讨论以及建立较为简单的概念模型阶段[103~105]，尚缺乏建立定量模型和模型仿真分析等更深入的研究。

5. 将应用系统动力学应用于复杂工程项目的进度控制中，模型结构和模型应用研究均需要进一步丰富和完善

自 Robert 将 SD 应用于项目管理领域以来，国外学者在基于 SD 的项目管理领域作了大量研究并取得了较为丰硕的研究成果。模型结构从最初仅包含一个简单的返工循环发展到包括返工循环、"波及效应"、"撞击效应"和业主方有关回路等多种类型的反馈回路，模型应用也已扩展到项目后评估、项目估算、变更管理、风险管理和项目控制等多个方面。从取得的成果来看，SD 能够对项目管理过程建模即 SD 可以描述管理行为受到项目实际表现与计划差值的驱动和人脑信息处理过程存在的延迟的优势、SD 从系统结构入手帮助管理者认识问题的产生机理并寻找解决问题策略的优势均得到了充分的体现。然而，一方面，研究多是针对项目管理中的某一具体问题进行的点式研究，例如质检周期和出错率处在怎样的临界范围内项目进展会出现拐点，资源分配延迟对项目工期的影响等，因此识别的模型结构相对单一；另一方面，研究多集中在 R&D 项目、软件项目和产品开发项目，SD 是近几年来才引入工程项目管理领域的[38]，相关研究尚较少。因此，为了将系统动力学仿真方法应用于复杂工程项目的进度控制中，需要针对工程项目的具体特征，建立考虑多种进度影响因素的综合的系统模型，为此，需要进一步识别出工程项目工作与工作之间的反馈关系、管理决策和工

程项目执行过程的反馈关系以及人的反应对管理手段的反馈关系等。而随着模型结构的完善和模型涉及参数的增多,应用模型进行决策分析和模型应用手段方面都需要进行更深入的探讨。

1.3 研究对象、内容和方法

1.3.1 研究对象

本论文以复杂工程项目为研究对象,该类项目的复杂性特征常表现在组织、管理、技术和经济维度上。组织维度上,项目参与方之间存在较大的文化差异、价值理念冲突和复杂的利益关系,导致了沟通合作困难和工作流程复杂。上海环球金融中心在组织复杂性上极具代表性。该项目是由国内建筑企业首次独立总承包的世界顶级摩天大楼,总包联合体中有中建总公司与上海建工的联合,还有中建二局、中建三局、中建国际的联合,组织结构复杂,联合体内部文化差异大;总包单位和业主单位日本森大厦株式会社之间也存在较大的文化和理念冲突。管理维度上,承发包模式和合同结构复杂,合同交界面多,进度目标控制难度大。技术维度上,涉及多项专业技术与施工技术,施工工艺复杂,不同工作之间交叉频繁并且关联度大,例如大型钢厂、核电站和大型化工石化项目等。经济维度上,建筑材料和劳动力市场价格波动大,对于很多涉外工程项目而言,汇率等宏观经济环境的复杂多变对项目的资金链产生的影响大。

1.3.2 研究内容和研究思路

本书将针对传统方法对复杂工程项目进度控制支持不足的问题,在对现有文献总结分析的基础上,以系统动力学的理论和方法为指导,结合工程项目管理知识和笔者对项目实施过程的实际观察,提出一种适用于复杂工程项目的进度控制方法,该方法需要综合考虑影响工程进度的主要因素,能够描述复杂工程项目执行过程的动态性和不确定性,帮助管理者从系统和全局的角度分析问题,能够对复杂工程项目进行进度计划优化和为进度控制策略的选择提供决策支持。论文研究内容和研究思路如图1.2所示。

(1) 阐述工程进度控制系统动力学仿真方法的内涵。梳理本书的理论基础并从SD的视角分析复杂工程项目系统的特征;阐释工程项目SD模型的构建原理和模型特征;阐明该方法的适用范围和应用过程,并将该方法与其他工程进度控制方法进行对比分析。

(2) 工程项目系统动力学模型的构建和检验。工程项目SD模型是工程进度控制SD方法的技术核心。确立模型边界并根据系统分解协调原理将模型分解为建设过程子系统、范围子系统、资源管理子系统和进度目标子系统;以先对子系统诸要素之间的因果逻辑关系进行定性分析再建立诸要素之间量化的数学方程为研究思路分别构建各

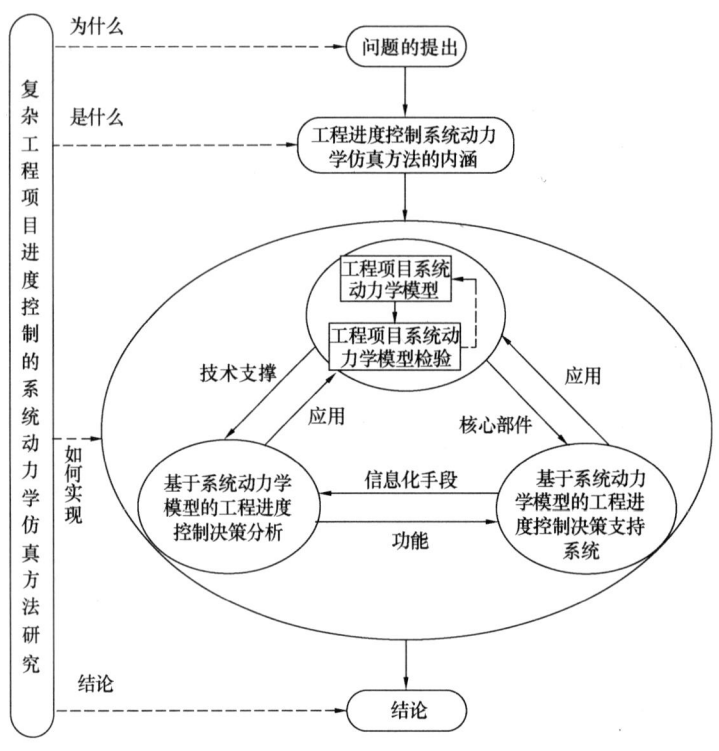

图 1.2 论文研究内容和研究思路

子系统模型结构；对工程项目 SD 模型与现有项目 SD 模型作了对比分析。

（3）检验工程项目 SD 模型的有效性。验证 SD 模型的有效性是应用模型辅助进度控制决策的前提，而 SD 模型的有效性检验贯穿于建模过程始末。根据系统动力学模型检验的基本理论将模型的检验分为模型直接结构检验、面向结构的行为检验和行为检验三个步骤实施。在模型行为检验中，将模型应用于某道路工程，用实证的方法验证模型对真实系统行为的重现能力。

（4）基于系统动力学模型的工程进度控制决策分析。利用系统结构和功能相结合的方法，对工程项目 SD 模型进行多次仿真试验，分别分析并行建设、劳动力分配策略、调整进度目标和调整时间延迟四类工程实践中常用的进度控制策略对项目绩效的影响机理，并根据仿真结果对进度控制策略参数的敏感性分析，获得实验项目进度控制综合策略和进度计划优化方案。

（5）设计基于系统动力学模型的工程项目进度控制决策支持系统（SDMPDSS）。为提高工程项目 SD 模型辅助进行进度控制决策的效率，本章将为其设计基于网络的信息化应用环境，即解决工程进度控制 SD 方法的应用手段问题。在分析 SDMPDSS 开发的必要性基础上，提出 SDMPDSS 的设计要求，并对 SDMPDSS 的内涵予以界定；对系统功能进行设计并以决策支持系统和软件工程相关理论为指导设计系统架构并给出系统开发技术方案；对系统应用效果加以例证。

1.3.3 研究方法

系统动力学方法（System Dynamics，SD）贯穿于本书研究的始末。SD方法研究问题的步骤为：从系统的微观结构出发建立系统的结构模型，用回路描述系统结构框架，用因果关系图和流图描述系统要素之间的逻辑关系，用方程描述系统要素之间的数量关系，用专门的仿真软件进行模拟仿真分析。整个过程从定性、半定量、定量，最后又把定量的数学模型转化为计算机程序，利用计算机进行最终的仿真分析[106]。本书应用系统动力学定性与定量相结合的方法构建工程项目的SD模型，用结构检验和行为检验相结合的方法验证模型的有效性，用系统结构和功能相结合的方法对进度控制策略对项目绩效的影响进行机理分析和和仿真结果评价。文中用到的SD系统建模和分析工具及其各自表达含义详见表1.1所列。

系统动力学系统建模与分析工具及其表达含义　　　　　　表1.1

建模工具		图形与符号	含义与说明
因果关系图	因果链	$A \longrightarrow B$	变量B受到变量A的影响
	正因果链	$A \xrightarrow{+} B$	变量A增加引起变量B增加
	负因果链	$A \xrightarrow{-} B$	变量A增加引起变量B减少
	因果关系回路	(A、B、C 闭环图)	两个或两个以上的因果链组成首尾相连的闭合反馈回路
	正因果反馈回路	(带+号的A、B、C回路)	负因果链数目为偶数（或零个）的回路为正反馈回路。其特征是当某一变量发生变化时，经过回路的作用会使这种变化进一步加强，亦称增强回路（Reinforcing Loop）
	负因果反馈回路	(带−号的A、B、C回路)	负因果链数目为奇数的回路为负反馈回路。其特征是当某一变量发生变化时，通过回路的调解作用变量的变化受到抑制，亦称调解回路（Balancing Loop）
流图		$R_{in} \to \boxed{L} \to R_{out}$，$T$，$A$，$C_1$，$C_2$	流图对因果关系图中的变量性质加以区分，其中： □内的变量L为状态变量（或称存量），用于描述系统物质流的积累效应，表明系统状态，并提供对系统实施控制的信息；⊠用于标识速率变量（或称流量）R（图中为R_{in}和R_{out}），R是系统中积累效应变化快慢的变量，反映系统状态变化速度； 变量A为辅助变量，是状态变量和速率变量之间信息传递过程的中间变量； 变量T、C_1和C_2此处为常量，研究期间内保持不变，也称外生变量； ◯为源点（箭头指出）或汇点（箭头指入），代表系统的外部世界； ⟹表示系统的物质流，连接L和R之间的信息通道为信息流

续表

建模工具		图形与符号	含义与说明
方程	状态方程 (L)	$L(t) = L_0 + \int_0^t (\Sigma R_{in}(t) - R_{out}(t)) dt$ 或 $L.K = L.J + (\Sigma R.JK_{in} - R.JK_{out}) \times DT$	用于描述模型中状态变量变化的方程；时点 J、K 表示系统相邻两个时刻；DT 表示相邻两个时刻的时间间隔，即差分步长
	速率方程 (R)	$R_{in} \times JK = A \times K/T$	用于定义 DT 内流量形成的方程式，实质是流量变化的自然规律或人们调解存量的决策规则
	辅助方程 (A)	$A \times K = C_1 - L \times K$	帮助理解系统演化或者决策过程，简化速率方程
仿真平台		Vensim DSS（专业版）仿真平台	SD 模型仿真运行的环境

1.4 研究的意义

1. 理论意义

复杂性科学的兴起使复杂项目管理成为了项目管理领域研究的热点。目前，我国的相关研究正处于起步阶段，主要集中在项目复杂性认识和复杂项目管理模式的探讨方面，尚缺乏对复杂项目目标控制方法和工具的研究。本书引进系统动力学的理论和方法，结合工程项目管理的知识和经验，提出了一种适用于复杂工程项目进度控制的系统动力学仿真方法。该方法与传统方法相比在方法论上有了较大突破，促进了复杂项目管理理论体系的构建。在复杂性科学大发展推动科学变革的时代背景下，本研究有利于促进项目管理学科、相关前沿学科和交叉学科的融合，有利于推动项目管理学科的创新和发展。

2. 实践意义

近年来，我国基本建设领域的投资高速增长，复杂工程项目不断增多。受多种潜在因素的影响，复杂工程项目进度目标失控问题严重，而传统方法对复杂工程项目进度控制的支持作用凸显不足。本书构建了能够描述项目实施过程中项目工作与主要进度影响因素之间和工作与工作之间的相互关系的工程项目系统动力学模型，通过对该模型的仿真试验，可为不确定环境下复杂工程项目的进度计划进行优化，并可为进度控制策略的选择提供决策支持。该方法弥补了传统方法的不足，提高了复杂工程项目进度计划的科学性和进度控制的有效性，从而确保了进度目标的实现，对提高复杂工程项目的社会效益和经济效益具有一定的实践意义。

第2章 工程进度控制系统动力学仿真方法的内涵

2.1 理论基础

2.1.1 系统动力学理论基本点

系统动力学（System Dynamics，SD）由美国麻省理工学院的福瑞斯特教授[107]于1956年创立，在20世纪50年代末成为一门独立完整的学科。SD是一门分析研究信息反馈系统的学科，是一门交叉、综合性的探索如何认识和解决社会、经济、生态和生物等一类复杂大系统问题的科学，也是沟通了自然科学和社会科学等领域的横向学科。SD理论的基本点主要包括以下几个方面[108~109]：

1. 系统的基本结构

SD以反馈回路来描述复杂系统的结构，把一阶反馈回路作为系统的基本结构或称基本单元。所谓反馈回路是耦合系统的状态、速率（或称决策或行动）与信息回路，他们对应于系统的三个组成部分：单元、运动和信息。复杂系统中决策行动的产生依赖于信息反馈的自我调节。一个复杂系统按一定的系统结构由若干相互作用的反馈回路组成；反馈回路的交叉、相互作用形成了系统的总功能。

2. 系统的结构与功能

系统是结构与功能的统一体。不同于过去常用的功能模拟亦称黑箱模拟法，SD分析研究一个系统时同时考虑系统的结构与功能，建立起结构与功能两方面都能较好地反映实际系统的模型。

3. 系统的内部微观结构与其宏观行为

系统行为的性质主要取决于系统内部的反馈结构与机制。尽管在一定条件下，外部环境的变动和外部干扰会起着重要作用，但其只有通过系统的内因才能起作用。

4. 主导与非主导动态结构

系统内部的诸反馈回路中，在系统发展运动的各阶段总是存在一个或一个以上的主要回路（简称主回路）。尽管系统的性质与模式是由主导回路和非主导回路共同作用的结果，但主回路的性质及它们相互间的作用（包括竞争与协作）主要决定了系统行为的性质及其变化与发展，这就是主导动态结构作用原理。此外，由于系统内某些非线性变量、敏感变量的变化，以及干扰与涨落的影响，主导结构是动态变化的。

5. 系统的历时性与系统的进化规律

系统的结构、参数与功能、行为是随时间的推移而变化的。在系统运动全过程的始末，其主回路与反馈极性在不断变动，主回路与非主导回路也在相互转化，此外，系统还可能发生新旧结构的更迭。系统由量变到质变，由低级系统向高级系统发展、进化的不可逆的过程就是系统的历时性与系统的进化规律。SD 研究的重点包括在同一种结构下结构与其动态行为的关系以及系统从旧结构向新结构变化的过程中可能产生的各种行为模式。

6. 主要变量和敏感变量与子结构

SD 认为，系统中往往存在一些灵敏变量（或参数）与子结构，它们对干扰和涨落的反应十分敏感和强烈，一旦系统处于临界状态，涨落对这些灵敏变量的作用可能导致新旧结构的更迭。若这类灵敏变量处于主回路中或两种极性的回路的联结处，由于灵敏变量本身的微小变化，将使主回路转移、或改变主回路极性，甚至导致整个系统的结构与行为产生巨大的变化。

2.1.2 系统动力学仿真方法

系统动力学研究复杂系统的方法是一种系统仿真方法，亦称系统动力学仿真。系统仿真是以计算机为工具，通过构建系统结构模型并对模型进行试验研究来求解实际系统的方法[110]。系统、模型和计算机是系统仿真的三个要素。系统是研究的对象，模型是针对所研究的问题对实际系统某一断面或侧面的抽象和描述。计算机则运行模型通过反复试验达到研究实际系统的目的[39]。三者关系如图 2.1 所示。在上述三要素中，系统仿真模型的构建思想和建模理论是不同的系统仿真方法的根本区别所在。系统动力学方法用微分方程描述系统，是一种连续系统仿真方法。

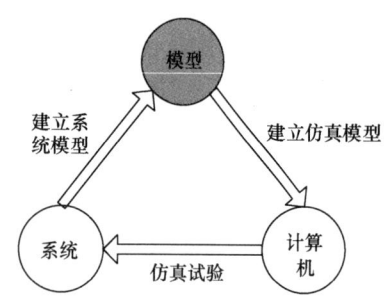

图 2.1 系统仿真方法三要素及其关系[39]

系统动力学模型以系统动力学理论为指导，分为因果关系分析、构建系统流图和建立变量方程三个步骤逐步构建完成。因果关系分析用反馈回路定性地分析了系统内要素之间的逻辑关系；系统流图在因果关系分析基础上区分了系统要素的性质（状态变量、速率变量、辅助变量或者常数），建立起了系统的整体框架；变量方程的建立是根据流图中不同的变量性质建立系统内要素之间定量的逻辑关系，从而得到了可以在计算机上仿真运行的系统仿真模型[106]。系统动力学仿真有专门的仿真平台仿真和调试系统动力学仿真模型，本书选用的仿真平台是 VensimDSS（专业版）。

2.2 系统动力学视角下的复杂工程项目系统的特征分析

下面从系统动力学的视角分析复杂工程项目系统的特征，它一方面展示了复杂工程项目进度控制面临的挑战，另一方面也阐释了将系统动力学方法应用于复杂工程项目进度控制的必要性。

1. 自组织耗散结构性质

首先，复杂工程项目处于远离平衡态。远离平衡态是指复杂工程项目内的物质和能量分布极不平衡，差距很大，表现在系统结构上是指项目系统内部各组成部分之间相互作用，按一定秩序形成动态结构，具备了系统运动和演化的内部动力。其次，复杂工程项目是一个开放性系统。从概念设计到转化为建筑产品的过程是一个投入—产出过程，不断地与外部环境之间进行着能量、物质和信息的交换，由此获得了外部动力。在内外动力的共同作用下，项目系统负熵增加，形成了新的秩序，朝着项目的进度、成本和质量目标发展演化。项目管理的实质就是调配人力、财力和物力，使项目系统负熵增加，产生自组织现象，达到有序的耗散结构状态。

2. 系统要素之间因果关系时空分离

复杂工程项目系统由多个要素组成，它们之间的相互作用错综复杂，并常表现为时间和空间上的分离。例如，某设备安装位置的改变可能引起土建、暖通等专业设计变更。这些变更可能会引起成施工人员在不同工作之间重新分配，从而或加速或推迟了工作的施工进度。而被推迟了进度的工作可能进一步导致与它相关工作的进度推迟。这样的因果关系时空分离特性使复杂工程项目具有很强的反直观性，人们很难简单地在脑海中勾画出这些相关成分相互作用的方式，对该类问题的分析超出了脑力模型的分析能力。系统动力学模型可以有效地表示多重相关关系，能够追溯出上述变更对项目整个系统带来的一系列影响。

3. 高阶次

系统的阶数由系统内状态变量的数量决定。状态变量是随着时间不断积累的量，任意时刻系统内所有状态变量的取值描述了系统当前所处的状态[109]。复杂工程项目内存在体现工作任务、劳动力、原材料和资金等随时间变化特征的状态变量，根据所研究问题，每一种物质流历经的状态又可继续细分。对于复杂工程项目的进度问题而言，工作任务从没有完成到最终转化为建筑产品，需历经首次执行、质检、重新执行（返工）、等待处理结果等不同的过程，因此对应着不同的状态，需由多个状态变量表示。因此，复杂工程项目系统是高阶次系统。

4. 多回路

复杂工程项目系统包含返工循环、负反馈回路和正反馈回路三类多个回路，回路之间的相互作用决定了其行为模式。图2.2显示了多回路驱动下的项目完工比例和劳动力人数的行为模式。项目初期，由于质量问题、低估工作范围或者资源到场延迟等因素，项目工期延误；管理控制行为构成了系统的负反馈回路，而同时对生产效率和质量产生了"波及效应"和"撞击效应"，触发了正反馈回路，正、负反馈回路和返工循环的交互作用共同影响着项目进度。正反馈回路和返工循环是项目进度落后于计划的根本原因，而当两者效应强于负反馈回路效应时，项目可能会出现不进反退的现象。与项目完工比例行为模式相同，各种回路的作用使实际用工人数偏离项目计划出现了图 2.2 所示的行为模式。

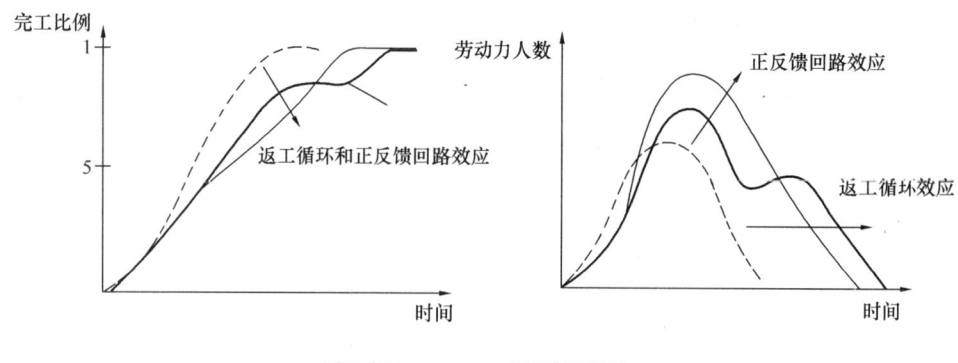

图 2.2 多回路驱动下的工程项目动态行为模式[7]

5. 非线性

非线性是指因果之间并非简单的比例关系，是系统产生复杂性的根源之一。复杂工程项目系统内各要素之间存在着复杂的非线性关系。以工作时间和工程进度之间的关系为例，当每周工作时间由 40 小时增加至 44 小时时，理想情况是每周完成的工作量也增加 10%，因而加快了施工进度。但长时间延长工作时间会造成诸如疲劳、工程质量降低等负面影响，并且这种负面影响会随着时间的增加而不断加大。这时每周完成的工作量不仅不能与加班时间同比增加，反而有可能出现递减的状况。可以看出，工作时间和工程进度之间的非线性关系是加班同时触发的负反馈（控制机制）和正反馈（造成工人疲劳而降低了生产效率等）共同作用的结果。系统动力学的因果反馈分析可以追索出这样的非线性关系，并确定它们的影响。

6. "软"（soft）和"硬"（hard）数据共存

复杂工程项目不仅具有工程属性，也具有组织属性，因此不能将各要素之间的关系简单理解为技术关系[2]。"硬"数据是指诸如图纸、建筑构件和和电器设备等物的属性，"软"数据则与人的理智、情感、生理和情绪等相关，例如在适当的进度压力作用下，工人的工作效率可能提高，而过大的进度压力反而引起生产效率的降低。工程项目中的"软"因素常常是促使工程项目演化发展和产生复杂性的重要原因，而系统动力学可同时将"软""硬"数据融合，把复杂工程项目放到一个更大的系统边界内加以考察。

复杂工程项目自组织耗散结构性质、因果关系时空分离、高阶次、多回路、非线性和"软"、"硬"数据共存等特征给人们把握复杂工程项目的内在机制进而作出进度控制决策带来了很大困难。1978诺贝尔经济学奖得主赫伯特·西蒙（Herbert Simon）在著作《人类模型》中阐述其著名的"有限理性理论"："人类思维表述和解决复杂问题的能力远未及问题本身，复杂问题需要真实世界的客观理性行为或者合理地接近于客观理性的行为才能予以解决。"系统动力学模型则可以对复杂工程项目系统结构进行规范化的定量描述，其作为"实验室"，通过仿真试验来帮助管理者进行进度控制。

2.3 工程项目系统动力学模型构建原理与特征

2.3.1 工程项目系统动力学模型的构建原理

1. 模型边界的确立

模型边界规定了系统的哪些部分应该划入模型，是构建系统仿真模型需要考虑的首要问题。工程项目SD模型描述的是工程项目实施过程中的工程进展状况，因此与工程进度有重要关系的要素和环节都是确立模型边界时需考虑的对象。从宏观上说，工程项目是物质流和信息流共同作用的产物。物质流是系统中人、财、物等资源相互作用而发生的形态、性质变化的过程，其直接成果是建筑产品实体。而信息流伴随着物质流产生，对物流起着导向作用。项目管理的主要功能就是通过信息流来规划、调节物流的数量、方向、速度和目标，使其按照一定的轨迹运作，最终实现工程建设的目标[111]。图2.3用控制论中的控制回路描述了工程项目的动态变化过程，它既包括设计与施工任务执行的物质流过程，也包括项目管理各环节在内的信息流过程，构成了闭环的反馈系统。工程项目SD模型正是对工程实施过程中与工程进度密切相关的物质流和信息流组成的反馈系统的抽象，其中将信息流也纳入到系统模型边界内是工程项目SD模型区别于网络计划模型和离散系统仿真模型最重要的特征（系统边界详见图3.1）。

2. 模型的基本结构

系统结构包含两层意思，首先是组成系统的各单元，其次是指诸单元间的作用与关系[109]。系统动力学用一阶反馈回路描述系统基本结构，根据其原理，应用流图（stock and flow diagram）工具将图2.3所示的工程项目的动态过程进一步抽象为图2.4所示的基本结构。

该基本结构清晰地表达了工程项目系统中两种流的性质、方向、快慢和积累。双线箭线"⟹"描述的是物质生产过程，连接"已完成任务"和"工程进展速度"之间的单线箭线"——"描述了信息反馈过程。"流"中的不同要素用状态变量、速率变量、辅助变量和常量四种基本变量描述，各变量的含义如下[109]：

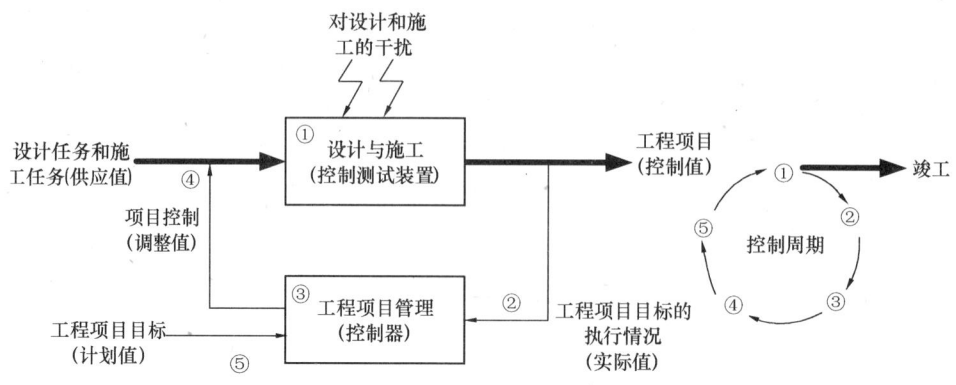

图 2.3 控制回路对工程项目动态过程的描述

(1) 状态变量（Level Variable，简记 L）："已完成任务"为状态变量，描述的是工程项目系统的积累效应，在图中用矩形框标识。状态变量是描述工程项目系统的核心变量，反映的是工程项目的动态行为即工程项目系统中完工任务等积累量随时间变化的过程。

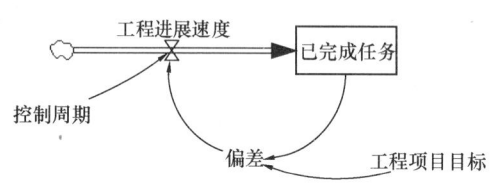

图 2.4 工程项目系统动力学模型基本结构

(2) 速率变量（Rate Variable，简记 R）："工程进展速度"为速率变量，描述的是工程系统中积累效应变化的快慢，在图中用符号"⊗"标识。"工程进展速度"是工程项目进度控制决策机制的反映，由工程项目目标和目标的实际执行情况之间的"偏差"和"控制周期"共同决定。

(3) 辅助变量（Auxiliary Variable，简记 A）："偏差"为辅助变量，表达如何根据状态变量计算速率变量的决策过程，是状态变量和速率变量之间信息传递和转换过程的中间变量。

(4) 常量（Constant，简记 C）："控制周期"为常量，其在工程进度控制过程中是相对不变的量，也称为外生变量。

工程项目系统包含若干相互作用的反馈回路，反馈回路的交叉、相互作用形成了系统的总功能，工程项目系统动力学模型则是在图 2.4 中基本结构基础上的扩展和丰富。

3. 模型的变量方程

在对系统结构作定性分析的基础上，需进一步建立变量方程来定量描述系统结构，以便在计算机上进行仿真模拟。工程项目系统动力学模型中，不同类型变量的方程表达方式不同。图 2.4 工程项目系统动力学模型基本结构中不同变量的方程基本形式：

L:已完成任务 = 已完成任务(t_0) + $\int_{t_0}^{t}$ 工程进展速度$(t)\mathrm{d}t$

R:工程进展速度(t) = 偏差$(t/)$控制周期

A:偏差(t) = 工程项目目标 − 已完成任务(t)

C:控制周期 = 时间常数 T

将上述方程差分化处理，就可以利用计算机以一定时间步长对其进行递推计算，从而得到各个变量随时间变化的曲线，即系统的动态变化过程。

2.3.2 工程项目系统动力学模型的主要特征

1. 项目工作和工作之间逻辑关系的表达

表达项目工作和工作逻辑关系是所有项目进度计划模型的首要任务。例如，单代号网络图模型用节点和编号表示工作，以箭线表示工作之间的逻辑关系。在此方面，工程项目 SD 模型有其独特性。首先，模型对项目工作和工作任务作如下假设与定义：项目自上而下可分解为若干项不同的工作（文中也称项目工作），每项工作中含有若干项同质、细小的任务（文中也称工作任务），所有任务均以工作单元（Work Unit，简记 WU）为单位[64]。这里的"项目工作"可理解为实际项目较粗的工作，"任务"理解为构成较粗工作进一步细化的工作。其次，模型中并没有特殊的符号表示工作和工作任务，而是用一维数组变量描述不同的工作，工作中正在执行的任务隐含于图 2.4 中"➡"符号内，已完成的任务存于图 2.4 中的矩形框内。最后，工作之间的逻辑关系在模型中用二维数组表示，每一个数组元素为表函数❶，用来表示两两工作之间完成—开始、开始—开始等逻辑关系和时间间隔。工作任务逻辑关系的详细表达请参见 3.2.1 节。

2. 工程项目 SD 模型是应用系统思想构建的因果关系模型

系统思想是站在全局的角度，运用整体的、联系的、运动和发展的辩证观点，把所研究对象看做是由大量相互联系或相互作用的部分构成的统一体[108]。工程项目 SD 模型应用系统思想，把工程项目工作任务的执行过程放到更大的项目背景之中予以考虑，除了考虑项目工作之间的逻辑关系外，还把诸如工程变更、工作质量、生产效率、资源分配、管理决策延迟和项目控制策略等影响项目进度的因素均纳入到工程项目系统框架内。更重要的是，由于系统的复杂性源自于系统各要素之间的相互作用[113~115]，建模过程致力于分析所考虑因素之间的一因多果、一果多因和互为因果的关系，构建起了工程项目系统的因果关系模型。该模型创建了项目进度如何变化的理论，除了具有相关性模型对系统进行预测的功能外，更重要的是它揭示了产生系统问题的机制。

---

❶ 系统动力学中用由已赋值的特殊点构成的曲线表示两个变量之间的函数关系，该曲线称之为表函数。

3. 工程项目SD模型的构建致力于识别系统内的正、负反馈回路

工程项目SD模型将工程项目看做是项目建设生产过程和项目管理过程构成的闭合反馈系统,该系统中存在多种信息反馈现象,对工程进度造成了正面或者负面的影响。反馈现象的存在使工程项目系统中包含了若干个反馈回路,正、负反馈回路的交互作用驱动着项目的动态性和复杂性。SD模型的构建致力于识别工程项目系统内的正、负反馈回路,系统内各要素之间因果关系的分析过程以是否能构成闭合的反馈回路为指导。

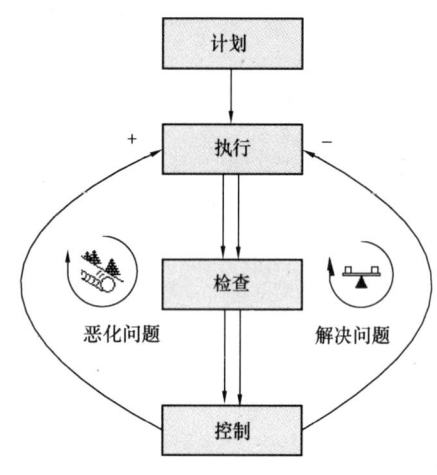

图 2.5 工程项目内的正负反馈回路

在图 2.5 所示的项目计划、执行、检查和控制的循环过程中,管理者采取控制手段的目的是为解决实际进度和计划进度存在的偏差问题,发挥负反馈机制的调节作用。而同时由于复杂系统的策略抵制特征,控制手段可能会产生负效应,使问题进一步恶化,构成了正反馈回路。例如,管理者采取的纠偏措施可能是采用性能更佳的施工机械设备,以加快工程进度。然而工人可能需要较长的时间才能熟悉新设备的操作或者新设备的引进给工人之间的协作带去更多的困难,因而进一步地延误了工期。工程项目系统中,除控制手段外,项目各子过程之间的并行关系、工程质量和工程变更等环境因素均会触发系统内存在的各种的反馈过程,这些都给项目计划与控制带去了很大困难。因此,识别工程项目系统内的正、负反馈回路是工程项目SD模型构建的切入点。

2.4 工程进度控制系统动力学仿真方法的主要特征

2.4.1 方法的适用范围

工程进度控制系统动力学仿真方法旨在为执行过程受多种因素影响的复杂工程项目的进度控制提供支持,工程项目系统动力学模型是该方法的核心要素,本节将从工程项目SD模型的特征出发,阐述其适用范围。

1. 项目进度计划优化

该方法可对用甘特图、CPM等传统方法编制的项目控制性和指导性的进度计划进行优化。首先,SD模型具备了表达工作、工作逻辑关系和工作持续时间的机制,为将传统计划方法表达的进度计划提供了输入接口。其次,模型设置了多个表征项目进度影响因素的变量,例如,用变量"外部敏感性"表示工作之间的物理依赖关系,"平均

质量"表示工作的质量合格率,"工作稳定性"表示工作可能发生变更的概率等。由于模型建立了项目进度影响因素与项目进度之间定量的因果关系,将这些变量的估计值和管理者拟采取的控制策略参数输入模型,模型仿真得到的各项工作的开始和完成时间即可作为优化后的计划值。随着项目不断进展,根据项目实际的完工情况可对模型参数不断进行校正,模型与实际系统的一致性不断增强,计划的有效性也将不断提高。但由于模型假设项目工作是由若干同质、细小的任务组成,把工作的执行过程假想为任务流在回路中的流动,模型中各因素之间因果关系的分析建立于项目工作这样的"流"特性基础上,而当项目工作是项目操作层面较细的工作时,工作的"流"特性并不显著,因此,模型对于项目操作性计划的优化作用较弱。

2. 项目进度控制策略的选择

模型模拟了项目管理过程中的计划、执行、检查和控制(行动)的各个环节,并用参数表示控制策略,因此模型具有"策略研究实验室"功能,即通过设置或调整控制策略参数对模型进行仿真试验,仿真结果可为管理者采取何种控制策略提供定量的信息,使管理者认识到哪些手段可以真正对项目进度起到积极作用以及实际情况中制约项目进展的瓶颈何在,进而找到提高项目进度绩效的突破口,提高进度控制策略的有效性。工程实践中,管理者可以采取的进度控制策略很多,文中讨论的控制策略主要包括:增加工作之间的并行、调整劳动力人数、工人加班、调整进度目标、调整劳动力延迟(周期)和调整管理决策的时间。同样的,由于模型受"流"特性的限制,不能对项目操作层面常采取的调整计划、资源优化和调整施工技术和方法等控制措施提供决策支持。

Lee[116]根据项目管理工作涉及的层面不同,将项目管理划分分战略项目管理(Strategic Project Management,SPM)和操作项目管理(Operational Project Management,OPM)。SPM 是站在全局的角度,应用系统的观点,关注项目整体的长期行为;OPM 关注的是某个时间段内项目局部更为具体详细的问题。因此,OPM 是为项目操作过程中的进度计划、预算和资源分配等决策问题提供指导、方向和策略的宏观管理行为[117],OPM 则是为每个决策问题提供详细分析的微观管理行为[38]。从这个意义上,可以说项目控制性、指导性计划的优化、控制策略的选择等属于战略项目管理的范畴,综合上述分析,工程进度控制的 SD 仿真方法是为复杂工程项目进度控制战略层面的问题提供决策支持的一种方法。

2.4.2 方法应用的基本过程

与系统仿真方法的一般过程相比,工程进度控制 SD 仿真方法既有共性也有其特殊性。共性在于该方法的实现需要包含系统仿真方法的所有环节。特殊性主要体现在如下两点:一是由于文中构建的工程项目 SD 模型是针对进度问题对工程项目所有工作任务的一般抽象,模型一旦经过检验具备可信度后即可应用于每一个工程项目中,应用过程不再需要系统定义和构造系统仿真模型两个步骤，而是从模型的参数输入环节直接开始，即只需要针对具体项目和项目实施环境对项目特征参数和控制策略参数进行估计，输入 SD 模型后即可进行仿真试验；二是工程项目 SD 模型辅助决策的作用主要体现在计划优化和控制决策两个方面，由于采取何种控制策略对工程进度有直接影响，因此控制策略的选择在先，进度计划优化在后。该方法应用的基本步骤如图 2.6 所示。需要说明的是，在应用过程中，由于运行模型的目的是为了得到有关实际系统的信息，了解和预测实际系统运行的情况，特别是在输入数据或决策规则有变化时输出相应的变动情况，因此模型运行是一个动态过程，需要反复进行，从而得到所需要的试验数据，为管理者决策提供充分的信息。

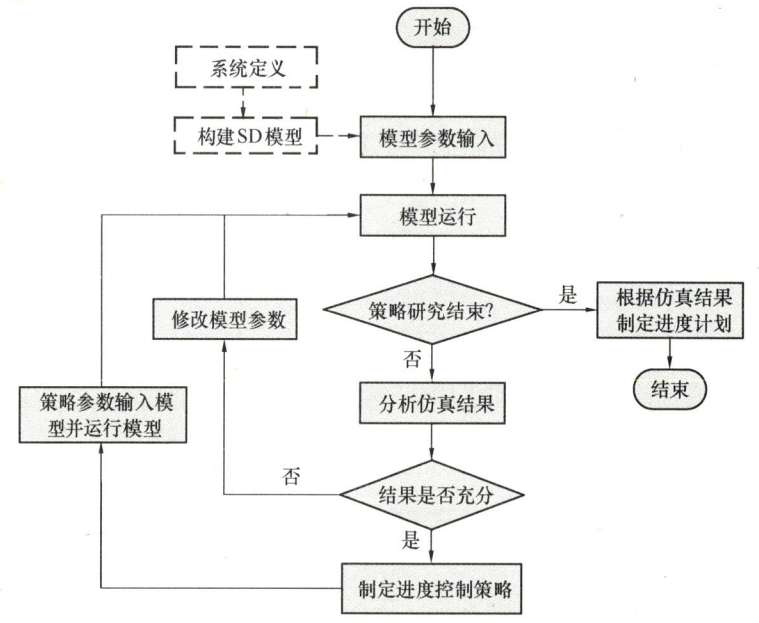

图 2.6　复杂工程项目进度控制的 SD 仿真方法实施过程

2.4.3　与其他工程进度控制方法的对比分析

为进一步加深对工程进度控制 SD 仿真方法（以下简称 SD 仿真方法）的理解，下面将其与网络计划技术和基于离散事件系统仿真方法的进度控制方法（以下简称 DES 方法）进行对比分析。

1. 项目系统性特征的体现

网络计划技术以项目物理实体为研究对象，用网络图模型表达项目各项工作的逻辑关系，因此该方法将项目描述为由时间上相互依存的若干项工作组成的整体。DES 将项目的物质生产过程作为考查对象，DES 模型多以 CPM 计划模型为框架，再将框架中的工作进一步细化，用完成该工作所需的具体事件（施工作业）对其进行描述[40]。例如，将楼层混凝土施工描述为立模、钢筋绑扎、混凝土浇筑、混凝土振捣等多项事件（施工作业）的循环反复过程。施工作业的执行则受到资源的种类、数量、生产效率和地质参数、施工方法等因素影响。因此，DES方法将项目描述为一个由若干时间上相互关联、执行过程受到资源、施工工艺和施工方法等因素影响的施工作业构成的整体。SD仿真方法除了关注项目的物质生产过程外，还将项目管理过程纳入到系统边界内。SD模型除了可以描述项目工作之间的时间依赖关系外，还能够表达实际项目中工作质量、工程变更、管理行为等影响项目工作进度的诸多因素与项目工作之间的关系和项目工作与工作之间的物理依赖关系。可见，SD仿真方法关注的项目系统边界大于网络计划技术和DES方法，它站在一个更宏观的视角，考虑了项目物质生产过程之外更多的要素和要素之间联系。

2. 项目动态性特征的体现

工程项目实施过程中，主客观条件的变化是绝对的，不变是相对的。因此，在方法的应用上，网络计划技术、DES方法和SD仿真方法三者均强调计划的动态调整和进度目标的动态跟踪与控制。然而三者借助的模型对项目动态性特征的表现却不尽相同。网络计划属于静态模型，不能体现项目的动态实施过程，而DES仿真模型和SD模型属于动态模型，通过计算机运行，能够模拟项目的动态运行规律。

在对项目动态性特征建模的着眼点上，DES认为项目系统状态是在随机的时间点上由离散事件引起的瞬间变化，因此，建模过程致力于对项目建设过程中具体离散事件的抽象，并通过设置仿真钟和应用时间步长推进法来再现项目的物理执行过程[51]。SD模型将项目系统的结构表达为由系统状态、速率（亦称行动）与信息构成的反馈回路。项目状态的变化取决于管理者的决策和工人的行动，而行动受到信息反馈的作用而发生改变。因此，通过给定系统初始状态、速率方程和时间步长，即可用微分方程表达项目状态的变化。在计算机上，SD模型将项目的动态过程表现为曲线。

3. 辅助进度计划与控制的能力

网络计划技术通过网络图时间参数计算，确定关键工作和关键线路，便于管理者抓住主要矛盾，集中资源，确保进度；网络计划可以反映各项工作的机动时间，帮助管理者制定最经济的资源使用方案，避免资源冲突，均衡利用资源[118]。

由于DES模型能够直接再现项目建设的物理过程，因此，DES方法可以对施工工艺、施工方法和施工机械设备配套方案的选择等问题通过仿真试验、多方案比较的方式为管理者提供决策支持[51]。以土方运输为例，DES方法将该过程看做是装载、拖运、倾倒、返回等多个离散事件组成的循环反复过程，并将其直接复制到DES模型中。为了集合各事件发生的不确定性，管理者根据其经验对各事件设置正态分布或三角分布等不同的概率分布模型。然后，根据事件之间的逻辑关系和过程逻辑，可以得到整个土方运输过程的进度、成本绩效和资源需求量。最后，通过改变模型中的输入变量（如装载车的数量）对模型进行多次仿真，从而达到土方运输的实施计划进行优化的目的[38]。该过程一方面得出了装载车的最佳数量，另一方面经优化的实施计划可为管理者提供操作过程中的详细信息。可见，由于DES方法关注的是项目具体的物理过程，为项目计划和控制操作层面的问题提供决策支持。

SD模型将管理者对项目进度的控制反馈行为纳入到了模型的边界内，因此，模型的输出结果能够体现控制措施对进度的干预作用。以项目基础施工为例，如图2.7所示，假设其包括场地开挖、桩基工程和上部基础三项子活动，计划完成时间分别为15天、20天和25天。项目实际执行中，由于受到场地土质的影响，场地开挖和桩基工程实际消耗了18天和24天。倘若当前时刻为第42天，管理者认识到了进度拖延情况，为避免不能按时完工带来的惩罚，在上部基础工作中采取了控制纠偏行为（例如分配更多的劳动力或者采取工人加班策略），将其工作时间压缩为18天，而不是继续按照计划的25天执行任务，以实现在60天内完成基础施工的进度目标。SD模型将调整劳动力人数和采取工人加班策略等控制措施设置为外生变量，并建立了这些措施与进度之间的关系。通过改变这些变量的参数对模型进行多次仿真试验，仿真结果即可为管理者采取何种控制措施提供决策支持，并对采用所选择的控制措施下的项目进展作出预测。而由于SD模型将项目工作看做是同质工作流，无法像DES模型那样对项目工作包含的作业进一步细化，因此，SD仿真方法主要是对项目计划与控制战略层面的问题提供决策支持。

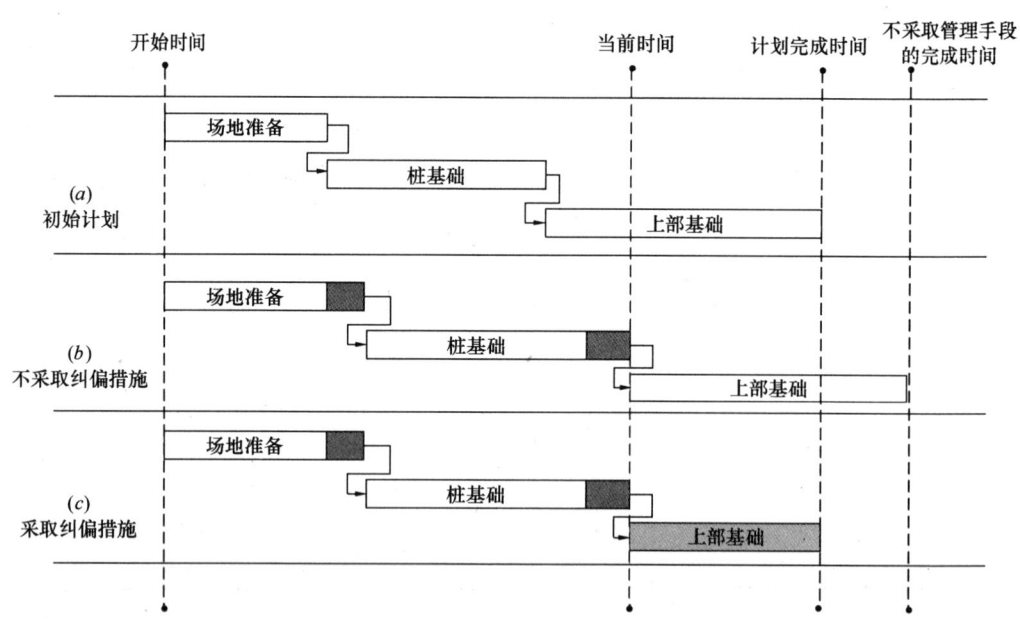

图2.7 控制行为对进度的干预作用

4. 方法的灵活性和适用性

网络计划技术具有很强的灵活性和适用性，在工程建设领域已得到了较为普遍的应用。它可以方便地表达项目总进度纲要、总进度计划、项目进度计划和项目实施计划各个层次的计划，并且可以灵活地增、减项目工作，调整关键线路长度和调整非关键工作时差。DES 方法和 SD 仿真方法的建模过程均较为复杂，灵活性较差。在适用性上，DES 模型表达的是具体任务的执行过程，需对项目建设过程中的每一个离散事件一一抽象，因此，DES 模型对于其他项目的适用性较差。SD 模型由于是对项目工作任务执行过程和管理者行为的一般抽象，对于一般的项目均具有适用性。三种方法在适用性、灵活性和真实系统耦合程度上的对比如图 2.8 所示。

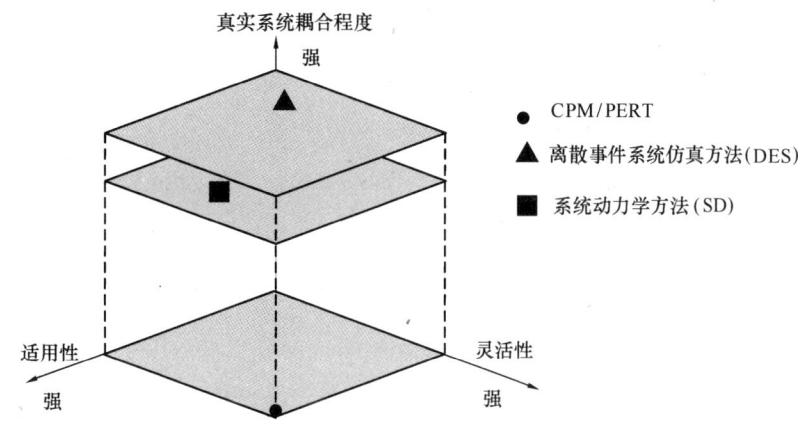

图 2.8 网络计划技术、DES 方法和 SD 仿真方法灵活性、适用性对比

除上述 4 个方面的区别外，表 2.1 还从模型考虑的因素、项目工作模型、模型输出结果和实施步骤对三种方法作了对比分析。

网络计划技术、DES 方法和 SD 仿真方法的对比　　　　表 2.1

	网络计划技术	DES 方法	SD 仿真方法
项目系统性特征	项目是由时间上相互依存的工作任务构成的整体	项目是由时间上相互依存的离散事件（施工作业）构成的整体	除项目物理对象外，还将项目管理过程纳入到系统边界内，并用因果反馈回路表达各要素之间的因果关系
项目动态性特征	（1）方法应用强调动态性； （2）网络图模型属于静态模型，不能表达项目动态执行过程	（1）方法应用强调动态性； （2）DES 模型能够模拟项目动态运行规律； （3）项目状态变化由离散事件驱动	（1）方法应用强调动态性； （2）SD 模型能够模拟项目动态运行规律； （3）项目状态变化由反馈回路驱动
不确定性分析	（1）仅考虑了工作任务持续时间的不确定性因素； （2）缺乏严格的统计分析方法	（1）对所考虑的因素均可进行不确定性分析； （2）蒙特卡罗（Monte Carlo）模拟	（1）对所考虑的因素均可进行不确定性分析； （2）蒙特卡罗（Monte Carlo）模拟

续表

	网络计划技术	DES方法	SD仿真方法
管理决策支持能力	(1) 确定关键工作关键线路； (2) 帮助管理制定资源分配方案； (3) 无法进行what if分析	支持what if分析，辅助管理者进行项目进度计划和控制中操作层面的决策问题，如： (1) 施工工艺的选择； (2) 施工方案的选择； (3) 机械配置方案选择； (4) 进度预测； ……	支持what if分析，辅助管理者进行项目进度计划和控制中战略层面的决策问题，如： (1) 过程之间的并行程度； (2) 劳动力增派比例； (3) 加班时间； (4) 进度目标推迟与否的考虑； (5) 管理决策时间的确定； (6) 劳动力调整时间的确定； (7) 进度目标的制定； ……
灵活性、适用性	较强	较差	灵活性较差，适用性较强
考虑的因素	(1) 工作任务持续时间； (2) 工作任务之间时间上的相互依存关系； (3) 资源对工作的制约关系	(1) 每项具体工作的持续时间； (2) 工作之间的逻辑关系； (3) 资源成本； (4) 资源约束； (5) 设备、人员的生产效率； (6) 设备、工艺和地质等相关参数	(1) 工作任务之间的时间和物理依赖关系； (2) 工作质量和工程变更； (3) 质量问题和变更发现或产生时间； (4) 管理决策时间延迟； (5) 资源分配延迟； (6) 劳动力生产效率； (7) 劳动力经验水平； (8) 进度压力； (9) 管理控制手段 ……
项目工作模型	一系列相互关联且异质的工作包	项目建设过程中完成每项任务所要执行的具体事件	连续的同质工作流
模型输出结果	(1) 工作持续时间和项目完成时间； (2) 关键路径	(1) 项目进展； (2) 每项任务的具体资源需求	项目层面和项目工作层面所有变量随时间的变化情况
实施步骤	一般性的工具应用	建模—模型参数输入—模型运行—仿真结果分析与评价—制定实施方案	模型参数输入—模型运行—仿真结果分析与评价—制定策略和进度目标

从以上对三种方法的对比分析来看，网络计划技术、DES方法和SD仿真方法的共同点在于均是通过模型来辅助管理者对实际问题的分析和决策，而由于模型的着眼

点和建模的理论与方法不同,三者在应用上各有侧重。网络计划技术用网络图表达工作之间的逻辑关系、执行顺序和各种时间参数,便于管理者确定关键工作和关键路径。但网络计划模型本质上属于数学模型,难以将实际项目中各种因素与项目工作时间的复杂关系进行列举、分析和抽象,与项目实际系统的耦合程度较低。DES 模型和 SD 模型属于工程项目系统的结构仿真模型,描述了实际项目中各种因素与工程进展之间的复杂关系,与项目实际系统的耦合程度较高,能够在计算机上再现实际项目的运行规律。因此,DES 方法和 SD 仿真方法能够通过仿真试验对多方案进行比较并对项目作出预测,从而为计划和控制决策提供了更多的信息。而由于 DES 模型能够重现完成项目工作需执行的具体事件(施工作业),DES 方法主要是对项目计划与控制中操作层面的问题提供决策支持。SD 模型将工作任务看做是连续的同质工作流,并用状态、行动和信息构成的反馈回路表达工程项目系统结构,与 DES 模型的最大不同在于考虑了工程项目系统中存在的多种信息反馈现象,特别是能够体现管理者的控制行为对工程进度的影响。因此,SD 仿真方法对项目计划与控制提供的决策支持主要体现在战略层面。

总体说来,网络计划技术应用过程方便灵活,适用于实施环境相对确定的工程项目;DES 方法和 SD 仿真方法适用于执行过程受多种不确定性因素影响的复杂工程项目,可为管理者的计划制定和控制决策提供更多的信息,前者适用于进度控制的操作层面问题,后者适用于进度控制的战略层面问题。

第3章 工程项目系统动力学模型

构建工程项目系统动力学模型是实施工程项目进度控制系统动力学仿真方法关键而又重要的一步，它直接决定了该方法辅助计划和控制决策的能力。本章将以系统动力学理论和方法为指导，以现有的项目系统动力学模型为基础，结合工程项目管理知识和笔者对工程项目实施过程的实际观察，着手构建工程项目系统动力学模型。首先面向工程项目建设过程中的进度问题，确立了模型边界并建立了包含建设过程子系统、范围子系统、资源管理子系统、进度目标子系统和项目表现子系统五个子系统的模型总体结构；接着以先定性分析子系统诸要素之间的逻辑关系并识别出主要的因果关系回路、再提炼模型变量并确立主要变量的数学方程为研究思路，分别构建了各子系统模型结构；最后对比分析了文中构建的工程项目SD模型和其他项目SD模型。

3.1 模型边界与模型总体结构

3.1.1 模型边界

根据模型目的确立清晰的模型边界是构建工程项目SD模型的第一步。本书构建SD模型的目的是为了辅助管理者制定科学的项目进度计划和控制策略。为此，工程项目SD模型将识别工程项目进度影响因素的相关文献中提到的主要进度影响因素考虑在内，探究各种因素与项目建设过程之间相互制约和相互影响的关系。

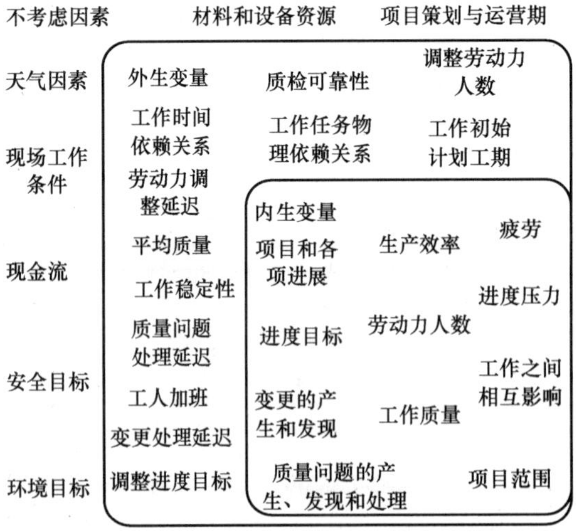

图3.1用内生变量、外生变量和不考虑因素描述了模型边界。外生变量由用户设定并在模型仿真过程中保持不变。外生变量与项目工作的基本特征和管理策略相关，例如平均质量、工作稳定性、变更处理决策延迟和劳动力调整延迟等。内生变量则在模型仿真过程中随着时间不断变化，体现了项目的动态行为，是仿真试验关注的对象，如项目进展、工作进展、生

图3.1 工程项目SD模型边界

产效率和工作质量等。不考虑因素虽可能会对项目的实际进度造成影响，但在模型结构中暂未考虑，如天气因素、现场工作条件、现金流和安全目标、环境目标等。

3.1.2 模型总体结构

在分析相关研究文献基础上[61]、[64]、[81]、[119]，根据系统分解协调原理将工程项目系统划分为建设过程子系统、范围子系统、资源管理子系统、进度目标子系统和项目表现子系统五个子系统。模型总体结构如图3.2所示。其中，过程子系统为模型的核心结构，其对项目所有工作的工作任务历经不同状态直至被完成的物质流动过程进行模拟，由于受到工作任务依赖关系、工作质量和工程变更的影响，系统的物质流过程发生着较为复杂的变化。范围子系统定义每项工作包含的任务数，它决定了过程子系统中某项工作的任务流开始和结束状态以及资源子系统中的资源投入数量，同时由于质量问题和工程变更的发生会引起任务的重新处理，工作范围在任务执行过程中不断增加。资源子系统中的劳动力人数和工作时间制约了建设过程中的任务执行速度，建设过程工作面的变化和问题决策等待延迟又会影响资源的利用率。进度目标子系统描述了随着工程的实际进展变化目标工期的调整过程和进度压力的产生过程，目标通过建设过程实现，并决定了资源子系统中的资源投入数量，同时资源的有限性又会限制目标的制定。项目表现子系统中工作的生产效率和质量影响工作的执行过程，同时又受到进度压力、工人工作时间和其他工作的执行过程的影响。可见，各子系统之间相互作用和相互影响，共同组成了一个复杂的有机整体。下面将分别对各子系统予以建模。

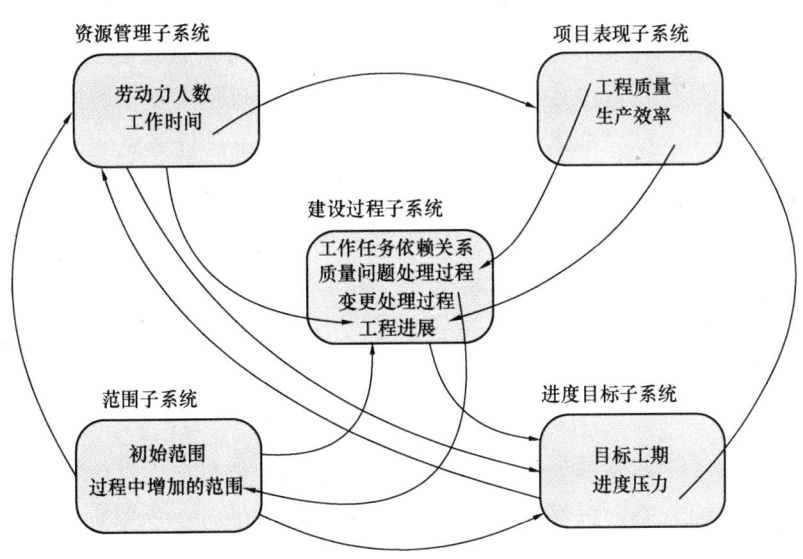

图 3.2 工程项目 SD 模型总体结构

3.2 工程项目过程子系统

工程项目过程子系统描述的是项目建设过程中工作任务历经不同的状态最后被完成的项目系统内的物质流过程。图3.3用系统动力学流图工具给出了工程项目建设的基本过程模型。"待完成任务"和"已完成任务"表示工作任务历经的两个基本状态，前者表示工作任务已具备工作面，后者表示任务已经执行完毕。随着时间的变化处于两种状态的任务数量不断积累，某一时刻已完成任务数的多寡即反映了此时的工程进展。

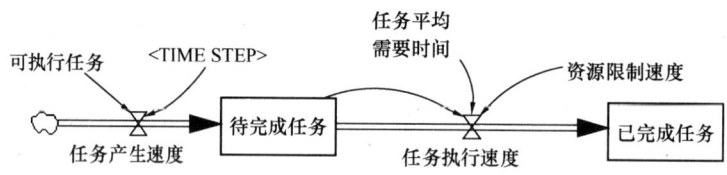

图3.3 工程项目建设的基本过程模型

受到建筑产品物理过程和基本建设程序的制约，项目工作任务之间存在着较强的依赖关系，即下游工作需在上游工作部分或全部完成后方可开始，因此，项目开始时不是所有的工作任务都处于"待完成任务"状态。当工作任务依赖的所有任务都完成时才能作为"可执行任务"流经"任务产生速度"进入"待完成任务"状态，"待完成任务"被执行进入"已完成任务"状态。"任务执行速度"由待完成任务的数量、任务平均需要时间和劳动力、材料和机械设备等资源数量共同决定。图3.3所示的建设基本过程是最理想的情况，事实上，一方面，由于工程项目实施过程会到多种因素的影响，执行完的任务总存在着一定比例的质量问题，质量问题需要重新处理；另一方面，由于工程变更的存在，已完成的任务也可能返工。项目工作任务之间的物理依赖关系、质量和变更问题的处理流程、决策延迟以及多种不同的问题处理结果等因素使工作任务的状态变化过程即系统的物质流过程远比图3.3描述得复杂。为便于描述，本节将项目建设过程子系统分为工作任务依赖关系子块、质量管理子块和变更管理子块，以下分别对各子块变量之间的动态因果关系建模。

3.2.1 工作任务依赖关系子块

项目工作任务之间的依赖关系是制约项目进展的重要因素[120]~[122]。倘若不考虑工作任务之间的依赖关系，极端的情况是当资源足够充足时，项目即可在无限短的时间内完成，项目进度可以无限快，显然这是与工程项目的物理实施过程和基本建设程序相违背的。因此，模型需要建立起工作任务之间的依赖关系。项目工作任务之间存在两种任务依赖关系，即某项工作内部任务之间的依赖关系和不同工作之间任务的外部依赖关系。

图 3.4 是工作任务依赖关系子块模型结构，通过该子块模型可得出可执行任务数。工作任务只有在跟其有各种依赖关系的任务均执行完毕后，才可作为可执行任务进入项目建设基本过程中的"待完成任务"状态。下文将对各种依赖关系予以详细论述。

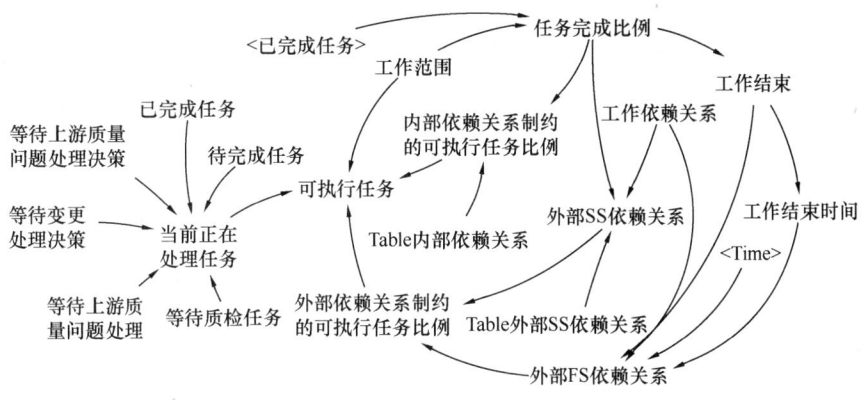

图 3.4 工作任务依赖关系子块模型结构

1. 工作内部任务依赖关系

工作内部任务依赖关系刻画的是某项工作所包含的任务可以顺序或者并行执行的程度以及随着工作进展变化这种关系的变化情况。工作内部任务依赖关系在模型中用表函数"Table 内部依赖关系"表示，其表达的是工作 i 的任务完成比例和工作 i 的可执行任务比例之间的函数关系（$i \in \{1,2\cdots,n\}$）。

"Table 内部依赖关系"可以表达工作内部任务之间的线性或者非线性依赖关系，如图 3.5 所示。其中，依赖关系曲线必须位于图中的 45°线之上，否则会出现所有任务均已完成却仍有不可执行的任务的情况[61]。任务之间依赖关系越弱，函数曲线越靠近图中左上轴，依赖关系越强，函数曲线越靠近 45°线。曲线 b 表示工作 i 开始时所有的任务均可执行，例如地基开挖工作在不受其他工作制约的条件下，任何地点的开挖任务均可展开，不受其他开挖任务的制约。曲线 a 表示本项工作 i 内的任务之间有很

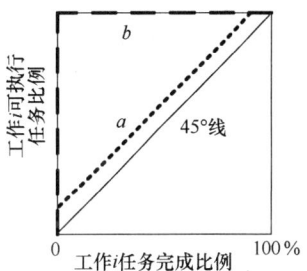

图 3.5 工作内部任务
依赖关系表函数[61]

强的依赖关系。例如，一幢十层的钢结构建筑的钢构件吊装工作，第 2 层以上的钢构件吊装必须在其下层以前的任务完成后方可开展，因此，工作开始时，仅有 10%的任务可以执行，第 1 层的吊装结束后，则有 20%的任务可以开展，当第 9 层的吊装任务完成后，100%的任务就均可执行。

通过上述分析可得，当工作 i 的任务仅受内部依赖关系制约时，可执行任务比例为：

$$FraAvaiConsInR[i] = TableInR[i](FraTFin[i]) \tag{3.1}$$

式中 $FraAvaiConsInR[i]$——工作 i 受内部依赖关系制约的可执行任务比例；

$TableInR[i]$——工作 i 内部任务依赖关系表函数；

$FraTFin[i]$——工作 i 的任务完成比例。

2. 工作外部的任务依赖关系

工作外部的任务依赖关系用来刻画不同工作之间并行或者顺序执行的程度，它除了可以表示网络计划中各项工作之间的开始—开始（SS）、开始—完成（SF）、完成—开始（FS）和完成—完成（FF）的逻辑关系与时间间隔外，还能描绘工作开始后上下游工作之间的依赖关系，特别是随时间变化的非线性关系。文中对项目计划中常用的 SS 和 FS 两种典型的依赖关系建模。

（1）关系类型判断

用二维数组变量"工作依赖关系 $[i,j]$"（$WRelation[i,j]$）的取值来判断当前工作 i 和上游工作 j 之间的依赖关系类型，当为 FS 关系时，取值大小作为 FS 关系中的工作间隔时间。工作依赖关系 $[i,j]$ 为外生变量，设值为 RV，取值大小可从其他的计划工作中获得。有（3.2）式：

$$\text{工作依赖关系}[i,j] = \begin{cases} \text{FS}(0 \leqslant RV \leqslant 100, RV \text{ 值为 FS 间隔时间}) \\ \text{SS}(RV > 100) \\ \text{NONE}(RV = -1) \end{cases} \quad (RV \in Z)$$

（i 表示当前工作，j 表示下游工作，$i,j \in \{1,2\cdots,n\}$，下同） (3.2)

（2）SS 依赖关系

用表函数"Table 外部 SS 依赖关系"表示工作 i 和上游工作 j 的 SS 依赖关系。以 Ford[61] 的研究为基础，图 3.6 给出了 3 种 SS 依赖关系函数曲线示例，其中横坐标是上游工作 j 的任务完成比例，纵坐标是当前工作 i 的可执行任务比例。图 3.6（a）表示上游工作 j 完成 30% 后工作 i 开始，随后不再受工作 j 制约，100% 的工作任务均可执行；图 3.6（b）表示工作 i 与工作 j 的线性同步并行关系；图 3.6（c）表示工作 i 在工作 j 完成 30% 后可开始，且随后两者保持非线性的并行关系。可以看出，图 3.6（a）描绘的工作之间任务依赖关系与网络计划图一致，而图 3.6（b）和图 3.6（c）所描绘的工作之间的依赖关系是网络计划图所不能表达的。

工作 i 受与其存在 SS 依赖关系的上游工作 j 制约下的可执行任务比例为：

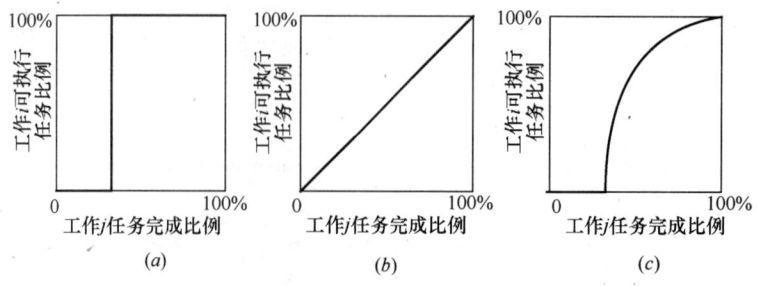

图 3.6 SS 依赖关系曲线示例

$$ExSSR[i,j] = \text{IF THEN ELES}((WRelation[i,j])$$
$$> 100, TableExSSR[i,j](FraTFin[j]),1) \tag{3.3}$$

式中 $TableExSSR[i,j]$ ——SS 依赖关系表函数；

$FraTFin[j]$ ——工作 j 的完工比例。

（3）FS 依赖关系

FS 依赖关系的建模与 SS 不同，其主要用到如下含有逻辑判断的数学方程来确定：

$$ExFSR[i,j] = \text{IF THEN ELSE}(0 \leqslant RV[i,j] \leqslant 100, \text{IF THEN ELSE}$$
$$(Time \geqslant (WFTime[j]+RV[i,j])<1,1,0),1) \tag{3.4}$$
$$WF[i] = \text{SAMPLE IF TRUE}\ (FraTFin[i] \geqslant 0.99,0,1) \tag{3.5}$$
$$WFTime[i] = \int_0^t \text{IF THEN ELSE}(WF[i]=1,1,0)\mathrm{d}t \tag{3.6}$$

式中 $ExFSR[i,j]$ ——工作 i 与工作 j 的外部 FS 依赖关系；

$WFTime[i]$ ——工作 i 结束时间；

$WF[i]$ ——表示工作 i 结束与否的变量。

IF THEN ELSE 和 SAMPLE IF TRUE 为 Vensim DSS 仿真平台中的函数，具体含义详见附录 B。

式（3.4）用来判断工作 i 与工作 j 是否存在 FS 依赖关系。当存在时，如果工作 j 完成且间隔时间已过，工作 i 将不受 j 的约束可全部开始，否则工作 i 因受 j 的约束不能开始。式（3.5）用来判断工作 i 是否结束；式（3.6）表示当工作 i 结束后，$WFTime[i]$ 的值即为工作 i 的结束时间。

（4）可执行任务数

综合 FS 依赖关系和 SS 依赖关系，"工作 i 外部依赖关系制约下的可执行任务比例"（记作 $FraAvaiConsExR[i]$）为对其产生最强约束的上游工作 j 制约下的可执行任务比例，方程如下：

$$FraAvaiConsExR[i] = \min_{j \in 1,2\cdots,n}(\min(ExSSR[i,j],(ExFSR[i,j])) \tag{3.7}$$

在内部和外部依赖关系的共同制约下，某一时刻，工作 i 可执行任务数为：

$$TaskAvai[i] = WScope[i] \cdot \min(FracAvaiConsExR[i], FraAvaiConsInR[i])$$
$$-WInProcess[i] \tag{3.8}$$

式中 $TaskAvai[i]$ ——工作 i 可执行任务数；

$WScope[i]$ ——工作 i 的工作范围；

$WInProcess[i]$ ——工作 i 当前正在处理任务。

3.2.2 质量管理过程子块

工程项目规模大、周期长、工程技术条件复杂及项目环境不断变化等特征使工程质量问题的发生不可避免。据统计，处理质量问题占用的时间约占项目总工期的

11%[123]，因此有效的工程项目系统结构模型应考虑质量问题对进度的影响。图3.3中的项目建设基本过程模型是基于工作任务完全按计划正确执行的假设建立的，显然与实际情况不符。本节将对图3.3中的模型进行扩展，充分考虑项目实施过程中由质量问题引发的各种反馈机制，建立质量管理过程动态模型。

1. 质量管理过程因果关系分析

质量问题是指任务质量没有达到规定的规范、标准或设计要求。工程质量问题的种类繁多，问题处理的技术和方案也不尽相同。本书不关注工程技术问题，而是将质量问题发现的时间、问题处理过程决策延迟、问题处理方案和未发现的隐含质量问题对下游工作的影响几个方面作为考察重点。

项目建设过程中，执行完的工作任务经监理单位质检合格后才属于真正意义上地完成了的任务。理想情况下，质检能够发现所有的质量问题，而受到监理人员责任心、进度压力和质检手段局限性等各种因素的影响，质检并非完全可靠，因此，总存在视为已完成的任务中仍含有隐含质量问题（没有被及时发现的质量问题被看做是隐含的质量问题）的情况，而隐含的质量问题有可能在后续的工作中发现。因此，质量问题可能发现的时间存在以下三种情况：(1)任务执行完后即刻发现问题；(2)隐含问题发现于下游工作开始前；(3)下游工作开展中发现了上游的隐含问题。质量问题一旦发现后，需进入由项目业主方、施工方、监理方和设计方等共同参与的包含问题调研、问题原因分析和制定处理方案等环节在内的质量问题处理决策流程，在此期间，与该问题任务有关的其他工作任务均要停止，待问题处理完成后方可开始。因此，质量问题处理决策延迟也是需要考虑的因素之一。

图3.7是质量问题发现于不同的时刻其对进度的影响示例图，A、B是相互关联的两项工作。CASE1中，A的质量问题产生后立即被发现，此时后续相关任务停止执行，在接到问题处理方案指令且问题处理完后后续任务方可继续。A的完成时间推后，相应的B的开始时间和完成时间亦推后，总共延误的时间为问题处理决策时间和A重新处理时间之和。CASE2中，B开始前A仍未结束，此时发现了A已完成任务中的隐含问题，则A、B的后续任务均需停止，B待A重新处理完成后开始，A、B的总延误时间为问题处理决策时间和A重新处理时间之和。CASE3中，B在开始前并未发现A的隐含问题，而是在由于受到A的影响，B的相应任务也产生了质量问题，因发现了B的质量问题才认识到A隐含问题，这种情况下，B的总延误时间为问题处理决策时间、A的重新处理时间和B的重新处理时间之和，此时质量问题对进度的影响最为严重。

视工程质量问题的性质和其对相关工作的影响，质量问题的处理通常包括修补处理、返工处理和不处理三种方案[124]。图3.7分析的是采取返工或者修补的处理方案时发生的情况，而采取不处理方案时，可能会带来其他相关工作任务的变更，倘若相关工作任务已完成，则需对其重新处理。例如，在地坪施工的过程中，如果某区域的

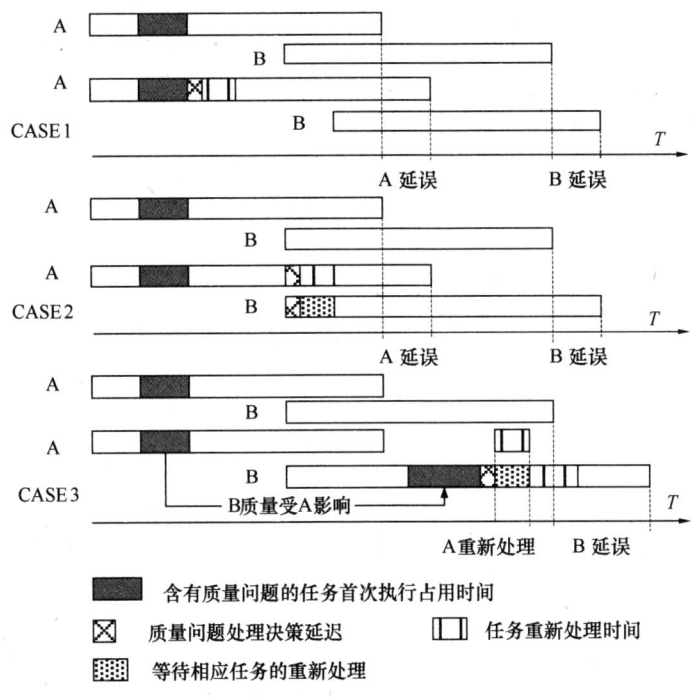

图 3.7 工程质量问题对进度影响分析示意图

混凝土浇筑高度高于设计标高,可能会采取不对高出部分进行凿除而改变整体标高的处理方案,此时,对于之前已经浇筑完成的区域,则需重新处理。

基于上述对现实情况的分析,以 Park[80] 的研究为基础,提炼出图 3.8 所示的工程项目质量管理过程中质量与进度之间的因果反馈关系。首先分析当前工作的质量问题与当前工作进度之间的因果关系,图中用未加粗的箭线表示。当前工作任务的质量越差,质检中发现的问题就越多,问题处理占用了越多的时间从而恶化了进度拖延状况,增加了进度压力,进而进一步增加了任务执行中发生质量问题的概率,如此构成了正反馈回路 A—B—C—D—E—F—A。进度压力增大,质检的可靠性降低,释放到下游的隐含问题增多,下游发现上游隐含问题的概率越大,因而增加了当前工作中需要重新处理的任务总量,加剧了工作的进度拖延情况,因果链 G、H、I、J 与 C、D、E 构成了正反馈回路。进度压力增大使得采取变更方案来解决当前质量问题的概率增加,对于当前工作已完成的任务而言需要重新处理,增加了重新处理任务总量,因果链 K、L、M 与 C、D、E 构成了又一正反馈回路。

由于上下游工作之间的物理依赖关系,上游工作的质量与下游工作进度之间同样存在着反馈机制,因果关系链在图 3.9 中用加粗的箭线表示。上游工作任务质量对进度恶化带来的进度压力降低了质检可靠性,释放到下游的隐含问题增多,与该隐含问题存在物理依赖关系的下游任务产生质量问题的概率增加,因此推延了下游的进度,倘若上游任务仍未完成,整个项目的进度拖延仍会增加上游工作的进度压力,该过程构成了正反馈回路 G—H—P—Q—R—U—V—G。另一方面,对于下游工作在上游工

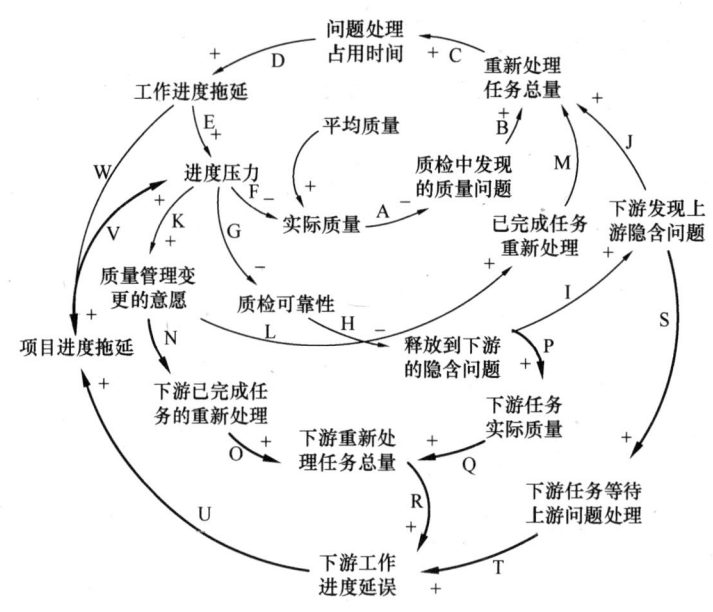

图 3.8 质量管理过程因果关系回路图（基于 Park[80]）

作未完成前就开始的情况，进度压力驱动下对质量问题采取的变更处理方案的可能增加，下游已完成任务需重新处理的任务数增多，因而下游工作的进度受到了影响，其反过来也会增加上游工作的进度压力，因果链 K、N、O、R、U、V 构成的回路为正反馈回路。受进度压力的影响质检可靠性降低，增加的隐含质量问题使下游发现隐含问题的概率加大，获得工作面的下游工作任务又需等待上游中隐含问题的处理而推迟开展，因而推延了整体项目进度，如果上游任务仍未结束，上游工作的进度压力会进一步增加，构成了 G—H—I—S—T—U—V—G 正反馈回路。

可以看出，"进度压力"是构成所有因果回路闭合的重要因素。它是项目实施者在项目计划与项目实际进展情况存在差距时产生的一种心理反应，系统动力学的建模方法可以表达这样的"软数据"，增强了人们对项目动态行为的认识与把握。"质检可靠性"和"质量管理变更"使得质量问题对整个项目的影响传播开来，增加了质量对进度的影响回路，因此这两种因素的识别对建立准确的动态模型具有重要的意义。

上述的 6 条反馈回路揭示了项目质量与项目进度之间复杂的相互作用机理，正反馈机制表明，在不采取任何控制手段的情况下，质量问题使项目进度朝着不断恶化的方向演化。所有反馈回路的识别和理解将作为建立工程项目动态模型的基础。

2. 质量管理过程模型

本节将建立考虑质量问题因素时的工程项目过程模型，即质量管理过程模型。模型以上述质量问题对进度影响的定性分析和识别的反馈回路为指导，用系统动力学中的存量—流量结构表达质量问题存在下任务的物质流动过程和工作任务状态随时间变化的积累效应，模型结构如图 3.9 所示。

除图 3.3 的"待完成任务"（TTD）和"已完成任务"（$TFin$）外，模型中增加了

第3章 工程项目系统动力学模型

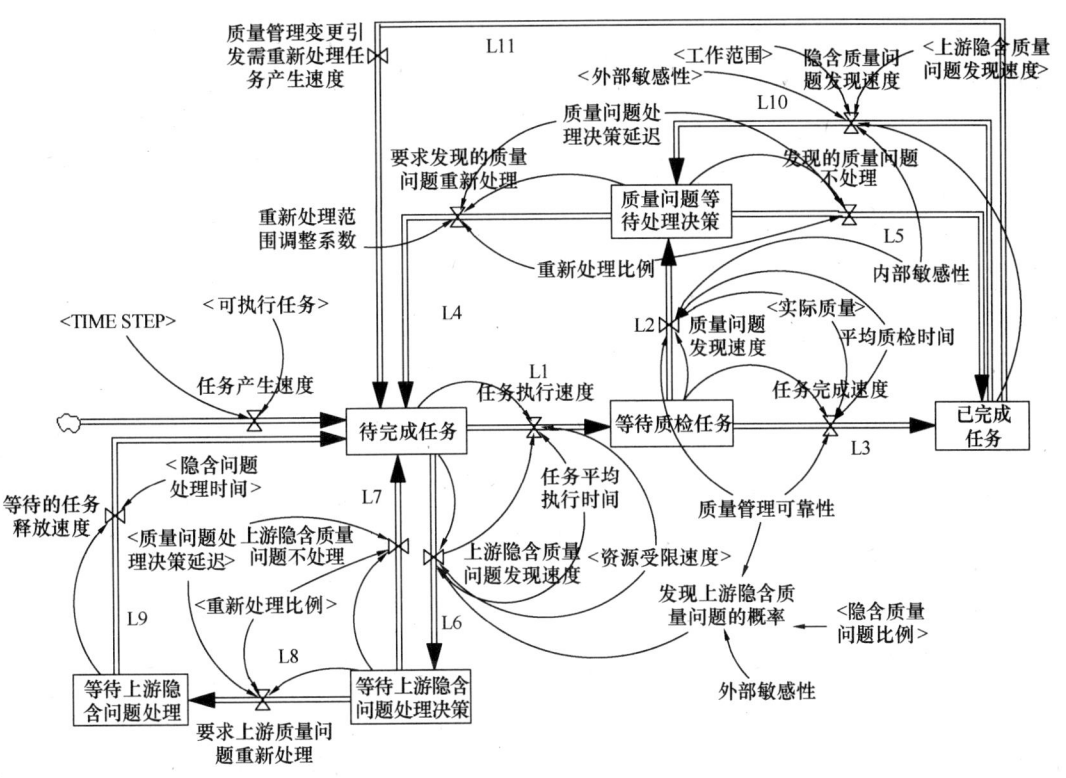

图 3.9 质量管理过程模型结构

"等待质检任务"（TWQC）、"质量问题等待处理决策"（EWQMD）、"等待上游隐含问题处理决策"（TWUHEQMD）和"等待上游隐含问题处理"（TWUHERePro）四个状态变量。"可执行任务"（TAvai）通过"任务产生速度"（TIntrR）流入"待完成任务"，倘若没有发现上游工作的隐含质量问题，待完成任务开始执行即流经"任务执行速度"（TR）进入"等待质检任务"状态（回路L1）。依赖于任务执行的实际质量，等待质检任务或者流经"质量问题发现速度"（ErrDisR）进入"质量问题等待处理决策"状态（回路L2）或者流经"任务完成速度"（TFinR）进入"已完成任务"状态（回路L3）。对于不同的问题处理方案，质量问题流经"要求发现的质量问题重新处理"（ReqEReproR）成为"待完成任务"重新执行（回路L4），或者流经"发现的质量问题不处理"（ERelR）成为"已完成任务"（回路L5）。如果当前待完成任务执行前发现了上游隐含的质量问题，需流经"上游隐含质量问题发现速度"（UHEDisR）进入"等待上游隐含问题处理决策"状态（回路L6）。依赖于问题的处理结果，处于"等待上游隐含问题处理决策"状态的当前工作任务或者流经"上游隐含质量问题不处理"（UpHERelR）返回"待完成任务"状态（回路L7），或者流经"要求上游隐含问题重新处理"（ReqUHEReProR）进入"等待上游质量问题处理"状态（回路L8），待上游问题处理完毕后，当前工作中等待的任务流经"等待任务释放速度"（PenTRelR）返回"待完成任务"中待执行（回路L9）。

当前任务处于 L6 回路时，上游中已完成任务中的隐含问题因被发现流经"隐含质量问题发现速度"（HEDisR）进入"质量问题等待处理决策"状态（回路 L10）。根据不同处理方案，隐含问题流经回路 L4 或者 L5。

受到质量管理变更的影响，已完成任务仍存在重新处理的可能，即流入"质量管理变更引发需重新处理任务产生速度"再次归于"待完成任务"（回路 L11）。下面将详细讨论不同回路上变量之间的量化关系。

（1）质量检查和质量问题处理（回路 L2、L3、L4 和 L5）

受到项目环境、工程技术条件和进度压力等各种因素的影响，工程项目实施过程中，执行完的任务总存在一定比例的质量问题。任务正确执行的概率由辅助变量"实际质量"（ActQ）表示，该变量受到多种复杂因素的影响动态变化，将在后续章节讨论。这里重点讨论质检和质量问题处理带来的任务状态的变化。假设有 100 平方米的墙体砌筑任务，实际质量为 80%，则含有的质量问题为 20%。经过质检后，原则上只有 80 平方米的砌筑任务视为合格成为"已完成任务"，但受到"质检可靠性"（QCRelia）的影响，部分质量问题仍会释放到"已完成任务"中。设"质检可靠性"为 70%，则有 $1-(1-ActQ) \cdot QCRelia = 86\%$ 的任务认为合格，其中包括 6% 的隐含质量问题，质检中仅查出了 14% 的不合格任务。考虑工作内部任务之间的物理依赖关系，用外生变量"内部敏感性"（InSen）表示工作内部任务的质量问题给其他任务质量带去的影响[125]。因此，"质量问题发现速度"和"任务完成速度"的方程为：

$$EDisR[i] = TWQC[i]/AQCTime \cdot (1-ActQ[i]) \cdot QCRelia[i] \cdot (1+InSen[i]) \tag{3.9}$$

$$TFinR[i] = TWQC[i]/AQCTime \cdot (1-(1-ActQ[i]) \cdot QCRelia[i]) \tag{3.10}$$

其中，$AQCTime$ 表示平均质检时间。

模型中的质量检查系指伴随任务执行过程中的日常检查，其执行主体为监理单位。因此，与产品开发项目和软件项目不同[61]、[63]、[75]，工程项目的质检周期很短，模型中设为 1 天。此外，由于质检主体和任务实施主体不同，质检需要的资源并不会对"质量问题发现速度"和"任务完成速度"产生影响，质检对项目的影响主要体现在"质检可靠性"上。

发现质量问题后，需进行问题原因分析和确定技术处理方案，该过程需要的时间用"质量问题处理决策延迟"（QMDDel）表示。"重新处理比例"（ReproRatio）用来表示对质量问题要求返工和返修处理所占的比例，不处理的比例则为（1-ReproRatio）。需要重新处理的问题进入"待完成任务"前，用"重新处理范围调整系数"（SAdIndex）对其范围进行调整。因为问题处理时，需要的资源和时间均与初次执行时不同，对于需拆除返工的质量问题，再次执行时的任务量是原来的两倍，而对于仅需修补的质量问题，再次执行时的任务量少于首次执行的任务量。

L4 和 L5 上的速率变量方程为：

$$ReqEReproR[i] = EWQMD[i]/QMDDel[i] \cdot ReproRatio[i] \cdot QSAdIndex[i] \tag{3.11}$$

$$ERelR[i] = EWQMD[i]/QMDDel[i] \cdot (1-ReproRatio[i]) \tag{3.12}$$

（2）发现隐含质量问题及隐含质量问题的处理（回路L6、L7、L8、L9和L10）

由于质检并非完全可靠，已完成交付到下游的任务中含有一定比例的隐含问题，因此当前工作开展过程中存在因发现上游隐含问题而任务执行受到扰乱的可能，在模型中用回路L6表达。"上游隐含质量问题发现速度"受到当前任务的执行速度和"发现上游隐含质量问题的概率"（$UEDisProb$）的制约。$UEDisProb$为"质检可靠性"、"上游隐含质量问题比例"（$FraHE$）和当前工作对上游工作的"外部敏感性"（$ExSen$）的函数。在计算机仿真过程中，将任何一项工作都作为当前工作的上游工作，而实际情况是只有先于当前工作开展的工作才为上游工作，并且对于与之不存在直接物理依赖关系的上游工作，当前工作也不可能发现其隐含的问题。模型中用外生二维数组变量"外部敏感性"来找那些与当前任务有直接物理依赖关系的上游工作，数值0表示当前工作无法发现上游隐含的问题，而大于0的数值则表示当前工作受到上游质量的影响程度。建立下列方程：

$$UpHEDisR[i,j] = \max(0, MaxTR[i] \cdot UpHEDisProb[i]) \tag{3.13}$$

$$UHEDisProb[i,j] = FraHE[j] \cdot ExSen[j,i] \cdot QCRelia[i] \tag{3.14}$$

$$MaxTR[i] = \min(ResourceConsR[i], TTD[i]/TExeTime[i]) \tag{3.15}$$

其中，$i,j \in \{1,2,\cdots,n\}$，i为当前工作，j为上游工作。

$MaxTR[i]$表示获得工作面的工作任务在不存在因发现了上游隐含问题而需中断时的最大可执行速度。$ResourceConsR[i]$为资源受限速度，反映的是资源对工作进展的约束，"待完成任务"和"任务执行时间"反映的是任务本身的性质对工作进展的约束。"资源受限速度"将在资源管理子系统中详细讨论。

$UHEDisR[i,j]$和$UHEDisProb[i,j]$均为二维数组变量，分别表示工作i发现上游工作j隐含问题的速度和概率，当计算机仿真到工作i时，会遍历其每一个上游工作j中的隐含问题，任何一项上游工作j都可能引发工作i的任务流经回路L6。方程中i,j的选择和顺序不同代表的含义也不同，需要予以特别考虑。例如，当i表示土方回填工作，而j表示土方开挖时，$ExSen[i,j]=1$，而$ExSen[j,i]=0$。公式（3.12）中$FraHE[j]$的下标为j，表示上游j中的隐含问题比例。由此可见，尽管在图3.8的模型流图中，变量的上下游关系无法体现，而在方程中却可通过数组变量中的下标加以表达。

发现隐含问题后，根据隐含问题的处理意见，等待上游质量问题处理决策的当前工作任务存在L7或L8—L9两种流向。如果隐含问题影响了工程的安全性能和使用功能，则必须对其重新处理。例如，在厂房的地砖铺设前，发现了地坪标高高于施工图纸设计要求，如果对其不处理，由此带来的层高变化会影响管道和设备安装，此时需要凿除地坪高出的部分。待地坪处理完毕后，地砖的铺设方可开始。该过程中，地砖铺设任务经过回路 L8—L9。如果隐含问题对工程的使用和安全影响不大，且为了满足工程进度要求，采取了通过变更后续工作来吸纳质量问题的处理方案。对于上述例子，处理方案为不凿除地坪的高出部分，而对管道和设备进行变更，则地砖铺设任务流经回路 L7。L8、L9 和 L7 上的速率变量方程为：

$$ReqUHEReproR[i,j] = TWUHEQMD[i,j]/QMDDel[j] \cdot ReproRatio[j]$$
(3.16)

$$PenTRelR[i,j] = TWUHERepro[i,j]/HEReproTime[j] \quad (3.17)$$

$$UHERelR[i,j] = TWUHEQMD[i,j]/QMDDel[i] \cdot (1 - ReproRatio[j])$$
(3.18)

其中，$i, j \in \{1, 2, \cdots, n\}$，$i$ 为当前工作，j 为上游工作。

$HEReproTime[j]$ 为上游工作 j 隐含问题的处理时间，该变量的方程将在隐含问题协流模型中给出。

有了速率变量"上游隐含质量问题发现速度"和"上游隐含质量问题不处理"的方程后，便可得出 L1 上"任务执行速度"的方程：

$$TR[i] = \max\left(0, MaxTR[i] - \sum_{j=1}^{n}(UHEDisR[j] + UHERelR[i,j])\right) \quad (3.19)$$

其中，$i \in \{1, 2, \cdots, n\}$，$i$ 为当前工作，j 为上游工作。

这里需要说明的是，方程中"任务执行速度"最大值为 0。虽然这在现实世界中是显而易见的，但计算机仿真计算时并不会对此加以区分，任务执行完后，仍会产生负的速度。因此式（3.19）中增加了最大值为 0 的约束。

当前工作任务流过回路 L6—L8—L9 和 L7 时，上游已完成任务中的隐含问题流过回路 L10—L4 和 L5。L10 上"隐含质量问题发现速度"方程为：

$$HErrDisR[j] = \max_{i \in (1,2\cdots,n)}(ZIDZ(UHEDisR[i,j], ExSen[i,j]))$$
$$\cdot (1 + InSen[j]) \quad (3.20)$$

其中，$j \in \{1, 2, \cdots, n\}$，$i$ 为当前工作，j 为上游工作。

函数 ZIDZ 的具体含义见附录 B。对于上游工作 j 而言，工作 i 为其下游工作，j 中的隐含问题可能在所有的工作 i 中发现，需要处理的隐含问题为工作 i 中发现的最大值，此外由于"内部敏感性"的影响，可能还会引发其他正确执行的任务重新处理。

如上文中论及的对质量问题的处理可能会采取不处理而对其他任务变更的方案，若变更涉及已完成的任务，则已完成任务将进入回路 L11。该回路上的速率变量"质量管理变更引发需重新处理任务产生速度"将在其他章节中讨论。

质量管理过程模型中，速率变量表现了任务的流动，状态变量则表示任务流动对时间产生的积累效应。在有了所有回路上速率变量的方程后，可得各状态变量的方程为：

$$TTD[i] = TTD[i]_0 + \int_0^t (TIntrR[i] - TR[i] + ReqEReproR[i]$$
$$+ ReproByQChaR[i]) + \sum_{j=1}^n (UHERelR[i,j]$$
$$+ PenTRelR[i,j] - UHEDisR[i,j]) dt \qquad (3.21)$$

$$TWQC[i] = TWQC[i]_0 + \int_0^t (TR[i] - TFinR[i] - EDisR[i]) dt \qquad (3.22)$$

$$TFin[i] = TFin[i]_0 + \int_0^t (TFinR[i] + ERelR[i] - HEDisR[i]$$
$$- ReproByQChaR[i]) dt \qquad (3.23)$$

$$EWQMD[i] = EWQMD[i]_0 + \int_0^t (EDisR[i] + HEDisR[i]$$
$$- ReqEReproR[i] - ERelR[i]) dt \qquad (3.24)$$

$$TWUHEQMD[i,j] = TWUHEQMD[i,j]_0 + \int_0^t (UHEDisR[i,j]$$
$$- UHERelR[i,j] - ReqUHEReproR[i,j]) dt \qquad (3.25)$$

$$TWUHERePro[i,j] = TWUHERePro[i,j]_0 + \int_0^t (ReqUHEReproR[i,j]$$
$$- PenTRelR[i,j]) dt \qquad (3.26)$$

以上所有状态变量的初始值均为 0。

(3) 隐含质量问题协流（Co-Flow）结构

如上文中所描述的，由于质检并非完全可靠，部分质量问题没有在任务执行完后的质检中发现，而是作为正确执行的任务进入"已完成任务"状态，此时，质量问题便成了"隐含质量问题"。上游隐含质量问题的数量和处理时间对下游工作任务的质量、下游任务发现上游隐含质量问题的概率和下游任务的等待时间均产生影响，因此，需要对隐含质量问题的产生和处理过程建模，该过程是图 3.9 质量管理过程模型的伴生结构，命名为"隐含质量问题协流（Co-Flow）结构"[106]，如图 3.10 所示。

"质量问题"（$Error$）经过"质量问题变成隐含质量问题的速度"（$EToHER$）进入"隐含质量问题"（HE）状态，因被下游发现可能流经"释放发现的隐含质量问题"（$HERelR$）或流经"隐含质量问题发现且需重新处理"（$ReqHEReproR$），"需要重新处理的隐含质量问题"（$HEToRepro$）经"隐含质量问题重新执行速度"（$HEReproR$）后等待质检，即进入"重新处理完待检查的隐含质量问题"（$HEWQC$）状态，最后检查完毕流经"隐含质量问题处理完成速度"（$HEFinR$）。下面给出主要变量的方程：

$$EToHER[i] = AveHEInTWQM[i] \cdot (1 - QCRelia[i]) \cdot TFinR[i] \qquad (3.27)$$
$$HERelR[i] = HEDisR[i] \cdot (1 - ReproRatio[i]) \qquad (3.28)$$
$$ReqHEReproR[i] = HEDisR[i] \cdot ReproRatio[i] \qquad (3.29)$$
$$HEReproR[i] = AveHEInTTD[i] \cdot TR[i] \qquad (3.30)$$
$$HEFinR[i] = TFinR[i] \cdot AveReproHEInTWQC[i] \qquad (3.31)$$

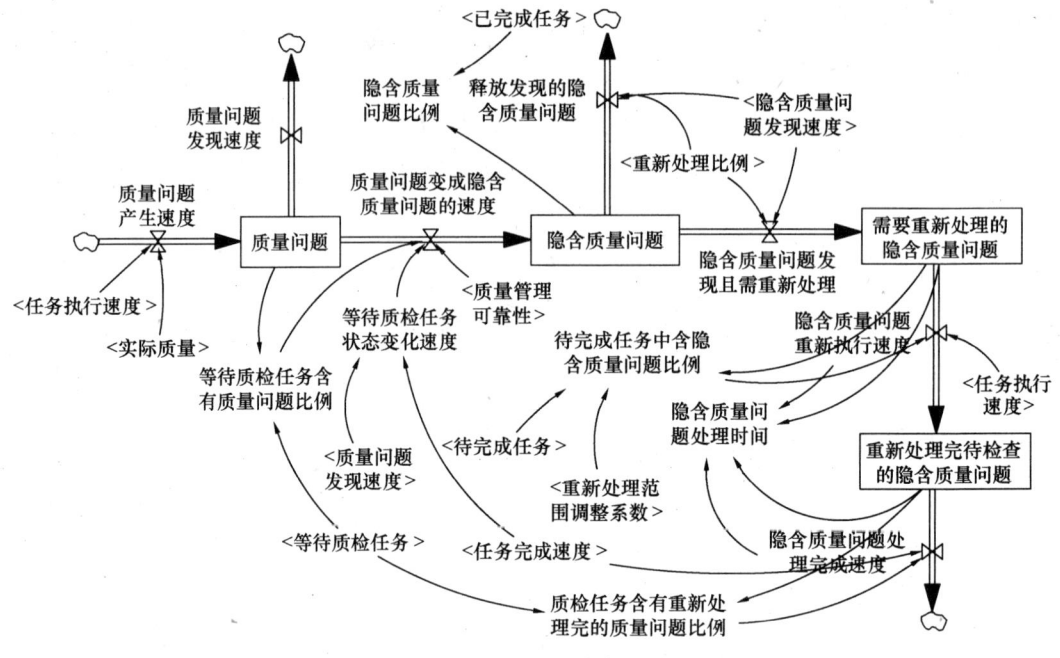

图 3.10 隐含质量问题协流（Co-Flow）结构

$$HE[i] = HE[i]_0 + \int_0^t (EToHER[i] - HERelR[i] - HEReqReproR[i])\mathrm{d}t \tag{3.32}$$

$$HEReqRepro[i] = HEReqRepro[i]_0 + \int_0^t (ReqHEReproR[i] - HEReproR[i])\mathrm{d}t \tag{3.33}$$

$$HEWQC[i] = HEWQC[i]_0 + \int_0^t (HEReproR[i] - HEFinR[i])\mathrm{d}t \tag{3.34}$$

$$\begin{aligned}HEReproTime[i] =\ & \text{IF THEN ELES}(HEReproR[i]\\ & > 0, HEToRepro[i]/HEReproR[i], 0)\\ & + \text{IF THEN ELSE}(HEFinR[i]\\ & > 0, HEWQC[i]/HEFinR[i], 0)\end{aligned} \tag{3.35}$$

式中 $AveHEInTTD$ ——待完成任务中含有的隐含问题比例；
$AveReproHEInTWQC$ ——等待质检任务中含有的隐含问题比例。

式（3.35）中，隐含问题重新处理时间为隐含问题重新处理和等待质检完成的时间之和。

3.2.3 工程变更管理过程子块

工程变更是指导致工程项目初始范围、实施时间或价款调整的一切事件[126]。工程项目的单件性、复杂性和周期长等特征使得在项目的实施过程中工程变更时常发生。产生工程变更的原因众多，有来自于建设单位对项目部分功能、用途、范围、标准的调整，有来自设计单位对图纸的修改、解决设计不完善和专业之间相互冲突的变更，也有来自于施工单位对施工工艺与施工方法、工程实施顺序和时间安排的改变[127]。工程变更是导致工程项目进度拖延的主要因素之一[128]~[129]，工程变更管理也是工程项目管理的一个重要方面[130]。本节将在分析工程变更对工程项目进度的影响因素基础上建立工程变更管理过程模型结构。

1. 工程变更对进度影响分析

工程变更是项目建设过程不可或缺的机制，它既可在项目交付过程中满足业主的建设需求，也是对设计错误或遗漏、施工方案和合同文件的有效补充[131]。而同时，它又从方方面面对项目进度目标的实现带去了重重挑战。在现有研究的基础上可将工程变更对工程项目进度的影响归纳梳理为如下几个方面：

（1）变更强度：变更强度有"变更的数量"、"变更频率"或者"合同范围内的工作时数与完成变更任务的工作时数的比值"三种度量方式[126]、[132]~[136]、[61]。Hanna[126]认为由设计问题导致的变更数量所占比例越大对项目的影响越大。其对 116 个项目作了跟踪调查，其中受工程变更影响的项目数量和未受工程变更影响的项目数量分别为 61 和 55。研究结果显示后者的工程变更中设计问题导致的变更所占比例较低，为 38%，而前者的工程变更中设计问题导致的变更占 50%。

（2）变更发生的时间：Coffman[136]指出"当评价工程变更时，无论其产生的原因是什么，最重要的因素是变更发生的时间"。Hanna[137]的研究假设工程变更的时间因素对项目的影响随着项目的开展而线性增加。Moselhi[131]在此基础之上，特别考虑了变更的工作任务对其他未发生变更的工作任务产生的波及效应（ripple effect）。

（3）工作类型：工作类型（指土建、电气设备安装等）影响了变更对劳动力生产效率影响的程度[138]。这主要因为由于工作的复杂程度不同，完成工作所需的劳动力水平不同，并且不同类型工作之间的依赖关系也不同。

（4）工人加班和劳动力人数的增加：工程变更增加了项目工作范围，工人加班和增加劳动力人数常作为进度控制的主要手段，因此工程变更对项目劳动力资源的影响较大[126]、[131]。

（5）变更处理决策时间：变更处理涉及项目各参与方，并需在一定的处理流程下完成。因此从变更的提出到最终的变更方案被业主方批准签发所经历时间的长短对项目产生了不同程度的影响。变更处理流程的改进[139~140]和构建计算机支持的变更处理协同工作环境[141~142]等相关研究均在致力于缩短变更处理时间，提高变更处理的效率。

上述静态、孤立地分析了工程变更对工程项目进度产生影响的几个方面，而实际上各要素之间以及与项目的其他要素之间存在着动态复杂的因果关系，如图 3.11 所示。用"工作稳定性"表示工作在没有变更的干扰下顺利执行的可能性，其含义与上述分析的变更对进度影响因素中的"变更强度"含义相对应，工作稳定性越差，变更强度即变更请求越频繁。变更请求越频繁,本已获得工作面的待完成任务中需等待变更处理决策的任务越多,导致了待完成任务减少,因此任务执行速度减慢,已完成任务变少,增加了剩余工作任务。在历经变更处理决策时间后,产生的确认变更也随之增多。一方面,确认的变更不仅会引起当前工作已完成任务的返工,还会引起与变更任务相关的工作中已完成任务的返工,因而增加了项目范围,剩余任务增多。另一方面,已完成任务中需返工的越多,真正意义上完成的任务越少,也同样导致了剩余任务增多。增加的剩余任务需要的时间增多从而导致了项目延期。项目延期促使管理者采取的控制手段和进度压力对任务执行速度的影响在图中用加粗的箭线表示,需要特别说明的是,对于工作复杂程度较高的电气设备安装工作,加班产生的工人疲劳和进度压力对生产效率的影响更为严重,因而对项目进度产生的副作用更强。可见,工程变更引发了工程项目系统内部的各种反馈过程,对项目进度的影响随时间而动态变化,需要与工程项目系统的其他要素一起纳入到统一的框架中系统地加以分析。

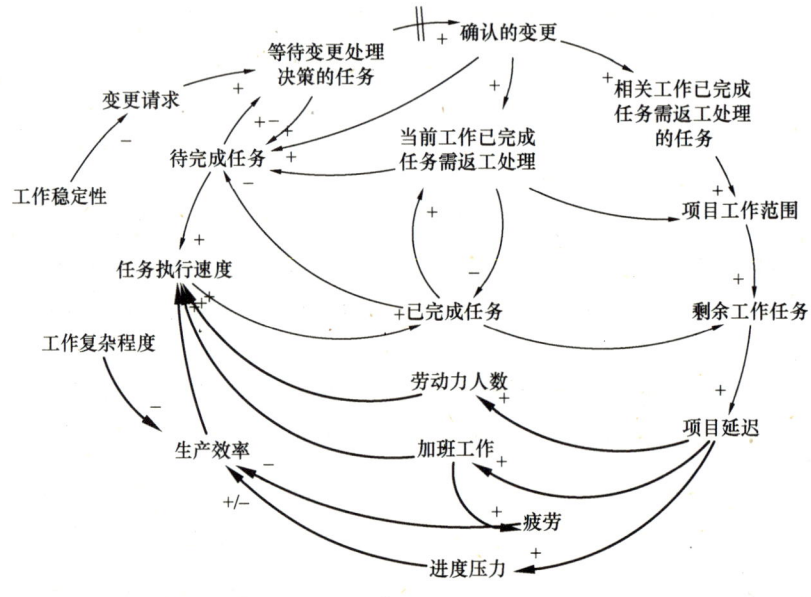

图 3.11　变更管理过程因果关系回路

2. 工程变更管理过程模型

本书 3.2 节建立了质量问题存在下的过程模型,下面将以上述工程变更对项目进度影响的分析为指导,对图 3.3 项目建设基本过程模型进行拓展,描述工程变更引起的工作任务物质流动过程和工作任务随时间变化的积累效应。工程变更管理过程模型结果如图 3.12 所示。

与 Coffman[136] 对变更的理解一致,模型并不对变更产生的原因加以区分,而是按变更发生的时间将变更分为发生于工作开始前和发生于工作开始后两类。当变更发生于工作开始前时,工作任务尚未进入"待完成任务"状态,此时变更对项目进度的影响较为简单,不会引起工作任务执行过程中的等待和任务的非增值循环。模型中对

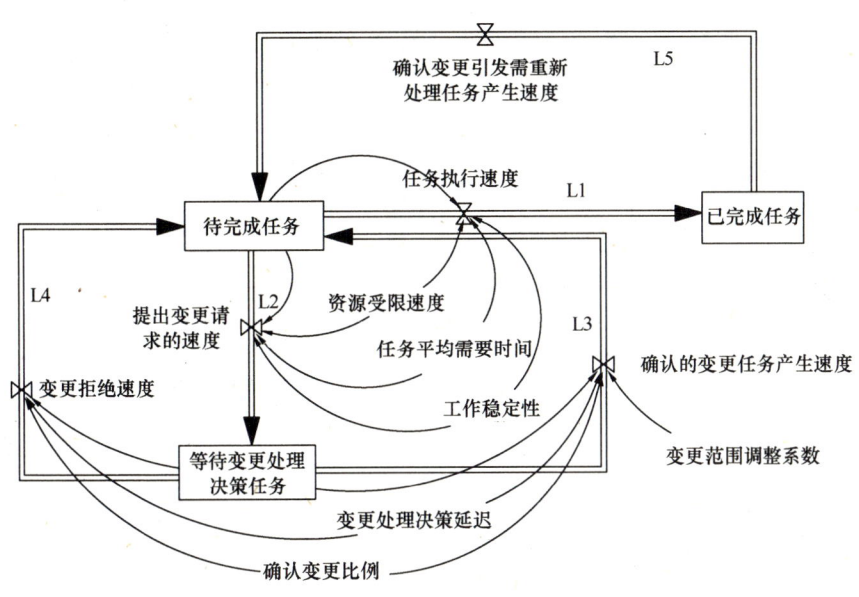

图 3.12 变更管理过程模型结构

发生在工作开始前的变更表现为对项目工作范围的改变，将在项目范围子系统结构中予以描述。

发生于工作开始后的变更对工作的影响则较为复杂，而该类变更极为普遍，因为各种问题常常是在工作的开展过程中才得以暴露和凸现。例如，设计错误、各专业冲突或者设计可施工性较差以及受到天气情况、现场施工条件和材料价格因素的影响，工作开始后，业主方、设计方和施工方均可能提出工程变更请求。处于"待完成任务"状态的工作任务，在没有变更请求且各种资源和信息均完备的情况下，任务被执行进入"已完成任务"状态（回路 L1）（这里先暂不考虑质量问题对任务执行过程的影响）。而事实上项目各参与方均有可能提出变更请求。模型中外生变量"工作稳定性"（$WSta$）取值为 0~1，$(1-WSta)$ 表示工作可能发生变更的概率，工作稳定性越强，发生变更的概率越低，反之，发生变更的概率越高。当项目任一参与方提出变更请求后，"待完成任务"将进入"等待变更处理决策任务"状态（$TWCDM$）（回路 L2），提出变更的速度由速率变量"提出变更请求速度"（$CReqR$）决定。$CReqR$ 为"工作稳定性"、"资源受限速度"、"待完成任务"和"任务平均需要时间"的函数，方程为：

$$CReqR[i] = \max(0, \min(ResourceConsR[i], TTD[i]/TExeTime[i]) \cdot (1-WSta[i])) \tag{3.36}$$

该方程建立的思路与方程（3.13）相同，这里不再解释。

变更的处理需经过由业主方、设计方、施工方和监理方共同参与的变更处理流程，如图 3.13 所示。变更处理流程除需跨越项目各参与方组织边界外，参与方组织内部也有自己的变更处理流程。例如，某烟厂的技改项目中，业主方对变更的处理是由业主方组织内部各专业组、纪审部和技改办领导共同参与完成的。可见，变更处理的流程较为复杂，在工程实践中，复杂的变更处理流程不可避免地造成了变更处理决策时间较长，其是影响项目进度的主要因素之一[11]。模型中，变更处理时间用辅助变量"变更处理的决策延迟"（$CDMDel$）表示。

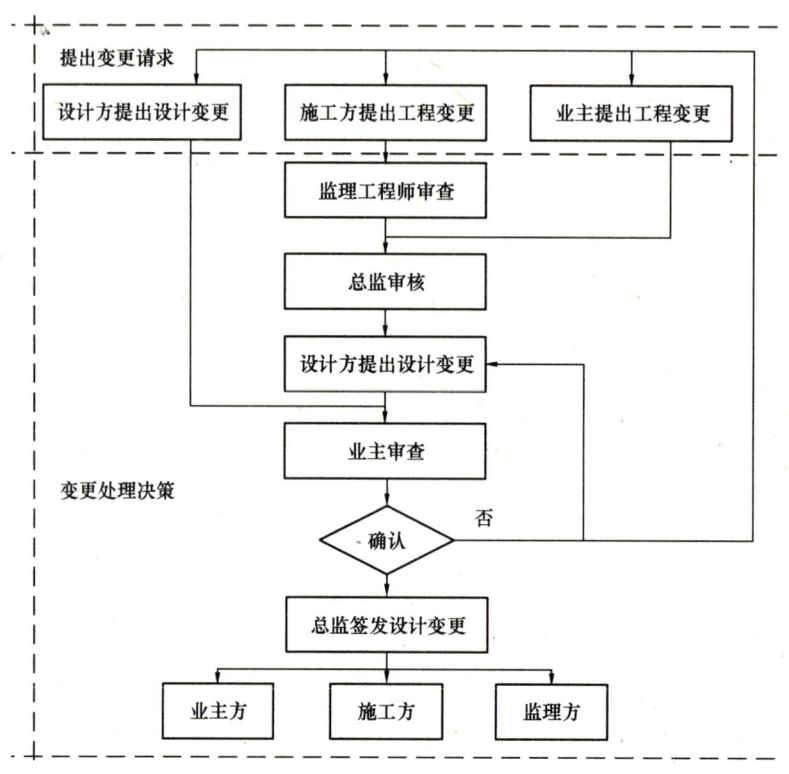

图 3.13 设计变更处理流程示例[118]

变更的最终处理结果可能是在权衡了项目进度和成本等各种因素后拒绝了变更请求，也可能是同意变更请求并给出了具体的变更方案。模型中用"确认变更比例"（$AppCRatio$）表示提出的变更请求中确认变更所占的比例。依赖于变更处理结果，"等待变更处理决策任务"经过变更处理决策延迟后，流经"确认的变更任务产生速度"（$CAppR$）（回路 L3）或者"变更拒绝速度"（$CRejR$）（回路 L4）重返"待完成任务"状态。经确认后的变更工作范围会较变更前的工作范围发生变化，因此用"变更范围调整系数"（$CSAdIndex$）来调节任务流流经回路 L3 时的流量。"变更确认速度"、"变更拒绝速度"和"等待变更处理决策任务"方程如下：

$$CAppR[i] = TWCMD[i]/CDMDel[i] \cdot CAppRatio[i] \cdot CSAdIndex[i] \tag{3.37}$$

$$CRejR[i] = TWCMD[i]/CDMDel[i] \cdot (1 - CAppRatio[i]) \tag{3.38}$$

$$TWCMD[i] = TWCMD[i]_0 + \int_0^t CReqR[i]dt \tag{3.39}$$

式（3.37）中状态变量"等待变更处理决策任务"的初始任务数为 0。

确认的变更可能引发与其存在物理依赖关系的当前工作已完成任务和其他工作的已完成任务重新处理,即已完成任务重新进入"待完成任务"状态,速度由"确认变更引发需重新处理任务产生速度"确定,该速率变量的方程将与图 3.9 回路 L11 中的"质量管理变更引发需重新处理任务产生速度"一同在下节中讨论。

3.2.4 项目建设过程模型总体结构

质量管理过程模型和工程变更管理过程模型分别用系统动力学中的流量-存量结构表达了在存有质量问题和工程变更两种不确定性因素情况下,工程项目工作任务的物质流动过程和随时间变化的积累效应。质量管理过程模型和工程变更管理过程模型享有共同的特征,即质量问题和工程变更作为影响工程进度的主要根源,与项目特征(如项目工作范围、各项工作的复杂程度、项目工作之间和工作内部任务之间物理依赖关系)、质量问题和变更处理决策、质检可靠性等其他因素相互作用,引发了工作任务的多种非增值循环,干扰了项目正常建设过程,打破了项目的进度计划。因此,可将质量管理过程模型和工程变更管理过程模型集合称项目建设过程模型总体结构,如图 3.14 所示。

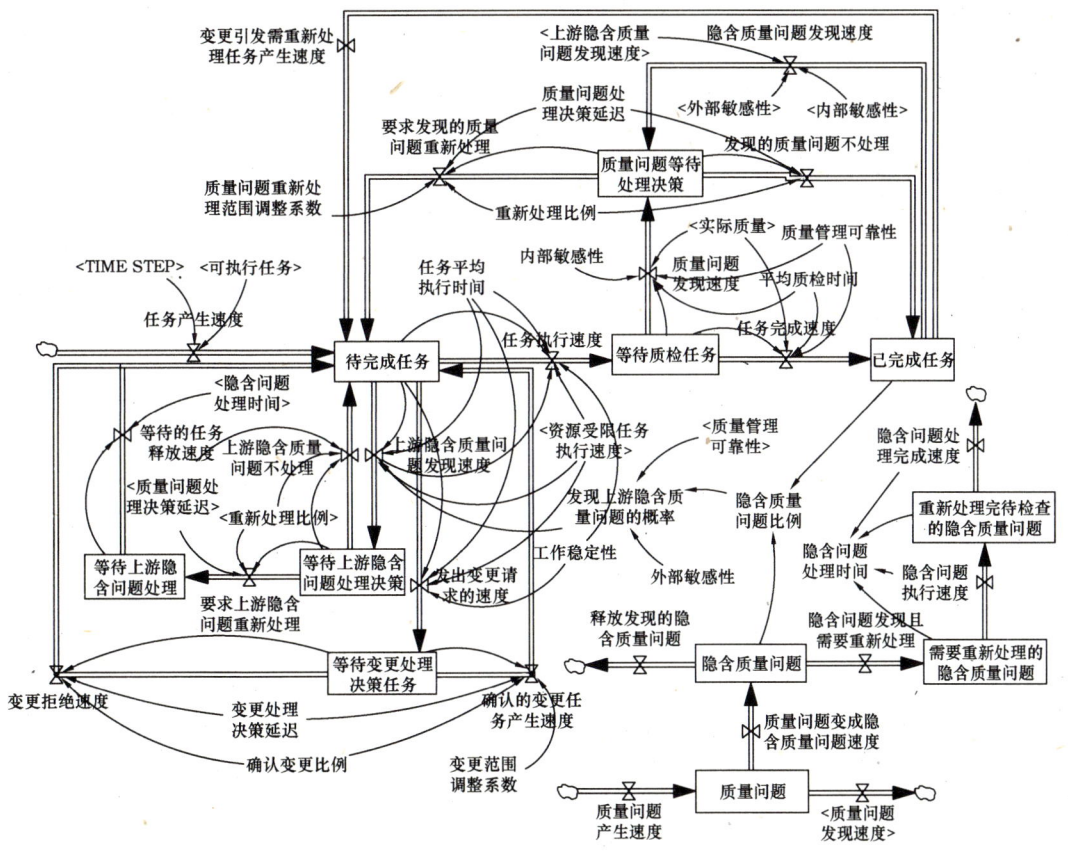

图 3.14 项目建设过程模型总体结构

过程模型总体结构中,"变更引发需重新处理任务产生速度"($ReproByCR$)为质量管理过程模型中的"质量管理变更引发需重新处理任务产生速度"(图3.9中回路L11的流量)和工程变更管理模型中的"确认变更引发需重新处理任务产生速度"(图3.12回路L5的流量)之和。两者分别是由速率"发现的质量问题不处理"($ERelR$)和"确认的变更任务产生速度"($CAppR$)对已完成任务造成影响而产生的。此外,已完成任务既可能受到本项工作内部其他任务变更的影响($ReproByInC$),还可能受到外部即上、下游工作任务变更的影响($ReproByUC, ReproByDC$)。对于下游影响的理解是显而易见的,受上游影响是因为不同工作之间存在并行关系,上游工作未结束前下游工作已开始。速率变量 $ReproByCR$ 的结构如图3.15所示。

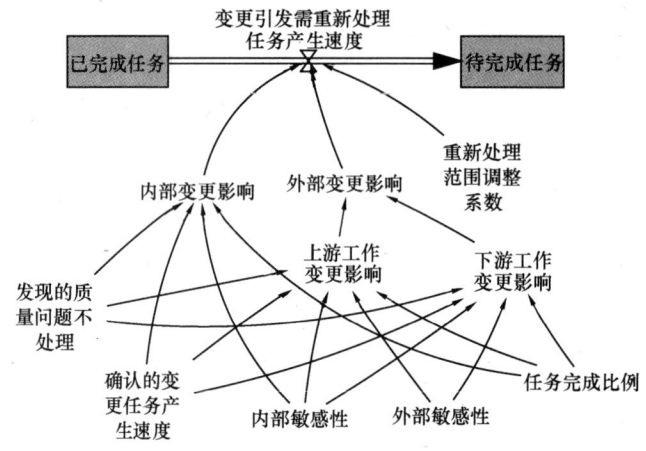

图 3.15 变更引发需重新处理任务产生速度

建立如下方程:

$$Re\,proByCR[i] = (ReproByInC[i] + ReproByExC[i]) \cdot SAdIndex[i] \quad (3.40)$$

$$ReproByInC[i] = FraTFin[i] \cdot InSen[i] \cdot (ERelR[i] + CAppR[i]) \quad (3.41)$$

$$ReproByExC[i] = ReproByUC[i] + ReproByDC[i] \quad (3.42)$$

$$ReproByUQCha[i] = \max_{j \in (1,2,\cdots n)}((ERelR[j] + CAppR[j]) \cdot ExSen[i,j]$$
$$\cdot (1 + InSen[i]) \cdot FraTFin[i]) \quad (3.43)$$

$$ReproByDC[i] = \max_{j \in (1,2,\cdots n)}((ERelR[j] + CAppR[j]) \cdot ExSen[j,i]$$
$$\cdot (1 + InSen[i]) \cdot FraTFin[i]) \quad (3.44)$$

其中,$j \in \{1,2\cdots,n\}$,i 为当前工作,j 为上游工作。

下面对上述方程作必要解释。已完成任务可能受到所有与其有直接物理依赖关系(用外部敏感性确定)的上下游工作的影响,因此某一时刻需重新处理的任务数为受到各项工作影响的最大值,如式(3.43)和(3.44)。在对工作的描述中,用到上游、下游和当前工作的字眼,而在模型仅用当前工作 i、上游工作 j 两个变量表达。当需要刻画当前工作与下游工作的关系时,是将当前工作看做下游工作的上游工作,而下游工作当做当前工作来处理对待的。因此,式(3.43)中的外部敏感性用 $ExSen[i,j]$,

式(3.44)中的外部敏感性表示为 $ExSen[j,i]$。

质量管理过程模型和变更管理过程模型集成后,式(3.19)"任务执行速度"和式(3.21)"待完成任务"的量化关系发生了变化,方程如下:

$$TR[i] = \max\left(0, MaxTR[i] - \sum_{j=1}^{n} UHEDisR[i,j] - CReqR[i]\right) \quad (3.45)$$

$$\begin{aligned}TTD[i] = TTD[i]_0 &+ \int_0^t (TIntrR[i] + ReqEReproR[i] + ReproByCR[i] \\ &+ CAppR[i] + CRejR[i] - TR[i] - CReqR[i]) \\ &+ \sum_{j=1}^{n}(UHERelR[i,j] + PenTRelR[i,j] - UHEDisR[i,j])\mathrm{d}t\end{aligned}$$
(3.46)

其中,$i,j \in \{1,2\cdots,n\}$,i 为当前工作,j 为上游工作。

3.3 工程项目范围子系统

工程项目范围子系统用以描述实现工程项目最终产品所需完成的各项具体工作和工作任务数,即界定"做什么"和"做多少"。传统的项目管理方法是用工作分解结构(Work Breakdown Structure,WBS)将项目范围表达为自上而下、层层分解的若干工作单元,并以此为基础制定项目计划。通过对工程项目过程子系统建模可知,在项目的实施过程中,项目各项工作的范围因质量问题和工程变更引发了工作任务的多重非增值循环,使项目的工作范围随时间不断地动态变化。传统的项目管理方法以静态的工作范围为基础,无法获知工作范围随时间不断变化的量,使得工作计划的制定、资源分配和进度控制策略的应用上都存在较大的偏颇[61]。工程项目的系统动力学模型则在范围子系统结构中考虑了项目范围的动态变化因素,如图 3.16 所示。

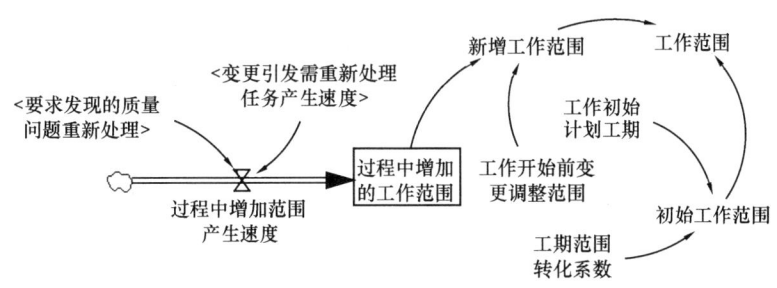

图 3.16 工程项目范围子系统结构

项目范围由若干项工作的范围构成,项目含有的工作数以项目的初始计划(甘特图或网络图)中的工作数量为基准,在模型中是用数组变量表示。每项工作的范围即含有的任务数量包括初始工作范围和新增工作范围两个部分。"初始工作范围"是静态的,与项目初始计划对应的项目范围相同,由"工作初始计划工期"和"工期范围转化系数"的乘积决定。模型中将工作任务视为同质的不断流经项目的流体,没有对度量建筑工程中工程量的长度、面积、体积和重量等单位作具体区分,而是统一将所有工作的任务单位表示为"任务单元"(简记为 WU)。"工期范围转化系数"表示的是计划每天能完成的任务单元数,设为为 100WU/天。"新增工作范围"包括"过程中增加的工作范围"(AWSDP)和"工作开始前变更调整范围"两项。前者在工作开展过程中随时间不断积累,速率为"过程中增加范围产生速度"。由图 3.14 过程模型总体结构可以看出,$AWSProdR$ 的产生是因为执行完的任务质检不合格和已完成任务由于变更的产生分别回流至"待完成任务"状态(流率分别为"要求发现的质量问题重新处理"和"变更引发需重新处理任务产生速度")。建立如下方程:

$$AWSDP[i] = AWSDP[i]_0 + \int_0^t AWSProdR[i]\mathrm{d}t \tag{3.47}$$

$$AWSProdR[i] = ReqEReproR[i] + ReproByCR[i] \tag{3.48}$$

模型中按变更产生的时间将变更分为工作开始前变更和工作开始后变更,前者在工程变更管理过程子块中已作讨论。发生于工作开始前的变更,可能对工作的范围不产生影响,该种变更不会影响项目的进度,所以模型中不予以考虑。更多的变更是会产生工作范围变化的,在模型中用外生变量"工作开始前变更增加范围"来表示。

3.4 工程项目资源管理子系统

资源管理子系统模型包含项目进度控制的重要负反馈回路(根据目标调整资源)和多种延迟,是影响工程项目动态行为的重要结构。它模拟了项目建设过程中的劳动力分配过程,亦即项目管理者进度控制的决策过程,模型结构如图 3.17 所示。下面将分别讨论采取调整劳动力人数和工人加班工作两种主要进度控制策略的决策过程。

3.4.1 调整劳动力人数策略

工作开始时,被分配了一定的劳动力资源,用"劳动力初始分配人数"($IniLabor$)表示。$IniLabor$ 为"工作初始工期"($WIniDur$)、"工作初始范围"($WIniS$)、"平均生产效率"($AveP$)和"劳动力初始分配率"($IniLRatio$)的函数,方程为:

$$IniLabor = WIniS/WIniDur/AveP \cdot IniLRatio \tag{3.49}$$

在资源管理子系统、目标管理子系统和项目表现子系统中,如无特别说明,所有变量均为一维数组变量。为表达简洁,在无特殊需要时,方程中均略去了代表各项工作的下标 i。

"平均生产效率"是外生变量,指在正常的项目实施条件下,工人在单位工日中能够完成的合格工作任务数,项目表现子系统生产效率子块将对其详细讨论。"劳动力初始分配率"是取值范围从 0~1 的外生变量,表示的是项目管理者在工作开始时分配的

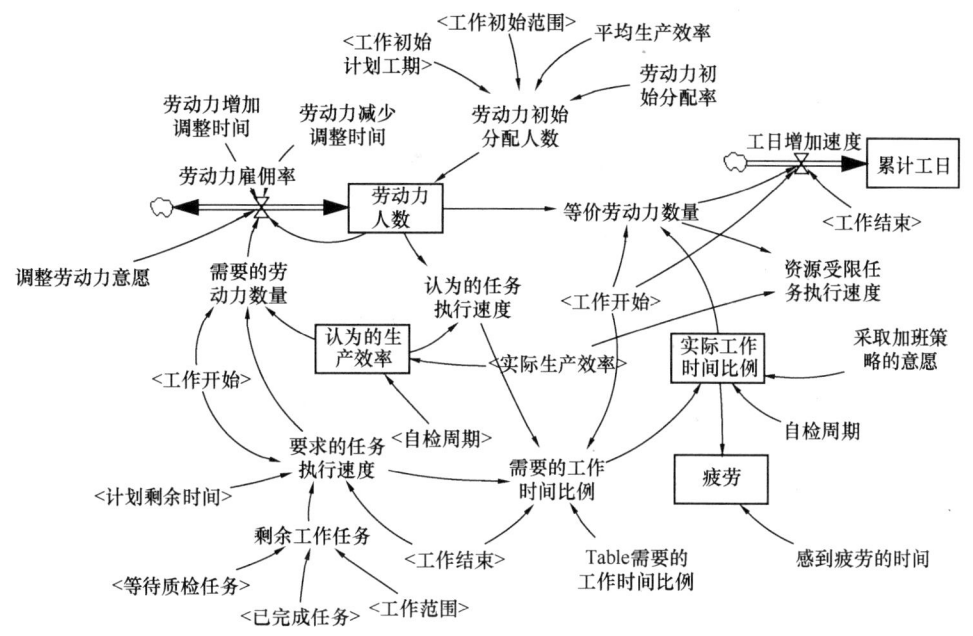

图 3.17　资源管理子系统模型结构

劳动力人数占计划完成工作平均每天所需人数的比例。由于受到工作内部任务之间和不同工作之间依赖关系的影响,工作开始时不一定能获得足够的工作面,所以管理者根据实际的工作特征确定"劳动力初始分配率"。

工作开始后,项目管理者可能采取稳定的劳动力人数策略,也可能根据需要灵活适当地调整劳动力数量。变量"调整劳动力人数意愿"($WillToAdjL$)用来量化管理者对于调整劳动力的策略选择,也是劳动力控制策略研究时考察的变量之一,该变量的取值范围为0~1。1表示采取灵活的调整劳动力策略,即完全根据需要调整人数;0则表示采取稳定的劳动力策略,即不调整劳动力人数;0~1间的值则表示根据需要部分调整劳动力人数。

若采取调整劳动力人数策略,首先,由"计划剩余时间"和"剩余工作任务"确定"要求的任务执行速度"($ReqWR$)。"剩余工作任务"的确定是显而易见的,"计划剩余时间"将在目标子系统中对其定量分析。明确了"要求的任务执行速度"后,可以得到"需要的劳动力数量"($ReqL$)。$ReqL$ 的计算分为两种情况:工作开始前,$ReqL$ 等于劳动力初始分配人数;工作开始后,$ReqL$ 由"要求的任务执行速度"和"认为的生产效率"得到($PerP$),即:

$$ReqL = \text{IF THEN ELSE}(WStart = 1, ReqWR/PerP, IniLabor) \quad (3.50)$$

为增加模型对真实系统的拟合度,模型中对"认为的生产效率"($PerP$)和"实际生产效率"($ActP$)作了区分。实际情况中,项目管理者是根据脑海中感知到的实际生产效率即"认为的生产效率"而非"实际生产效率"来估算完成剩余任务需要的劳动力人数的。"实际生产效率"具有一定的随机性,反映的是在各种因素的影响下变化起伏较大的量。而"认为的生产效率"是在一定的"自检周期"($SelfCT$)内管理者脑海中对"实际生产效率"不断积累形成的"均值"，以此作为决策依据更能反映生产效率的真实趋势。模型中"认为的生产效率"由"实际生产效率"经平滑处理得到，用系统动力学一阶信息平滑函数 $SMOOTH$ 表示，即：

$$PerP = SMOOTH(ActP, SelfCT) \tag{3.51}$$

估算出需要的劳动力人数后，将根据实际的人数确定增加或减少的劳动力。"需要的劳动力人数"、"劳动力人数"($Labor$)、"劳动力雇佣率"(LHR)、"劳动力增加调整时间"($AddLT$)和"劳动力减少调整时间"($DecrLT$)构成了一阶负反馈回路。"需要的劳动力人数"为目标值，"劳动力人数"和"需要的劳动力人数"的差值决定了"劳动力雇佣率"，"劳动力调整时间"为反馈回路的时间常数。由负反馈系统的"寻的"特性可知，当管理者采取完全灵活的劳动力调整策略时，实际劳动力人数朝着需要的劳动力人数趋近，逼近模式为渐进增长或指数衰减。

时间常数"劳动力增加调整时间"和"劳动力减少调整时间"是劳动力调整负反馈结构中的重要参数，决定了实际值向目标值的趋近速度，也是影响项目进度的时间变量。在实际情况中，管理者定期检查一次项目的实际进展情况或者定期收到项目进度报告，据此作出决策。若需要增加劳动力，作出决策后并不能马上雇佣到如数的劳动力，该过程需要一段时间。因此，"劳动力增加调整时间"为检查周期和从作出决策到雇佣到需增加的劳动力所需的时间之和。减少劳动力的决策后则可很快执行，"劳动力减少调整时间"设为与检查周期相同。

根据以上分析可得到"劳动力雇佣率"和"劳动力人数"的方程：

$$LHR = \text{IF THEN ELSE}(ReqL > Labor, (Labor - ReqL)/AddLT \cdot WillToAdjL, (Labor - ReqL)/DecrLT \cdot WillToAdjL) \tag{3.52}$$

$$Labor = Labor_0 + \int_0^t LHR \, dt \tag{3.53}$$

至此，关于采取调整劳动力人数策略的决策过程已建模完毕。下面分析采取加班策略的决策过程。

3.4.2 工人加班工作策略

雇佣新的劳动力需要增加成本，而且需要增加的劳动力人数不能马上到位，因此，工人加班工作也是另一资源管理中可供选择的进度控制策略。

首先，需要明确为满足进度要求需要加班多长时间，或者是加班工作后总共的工作时间为多长。模型中用"需要的工作时间比例"($ReqOTRatio$)表示加班工作后的总共工作时间与正常工作时间的比值，其由"认为的任务执行速度"($PerWR$)、"要求的任务执行速度"($ReqWR$)和表函数"Table需要的工作时间比例"($TableOTRatio$)决定。方程如下：

$$ReqOTRatio = \text{IF THEN ELSE}(WStart = 0 : AND : WF = 0, 1,$$
$$TableOTRatio(ReqWR/PerWR)) \tag{3.54}$$

在工作没有开始前和工作已经结束后,无需加班工作,$ReqOTRatio$ 等于1。工作开始后且尚未结束前,$ReqOTRatio$ 由表函数"Table需要的工作时间比例"确定,表函数如图3.18所示。当"要求的任务执行速度"与"认为的任务执行速度"的比值处于0~1的范围内时,工作时间与正常工作时间相同,$ReqOTRatio$ 等于1;比值大于1小于2时,$ReqOTRatio$ 与两者比值成正比;由于每天正常的工作时间为8小时,加班后最多的工作时间为16小时,$ReqOTRatio$ 的最大值为2。

需要的工作时间是为满足进度要求理论上工人应该工作的时间。而"实际工作时间比例"($ActOTRatio$)还受到"采取加班策略的意愿"($WillToOT$)和"自检周期"($SelfCT$)的影响。首先,管理者不一定采用或者仅是部分采用让工人加班工作的策略,因此用变量"采取加班策略的意愿"($WillToOT$)来量化管理者对于工人加班工作的策

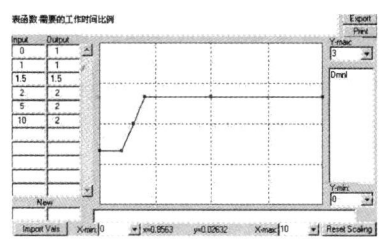

图3.18 需要的工作时间表函数

略选择,与"调整劳动力意愿"相同,也是研究进度控制策略时考察的变量之一。该变量的取值范围为0~1。1表示工人的工作时间完全根据需要调整;0则表示不采取加班策略;0~1间的值则表示适度采取加班策略。其次,管理者的决策是以一定的检查周期内"需要的工作时间比例"的平均值为依据的,因此,与"认为的生产效率"相同,需将"需要的工作时间比例"做一阶平滑处理。"实际工作时间比例"的方程为:

$$ActOTRatio = \text{SMOOTH}(\text{IF THEN ELSE}(WillToOT > 0,$$
$$WillToOT \cdot (ReqOTRatio - 1) + 1, 1), SelfCT) \tag{3.55}$$

加班策略控制项目进度利用了负反馈机制,使得项目实际进度与计划进度保持一致。而工人在长期的加班工作下会感到疲劳,疲劳降低了生产效率和工作质量,反过来又会拖延工作进度(疲劳对生产效率和质量的影响将在项目表现子系统中分别予以详细讨论)。可见,负反馈机制在作用的同时,产生了负效应,即触发了正反馈回路,恶化了项目进度拖延的现象。模型中用变量"疲劳"($Fatigue$)表示工人在长期加班工作下身体感到的疲劳程度。由于疲劳程度是随着时间不断积累的一种身体感受,由"实际工作时间比例"在"感到疲劳的时间"($TimeToFati$)内的平滑得到,取值范围为1~2。根据案例调查的结果,将"感到疲劳时间"设为10天,有方程:

$$Fatigue = \text{SMOOTH}(ActOTRatio, TimeToFati) \tag{3.56}$$

在执行了两种控制策略后,"任务执行速度"将会受到什么影响呢?模型的各种速度是用生产效率和劳动力人数的乘积表示的,因此需将"实际工作时间比例"转化为劳动力数量,用"等价的劳动力人数"($EquLabor$)表示调整劳动力人数和加班工作的

综合策略表现，方程为：

$$EquLabor = WStart \cdot ActOTRatio \cdot Labor \tag{3.57}$$

倘若调整后的实际劳动力人数为 20 人，加班工作时间比例为 1.5，则视劳动力数量为 30 人。"等价的劳动力数量"和"实际生产效率"之积可得"资源受限任务执行速度"。"资源受限任务执行速度"表示的是所分配的劳动力在单位时间内最多可完成的工作任务数，即劳动力的最大生产能力。而实际情况中，"任务执行速度"还受到工作面即"待执行任务数"的影响，使得分配的劳动力可能会出现"窝工"现象。一方面，管理者不一定根据工作任务的需要采取完全灵活的劳动力策略，另一方面，就算是管理者根据可执行任务数分配劳动力，而由于整个决策过程存在时间延迟，使得"资源受限任务执行速度"与"任务执行速度"不可能完全拟合。

SCF[143] 对瑞典的 50 个工程项目的调查得出，劳动力成本占到工程总投资的 36%。笔者在案例调查中从对项目管理者的访谈了解到，在我国，典型的工程项目中劳动力成本约占工程总投资的 20%～40%。因此，在采取进度控制策略时，劳动力成本是管理者要衡量的一个重要因素。模型中没有考虑劳动力的工资因素，因为劳动力工资是由建筑劳务市场决定的，不是项目管理者能够控制的范围，而仅用"累计工日"替代劳动力成本作为进度控制策略研究时的参考变量。该变量由速率变量"工日增加速度"($LDAddR$)在项目周期内的积分确定，$LAddR$ 的方程建立如下：

$$LAddR = \text{IF THEN ELSE}(WStart = 1 : AND : WF = 1, 1, 0)$$
$$\cdot (\sum_{i=1}^{n} EquLabor[i]) \tag{3.58}$$

3.5 工程项目进度目标子系统

进度目标子系统用来模拟在项目实施过程中资源投入不足的情况下，各项工作的目标工期不断调整的过程以及项目团队在有限的时间内完成剩余工作任务而感受到的进度压力和进度压力对质量和生产效率的影响过程。进度目标子系统模型结构如图 3.19 所示。

3.5.1 工作目标工期的调整

资源管理子系统中进度控制策略的制定运用了根据实现目标的资源需求调整现有劳动力资源的负反馈机制，而进度目标子系统则运用了根据现有资源投入情况调整目标工期的负反馈机制，两者均是使项目处于计划轨道中的控制机制。过程模型中模拟了质量问题和变更对项目实施产生的干扰过程，质量问题和变更突破了项目原有的进度计划，对后续任务的执行产生了影响。视业主方对承包商施加的进度压力的大小，为保障后续任务的正常执行，管理者可能会适当将目标工期向预计的任务完成需要时

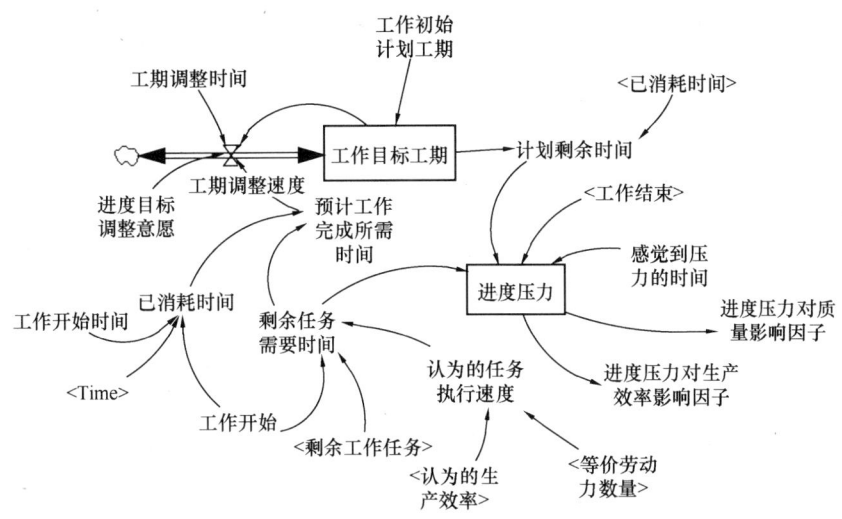

图 3.19 进度目标子系统模型结构

间推迟。因次，模型中将"工作目标工期"视为内生的状态变量。

"工作目标工期"（$DurTarg$）延长的原因在于管理者对"剩余任务需要时间"（$RemWReqTime$）的估算超过了"计划剩余时间"（$ScheRemTime$）。"剩余任务需要时间"在项目开始前等于"初始计划工期"，工作开始后由"剩余工作任务"（$RemW$）和"认为的任务执行速度"（$PerWR$）求得：

$$RemWReqTime = \text{IF THEN ELSE}(WStart = 0, WIniDur, RemW/PerWR) \tag{3.59}$$

工作开始后，已经完成任务占用的时间用"已消耗时间"（$TimeUsed$）表示，仿真计算开始时，不是每项工作都开始启动。尽管知道项目计划开始时间，但随着其紧前工作因受到干扰推后完成，其开始时间也将随之推后。所以在计算"已消耗时间"时，需明确每项工作的"工作开始时间"（$WStartT$）。计算方法如下：

$$WStart[i] = \text{SAMPLE IF TRUE}(TaskAvai[i] \geqslant 1, 1, 0) \tag{3.60}$$

$$WStartT[i] = WStartT[i]_0 + \int_0^t (\text{IF THEN ELSE}(WStart[i] = 1, 0, 1)) \mathrm{d}t \tag{3.61}$$

$$TimeUsed[i] = \text{IF THEN ELSE}(WStart[i] = 1, Time - WStartT[i], 0) \tag{3.62}$$

变量 $WStart$ 为开关变量，仅有 0 和 1 两个取值，在前面其他变量的方程中常用该变量判断工作开始与否，由函数 SAMPLE IF TRUE 得到。式（3.60）表示当工作 i 没有可执行任务数即工作没有开始时，$WStart$ 取值为 0；当工作 i 的可执行任务数大于等于 1 即工作已经开始执行，$WStart$ 的取值为 1，此后一直保持此值。式（3.61）中，把变量"工作开始时间"当做积分变量来处理，初始值等于 0，工作 i 没有开始时，速率变量为常数 1，工作 i 开始后，速率变量为 0。因此，工作开始前，"工作开始时间"

与仿真计算时间同步增长,在工作开始后,"工作开始时间"的值保持恒定,即为实际的工作开始时间。在式(3.60)和(3.61)的铺垫下,可得到"已消耗时间"的式(3.62)。

"预计工作完成所需时间"(WReqTtoFin)为"剩余任务需要时间"和"已消耗时间"之和。工作目标工期的调整用一阶负反馈结构表示,使工作目标工期向"预计工作完成所需时间"逐渐靠拢,以缩短目标进度与实际进度的差距。靠近速度由"工期调整速度"(DurAdjR)表示,时间常数为"工期调整周期"(DurAdjT)。此外,工作目标工期的调整还受到"进度目标调整意愿"(WillToAdjTar)的控制。对于进度目标要求十分严格的项目来说,进度目标调整意愿为0,而对于进度目标要求不十分严格的项目而言,管理者在权衡考虑了增加投入带来的成本增加和没有按合同约定的目标工期所应付的赔偿两种因素后,做适度调整工作目标工期的选择。"进度目标调整意愿"的取值范围为0~1。该负反馈结构中的速率变量"工期调整速度"和状态变量"工作目标工期"的方程为:

$$DurAdjR = (WReqTtoFin - DurTarg)/DurAdjT \cdot WillToAdjTar \quad (3.63)$$

$$DurTarg = DurTarg_0 + \int_0^t DurAdjR \, dt \quad (3.64)$$

"工作目标工期"的初值 $DurTarg_0$ 等于"工作初始计划工期"。初值的获取来源于以网络图或者甘特图表示的项目初始计划。

3.5.2 进度压力对项目表现的影响

由于前期工作任务中质量问题、变更及各种时间延迟拖延了进度,占用了后续任务的执行时间,当承包商承受着业主方施加的按期完成项目的巨大压力时,不会调整或者仅是对目标工期进行微调,使得剩余任务的"计划剩余时间"小于"剩余任务需要时间",剩余工作任务需要在紧迫的时间内完成,项目团队因此而感到进度压力[144]。

工程项目中,项目团队在进度压力状态下工作的情况常有发生[145]。Nepa[146]就进度压力问题对新加坡38个工程项目中的194位项目参与者进行了访问,调查结果显示项目参与者中感到压力大、非常大、正常和较低的比例分别占到59.1%、21.5%、18.3%和1.1%。大部分被访者认为进度压力会影响项目成员的行为和表现。短期内适度的进度压力会对工人产生激励作用,使生产效率增加,而长期过大的进度压力会降低工作士气反而又会降低生产效率。此外,进度压力增加了工作的无序性和管理者在信息不完备的情况下草率决策的概率,工人们为了加快进度常会省去某些必要的工序而"抄近路"(cut corners),这些行为都对项目工作质量产生较大的负面影响,而质量问题带来的返工又进一步拖延了进度,使进度压力继续加大。图3.20为进度压力的因果回路图。

模型中，将实际系统中的"进度压力"（SchPres）表示为"剩余任务需要时间"、"计划剩余时间"和"感觉到压力的时间"（PerSPT）的函数：

$$SchPres = \text{SMOOTH}(\text{IFTHENELSE}$$
$$(WStart = 1 : \text{AND} : WF =$$
$$1, 0, \min\ (5, RemWReqTime/$$
$$ScheRemTime)), PerSPT)$$
(3.65)

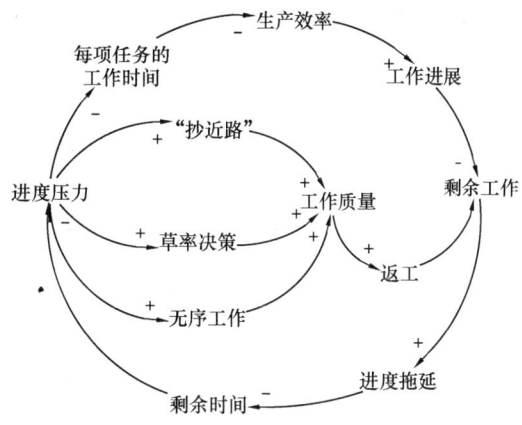

图 3.20　进度压力与工程进度之间的因果回路图[146]

"进度压力"由"剩余任务需要时间"和"计划剩余时间"的比值决定，设最大值为5。此外，"进度压力"为人们在心里产生的一种积累效应，用平滑函数将比值进行平滑处理。在下一节项目表现子系统中将对"进度压力"、"生产效率"、"工作质量"产生的定量影响作详细分析。

3.6　项目表现子系统

从图 1.1 所示的项目 SD 模型结构可以看出，质量和生产效率处于项目系统内的多个反馈回路中。类似地，工程项目的工程质量和生产效率在反馈回路的驱动下动态变化。项目表现子系统用来模拟项目实施过程中动态因素对生产效率和工程质量的影响，从而得出随时间不断变化的实际生产效率和工程质量。

3.6.1　生产效率子块

传统的项目计划方法对项目进度估算时将生产效率视为常量，项目动态模型则模拟了实际系统中生产效率动态变化的过程。生产效率子块识别了生产效率的动态影响因素，并建立了生产效率与各影响因素之间的函数关系。模型结构如图 3.21 所示。

1. 生产效率影响因素识别

建筑业生产效率影响因素的识别是国外学者长期以来致力于研究的领域。研究最早始于联合国会议发布的一份报告，探讨了如何通过反复的现场作业来提高劳动力生产效率。近期的研究包括加班工作对劳动力生产效率带来的损失[147~148]，工程变更对生产效率的影响[134]、[149]以及设计图纸、人员、设备和材料的到位情况对生产效率的影响[150]。Olomolaiye[151]根据生产效率影响因素是否属于管理控制的范围将其分为内部影响因素和外部影响因素两类。外部因素包括天气、政治环境、经济环境、法律法规和业主方行为等，内部因素包括管理水平、施工技术和劳动力素质等。Dai[152]对美国 28 个工程项目 1996 个建筑工人进行了访问，最终详尽列出了 83 种生产效率影响

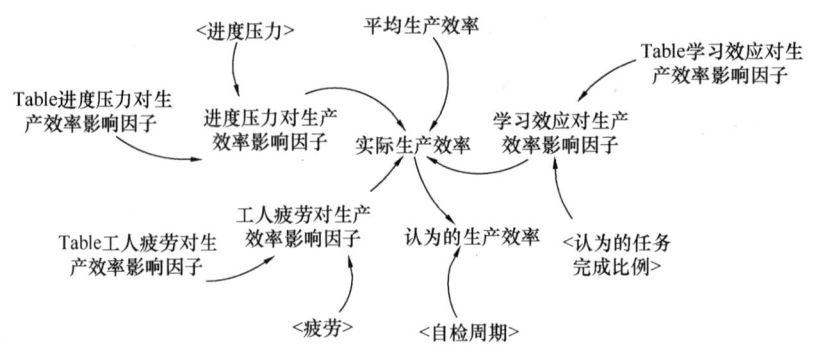

图 3.21　生产效率子块模型结构

因素,并将图纸的错误、设计可施工性差、问题回复速度缓慢、工作指令下达滞后、管理者及工人的经验缺乏、资源分配不合理、工人工作积极性差等因素列为主要的影响生产效率的因素。

上述对已有研究成果作了简要回顾,下面从以下两个方面阐述模型中对生产效率影响因素的识别与相关研究的异同:

第一,生产效率的定义。模型中将生产效率区分为"平均生产效率"($AveProd$)、"实际生产效率"($ActProd$)和"认为的生产效率"。"平均生产效率"是指在正常的项目实施条件下工人在单位时间内可平均完成的产品数量,即劳动力的平均生产能力,它在整个项目执行过程中保持不变。"平均生产效率"考虑了工人的有效工作时间(准备与结束时间、基本工作时间、辅助工作时间)、必要的休息与生理需要时间和不可避免的中断时间。"实际生产效率"是指在项目实际执行过程中受到各种因素影响后工人实际的生产能力。"认为的生产效率"是管理者在对劳动力需求人数估算时的参照值,它是"实际生产效率"在一段时间内的"均值",其与"实际生产效率"的关系已在前文中详细讨论。很多文献中研究的生产效率指的是单位时间内工人正确完成的实际任务数量。其与可执行任务数(工作面)、劳动力数量及生产能力和工作质量均相关,与模型中"任务完成速度"表达的含义相同。上述 Dia[152]、Diekmann[150]、Hanna[134~135] 和 Thomas[149] 对生产效率影响因素的识别均是基于这样的理解。

第二,生产效率影响因素中动态因素与静态因素的区分。模型模拟的是项目实施过程中随时间不断变化的特征,因此,主要考察的是使生产效率动态变化的因素。对于 Olomolaiye[151] 研究中提到政治环境、经济环境、法律法规、劳动力素质、施工技术等因素在整个项目实施过程中并非时刻变化的,具有相对稳定性,其均反映在外生变量"平均生产效率"中。

基于以上分析,模型中将"实际生产效率"的影响因素识别为平均生产效率、工人疲劳程度、进度压力和学习效应。平均生产效率是各种静态影响因素的综合反映,可由管理者根据自身管理经验或参照建筑工程人工定额进行估算。工人疲劳程度和进度压力对生产效率的影响在前文中已作识别,这里分别表示为"工人疲劳对生产效率影响因子"和"进度压力对生产效率影响因子"。学习效应对生产效率的影响主要体现在两个方面：一方面对于劳动力本身而言，随着对现场工作环境熟悉程度和工作技术熟练程度的提高，生产能力也随之提高；另一方面，随着工作不断开展，管理者对工人的管理效率也不断增加，使工人的闲散时间得以利用，从而提高了工人的实际生产效率。

2. 影响因素表函数及实际生产效率方程的建立

"进度压力"（$SchPres$）与"实际生产效率"之间的关系用表函数"Table 进度压力对生产效率影响因子"（$TableSPOnPro$）表示，函数曲线如图 3.22 所示。曲线横坐标为进度压力，取值范围为 0~5；纵坐标为进度压力对生产效率影响因子，取值范围 0.6~1.5。

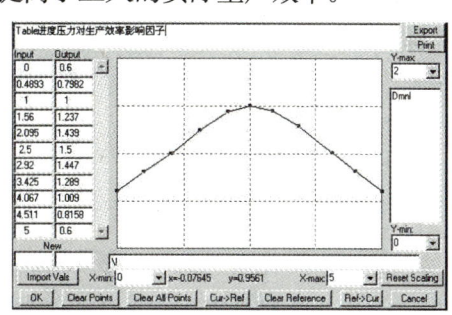

图 3.22 进度压力对生产效率影响表函数

心理学中著名的 Yerkes-Dodson 法则（叶杜二氏法则）认为，压力与业绩之间存在着倒 U 形关系。适度的压力水平能使业绩达到顶峰状态，过小或过大的压力都会使工作效率降低[153]。依照该法则，将两者的函数关系曲线类型确立为倒 U 形。当剩余任务需要的工作时间等于计划剩余时间即进度压力等于 1 时，影响因子等于 1。进度压力小于 1 时，工人会减少用在工作上的时间放缓工作速度，从而降低了生产效率，影响因子小于 1。当产生了适度的进度压力即进度压力大于 1 后，其对生产效率产生了正面的影响，进度压力为 2.5 时正面影响取最大值 1.5。此后，影响因子又继续降低。进度压力为最小值 0 和最大值 5 时，生产效率的损失最大，影响因子取值为 0.6[146]、[154]。

工人"疲劳"（$Fatigue$）与"实际生产效率"之间的关系用表函数"Table 工人疲劳对生产效率影响因子"（$TableFatiOnPro$）表示，函数曲线如图 3.23 所示。横坐标为工人疲劳程度，取值范围为 1~2；纵坐标为工人疲劳对生产效率影响因子，取值范围为 0.75~1。两者的关系曲线类型为 S 形衰减曲线，即包括指数衰减和渐进衰减前后两段。随着疲劳程度的增加，生产效率降低的速度逐渐增加，降低到一定程度后，衰减速度又将趋于平缓。Thomas[147]对 20 年内研究加班对生产效率的影响的文献中的数据作了进一步挖掘分析，得出长期疲劳工作使生产效率平均降低为原来的 75%。

用表函数"Table 学习效应对生产效率影响因子"（$TableLEOnPro$）刻画"学习效应"对"实际生产效率"的影响，"学习效应"的大小是通过"认为的任务完成比例"（$PerFraFin$）（"已完成任务"与"等待质检任务"之和）的多寡来体现的。表函数曲线为 S

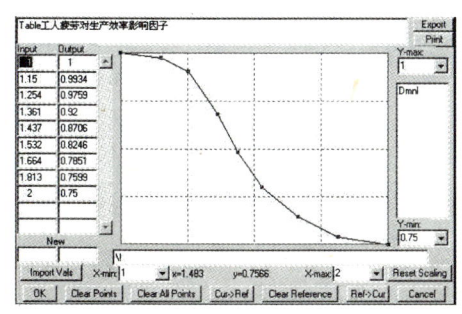

图 3.23 工人疲劳对生产效率影响表函数

形学习曲线,如图 3.24 所示。在工作开始初期,项目管理者和工人对工作环境的适应与熟悉程度较低,生产效率低于正常的生产效率。随着工作开展生产效率逐渐增加,初期学习效应的增加带来的生产效率的增长速度较为缓慢,中期增长速度较快,后期又缓慢增长[155]。模型中将影响因子的取值范围设为 0.5~1.5。

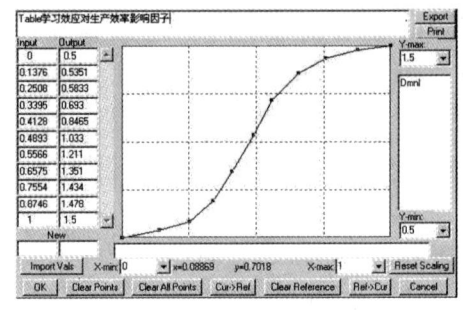

图 3.24 学习效应对生产效率影响表函数

综合上述各种因素,生产效率的方程确立为:

$$ActProd = AveProd \cdot TableSPOnPro(SchPres) \cdot TableFatiOnPro(Fatigue)$$
$$\cdot TableSEOnPro(PerFraFin) \tag{3.66}$$

3.6.2 工程质量子块

通过对项目建设过程子系统的建模可知,项目实施过程中工程质量问题引发了工作任务的多重非增值循环,从而使项目的实际进展偏离了项目计划的轨道。而管理者采取的项目进度控制策略起到"纠偏"作用的同时,又会对工程质量造成负面影响,从而再度影响了工程进度。尽管模型最终是面向工程项目的进度问题,但由于质量与进度之间的相互制约与相互促进的关系,因此需要对项目质量表现进行模拟。

传统的项目计划方法对项目进度估算时无法将项目的质量问题纳入其中,或者是暗含着质量问题恒定的假设。而在项目的实际建设过程中,工程质量动态变化。工程质量子块用来识别工程质量的动态影响因素,并建立工程质量与各影响因素之间的量化关系,模型结构如图 3.25 所示。

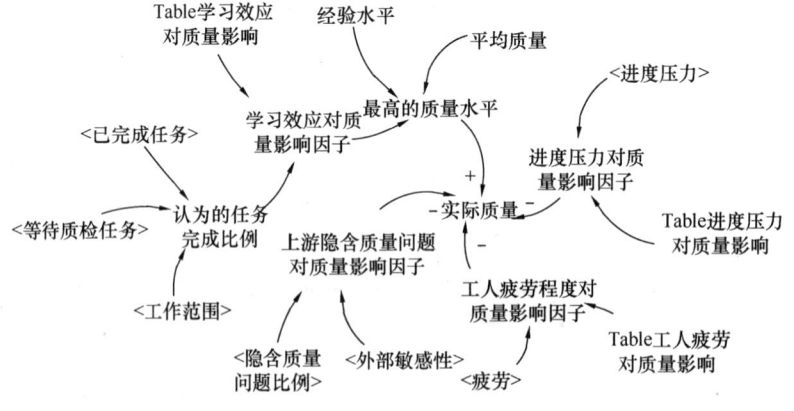

图 3.25 工程质量子块模型结构

1. 工程质量影响因素的识别

影响工程质量的因素众多,归结起来主要包括人、工程材料、机械设备、施工方法和环境条件五个方面。其中,人作为项目建设的实施者,被认为是工程质量最主要的影响因素，也是波动最大的因素[156~157]。尽管在项目实施过程中，上述所有因素均处于变化之中，但对于项目分解后的每项工作而言，工程材料、机械设备、施工方法和环境因素相对静止，模型中取值为0～1的外生变量"平均质量"($AveQ$)表示受上述因素影响后的质量。而项目的某项工作在开展过程中，人们感到的进度压力、疲劳程度、经验水平和上游工作隐含的质量问题均是内生的动态变化因素，作用于平均质量使得实际的工程质量动态变化。

2. 影响因素表函数及实际工程质量方程的建立

项目团队的知识和经验水平是影响工程质量的重要因素[158~159]。模型用外生变量"经验水平"($Exper$)表示项目工作开始前项目团队具备的基本素质。随着工作的开展，项目管理者和工人对现场工作条件及施工方法的熟悉程度逐渐增强，经验水平增加。用"学习效应对质量影响因子"($LEOnQFactor$)表示这样的学习过程对工程质量的正面影响。当工作中使用了新材料、新工艺和新方法时，"经验水平"较低，学习效应对质量的正面影响尤为显著。表函数"Table学习效应对质量影响"($TableLEOnQ$)表示"认为的任务完成比例"($PerFraFin$)和"学习效应对质量影响因子"之间的关系。与学习效应对生产效率的影响相同，表函数用S形曲线表示（与图3.24相同）。影响因子的取值范围为1～1.5。增加的经验水平带来了工程质量的提高，"最高的质量水平"(HQ)小于等于1。建立如下关系：

$$LEOnQFactor = TableLEOnQ(PerFraFin) \tag{3.67}$$

$$HQ = \min(1, \max(1, LEOnQFactor \cdot Exper) \cdot AveQ) \tag{3.68}$$

进度压力下管理者的"草率决策"、工人"无序工作"和"抄近路"等行为带来了工程质量的下降，影响程度用"进度压力对质量影响因子"($SPOnQFactor$)表示。表函数"Table进度压力对质量影响"($TableSPOnQ$)的函数曲线类型为S形衰减曲线（与图3.23曲线类型相同）。进度压力等于1时，影响因子为1，进度压力取最大值5时，影响因子为0.65[146]。

$$SPOnQFactor = TableSPOnQ(SchPres) \tag{3.69}$$

工人疲劳工作对工程质量的负面影响用"工人疲劳对质量影响因子"($FOnQFactor$)表示。表函数"Table工人疲劳对质量影响"($TableFOnQ$)与疲劳对生产效率影响表函数类型相同（图3.25）。当疲劳程度为1即工人处于正常的工作状态时，影响因子等于1。疲劳程度取最大值2时，影响因子为0.75。

$$FatiOnQFactor = TableFOnQ(Fatigue) \tag{3.70}$$

质量管理过程建模中分析了上游工作"隐含质量问题"的产生过程，上游工作中未及时发现的质量问题会对下游工作产生"撞击效应"从而恶化了其工作质量，用"上游隐含质量问题对质量影响因子"表示当前工作质量受上游的隐含质量问题的影响程度。影响因子由上游隐含的质量问题比例和"外部敏感性"确定。

$$HEOnQFactor[i] = \max_{j \in (1,2\cdots n)}(FraHE[j] \cdot ExSen[i,j]) \tag{3.71}$$

其中，$i,j \in \{1,2\cdots,n\}$，i 为当前工作，j 为上游工作。

综合学习效应、工人疲劳程度、进度压力和上游隐含质量问题对当前工作质量的影响，可以得到项目每项工作的实际质量（ActQ）表示为：

$$ActQ = HQ \cdot SPOnQFactor \cdot FatiOnQFactor \cdot (1 - HEOnQFactor) \quad (3.72)$$

3.7 工程项目系统动力学模型与其他项目系统动力学模型的比较

本章建立的工程项目 SD 模型参考了大量的现有项目 SD 模型，并以此为基础结合工程项目管理领域知识和相关研究以及笔者对工程项目实施过程的实际观察构建。表 3.1 列出了主要的参考模型，并将他们与工程项目 SD 模型作了对比分析。

工程项目 SD 模型与现有项目 SD 模型对比分析　　表 3.1

模型结构		参考模型	主要不同点	本模型主要特色	解释与说明
过程管理子系统	工作任务	[61]# [62]△ [63]* [64]# [65]△	工作外部依赖关系	增加了工作之间的 FS 外部依赖关系	参考模型仅包含 SS 依赖关系，而工程项目中 FS 关系仍较为普遍
			工作数量	采用数组变量对任意多个项目工作进行模拟	突破了参考模型中限于对少数项目阶段进行模拟的限制，强化了基于模型的项目计划功能
	质量管理过程子块	[8]# [61]# [62]△ [63]* [64]# [80]△ [81]△ [82]△ [89]* [91]※ [160]※	质量问题发现时间	将返工循环扩展为非增值循环，并根据质量问题发现的三个不同时间建立循环结构	由于工程项目各项工作之间存在物理依赖关系的特点，任务执行前可能发现上游工作的质量问题，而参考模型中对此鲜有涉及
			质量问题的处理方案	将质量问题的处理分为修补、返工和变更三类	参考模型中对发现的质量问题做返工处理
			质量检查	工程项目质检和任务执行主体不同，因此质量检查并不消耗劳动力资源	参考模型中质检过程和任务执行抢夺资源
			隐含质量问题处理	增加了隐含质量问题协流结构	未及时发现的质量问题即隐含质量问题是引起建设过程动态性的根源之一
			工作之间的协同关系	移除了协同回路	工程项目的协同体现在不同参与方之间，而不同项目工作之间的协同问题并不突出
	变更管理	[72]△ [81]△ [130]△ [161]△	变更产生时间	将变更分为工作开始前和工作开始后考虑	参考模型仅考虑了变更发生在工作开始后的情况
			潜在变更	没有考虑"潜在变更"	参考模型应用范围管理的方法看待变更的处理过程，识别了"潜在变更"，而我国工程项目实施范围管理并不普遍
			质量问题处理产生的变更	对质量问题予以变更处理的情况考虑在，其引发了与其存在外部敏感性的已完成任务返工处理	没有考虑对质量问题予以变更处理的情况

续表

模型结构		参考模型	主要不同点	本模型主要特色	解释与说明
范围管理子系统		[119]△ [162]※	工作范围的动态变化	变更和质量问题触发的非增值循环是范围动态变化的根本原因	参考模型中设计变更作为引起工作范围变化的外生因素
资源管理子系统		[63]* [64]# [75]△ [74]△ [119]△ [163]*	劳动力分配	劳动力资源主要用于任务执行	参考模型在质检、返工和任务执行之间分配资源
			劳动力构成	没有将劳动力特别区分为新雇用和有经验两类	软件项目、R&D和产品开发项目中考虑了新雇用员工变为有经验员工需要的培训费用和生产效率损耗，工程项目中几乎不存在此类现象
进度目标子系统		[63]* [64]# [119]△	进度目标的调整	进度目标调整由外生变量进度目标调整意愿控制	参考模型中进度目标的调整由设计变更或进度压力决定，而本书认为这两种因素并非一定导致进度目标的推移
项目表现子系统	生产效率	[8]# [62]△ [82]※ [86]# [160]※	影响因素识别	识别了影响工程项目生产效率的动态影响因素，并与生产效率相关研究作了横向比较	以建筑业生产效率研究相关文献和笔者的项目实践经验为依据
			影响因素与生产效率的函数关系	应用表函数解决了非线性关系的量化问题，并根据文献确定了表函数曲线类型和极值点	不同类型的项目量化关系不同
	工程质量	[62]△ [64]# [86]# [160]※ [161]△	影响因素识别和函数关系建立	识别了影响工程项目生产效率的动态影响因素，并确立了影响关系表函数	以建筑业工程质量研究相关文献和笔者的项目实践经验为依据
			质量目标的处理	本模型假设要求工作任务全部合格	部分参考模型考虑了质量目标对项目进展的影响

注：#表示产品开发项目；*表示软件项目；※表示R&D项目；△表示工程项目。

从表3.1可以看出，本书参考了产品开发项目、软件项目、研究与发展项目和工程项目等不同类型的项目SD模型，他们尽管所属领域不同，但均描述了不同类型项目具有的共同特征。例如，将项目工作的执行过程看做是任务流在项目系统中的流动过程，质检是项目执行过程中的重要环节，存在质量问题的完工任务需再次返工，增加资源投入是加快项目进展的重要手段，工人长期加班会对生产效率产生副作用等。这些共性对本书构建各子系统模型中的子结构具有重要的参考价值。

然而，由于实际的项目系统非常复杂，任何一个项目SD模型都只是针对所研究的问题对实际系统某一断面的抽象。首先，对于不同类型的项目，因项目特征不同，系统模型存在很多不同。例如，在软件项目、产品开发项目和研究与发展项目中，将质量问题均做返工处理，但在工程项目中，质量问题的处理分为返工、修补和变更三类；又如变更是工程项目频繁发生的问题，尽管其他项目中也存在该类现象，但由于这并不是其研究的重点，因此并未划入到其模型边界内。其次，对于属于工程项目领域的 SD 模型而言，由于模型拟解决的问题不同，模型对系统中的实际对象的抽象程度也有所不同。例如，文献［89］建立的模型主要是为了找到导致大型复杂工程项目失败的质量问题所含比例和质检周期的临界值点，因此其忽略了不同工作之间的依赖关系，但要将模型应用于进度计划优化，模型中必须体现工作之间 FS 和 SS 这样的依赖关系；又如文献［74］建立的模型主要用于研究资源投入和项目绩效的均衡问题，因此，对于质量和变更管理问题没有纳入到模型边界中。本书建立的 SD 模型是为了帮助管理者选择复杂工程项目进度控制策略并进行进度计划优化，与参考模型属于不同类型的项目或者模型用途不同，因此其从建模目的出发，考虑了主要的进度影响因素和项目工作之间的依赖关系，结合工程项目的实际特征，在参考模型的基础上增加、细化或者移除了部分系统子结构，形成了能够满足建模目的并能反映工程进展动态规律的系统总体 SD 模型。下一章将对模型的有效性予以检验。

第4章 工程项目系统动力学模型的检验

本章将对上一章建立的工程项目系统动力学模型的有效性进行检验。由于工程项目实际系统极为复杂,模型中存在理想性的假设,因此模型只是在一定条件下对现实世界的抽象,其所描述的变量关系,不可能完全准确地反映现实。所以,建立对模型的信任非常重要。同时,需要指出的是,模型检验不是为了证明模型的对与错、好与坏,而是判断其在一定条件下的可信程度。

本章首先将讨论系统动力学模型检验的基本理论,并以此为指导,将模型的检验分为模型直接结构检验、面向结构的行为检验和行为检验三个步骤实施。在模型行为检验中,将模型应用于某道路工程,验证模型行为与真实项目实际行为的一致性。

4.1 系统动力学模型检验的理论探讨

Barlas[164]指出,区别"因果描述模型"(causal descriptive model)和"相关性模型"(correlational model)的不同对理解 SD 模型的有效性检验是至关重要的,表4.1对两者的不同进行了比较。

因果模型和相关性模型的比较分析[164]　　　　　表4.1

	因 果 模 型	相关性模型
特征	理论(创建了系统某些行为如何运行的理论)	数据驱动
数学方程基础	假设的因果关系	所观察到的联系
模型表达的含义	真实系统某些行为的运行机理/关于系统的理论	系统不同要素之间的统计相关性
模型的目的	预测和解释	仅限于预测
检验	应用定性与定量相结合的方法	统计学方法检验
实例	系统动力学模型	经济学模型

"相关性模型"没有提出系统结构上的因果关系,仅关注于模型的输出值是否在一定程度上与真实数据相符,因此,此类模型最常用的验证方法为统计学方法。而"因果模型"是真实系统的"理论",不仅需要重现系统行为,还要解释系统行为的产生过程,并且还有提出改变系统现有行为的方法的可能性。因此,此类模型的验证更为复杂,系统动力学模型即属于此类模型的范畴。

因此,系统动力学模型的检验应包括两个方面:模型结构检验和模型行为检验。仅将模型产生行为与所观测的真实系统行为相比较的模型行为检验在系统动力学中是不足以说明模型的有效性的，由于该方法没有提供模型结构信息不能区分伪行为正确性（错误原因产生了正确的行为）和真行为正确性。模型内部结构检验至关重要[164]，直接对模型结构给予评价。模型检验的实质在于判断"正确的行为是由正确的原因产生"。

然而，系统动力学模型内部结构检验较为困难，大多数采用难以交流的定性和非正式的方法。在讨论系统动力学模型检验的文献中，存在一种批判的观点，即模型质量的检验没有应用充足的正规和定量的手段[165]。作为该批判的回应，Forrester 认为系统动力学模型的定量检验方法是有效的[166]。首先，他指出"模型的有效性不能脱离建模目的本身的有效性和可行性"。而对目的有效性和可行性的认同是通过社会讨论等定性的方法而非正式的数学方法达成的。其次，为了描述系统潜在的因果结构，建模者不仅需要使用真实系统的量化数据，还需要使用参考文献的数据和存在人们脑海中信息（所谓的脑力模型），而大部分的脑力模型和记录的信息均以定性的形式存在。再次，系统动力学模型的目的不仅限于对未来的预测，更重要的是为了探索与揭示系统问题的潜在机制并寻求解决问题的策略。模型的仿真结果显示了当前系统结构下系统行为的未来发展趋势，其可能不能在一定范围内与真实数据相符。因此，正式的数学检验方法并不必要。

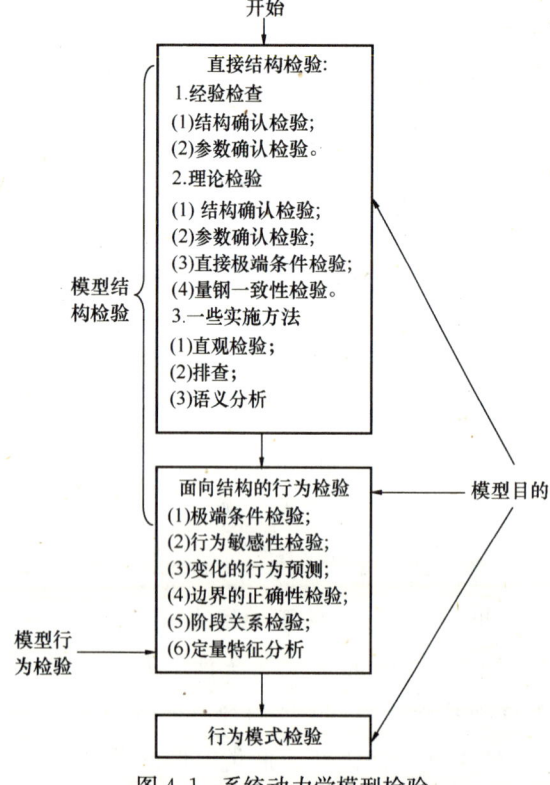

图 4.1 系统动力学模型检验

资料来源：Formal Aspects of Model Validity and Validation in System Dynamics [164]。

与此同时，Barlas 长期致力于模型结构检验规范化方法的研究。他提出了两种类型的结构检验方法——直接结构检验和间接结构检验（或称结构导向的行为检验，structure-oriented behaviour test）[164]、[167]。直接结构检验通过直接与有关真实系统结构知识的比较检验模型结构的有效性，该方法不需要模拟计算，本质上属于定性的检验方法。间接结构检验（面向结构的行为检验）应用某些行为检验方法来检验模型产生的行为模式。该类方法需要计算机仿真模拟，属于定量的检验方法，它能够提供模型潜在的错误信息[164]。与直接结构检验相比其主要的优势在于更易于规范化和定量化[167]。Barlas 将系统动力学模型的检验划分为三个步骤：直接结构检验、面向结构的行为检验和行为检验，如图 4.1 所示。所有的检验方法均需围绕建模目的展开。模型检验的顺序是首先开始模型结构检验,然后进行模型行为的检验,只有建立了对模型结构的信心,模型行为与真实系统行为一致性检验才有意义。

4.2 直接结构检验

参照 Barlas 提出的系统动力学模型检验理论,首先对文中建立的工程项目系统动力学模型进行直接结构检验。直接结构检验通过与真实系统结构的相关知识直接进行比较来检验系统动力学模型结构的有效性,它包括经验结构检验和理论结构检验。前者将模型结构与从真实系统中获取的定量和定性的信息进行比较,而后者则是将模型结构与相关文献中建立的系统结构进行比较。工程项目 SD 模型的直接结构检验中应用的检验方法有结构评价检验、参数估计检验、模型边界检验和量纲检验,见表 4.2 所列。

模型直接结构检验[72]、[106]、[109]　　　　　　　　表 4.2

检验名称	检验目的	方法和步骤
结构评价检验	模型结构是否与工程项目的相关描述性认知相符; 决策准则是否抓住了项目管理者的行为特征	使用因果关系图、存量流量图,并直接检验模型的方程; 通过访谈、研讨会的方式听取专家、项目工程师和管理者的意见,获取项目文档,并直接参与项目的实施过程; 模型结构是在已经验证的项目系统动力模型结构的基础上的演变和改进(参考模型详见表 3.1); 对决策准则的预期原理进行模型局部检验
参数估计检验	模型参数是否可在实际的工程项目中辨别出它们相应的具体含义; 参数值是否与相关的项目描述性或量化数据相符	使用统计方法估计参数值; 通过访谈、专家意见、档案材料、直接经验等作出主观判断来估计难以获取的参数值
边界恰当性检验	针对建模目的,评价模型边界是否合适、充足; 描述问题的重要概念是否被作为内生变量	通过阅读分析项目文档资料、与行业专家和项目各参与方工程师的访谈及参阅相关文献的方式检查是否忽略了某些重要变量和反馈回路; 应用子系统框图、系统边界图、存量流量图、变量列表和直接检查公式的方法检验模型边界
量纲一致性检验	确保没有使用无现实意义的参数,检验诸方程两边的量纲是否一致	应用 VensimDSS 仿真软件进行量纲分析; 检查不确定参数的方程表达

4.2.1 模型结构评价检验

模型结构评价是将模型中建立的因果关系、反馈回路与对实际系统的经验及理论知识进行比较来验证模型结构的有效性。工程项目 SD 模型的结构评价检验贯穿于建模过程的始终。首先,模型结构的确立源自于笔者对实际工程项目实施过程的深度观察。笔者先后于2006年7月～2007年3月、2007年6～11月、2009年10～11月分别参与了嘉兴某纺织厂建设工程、广东中烟工业公司广州生产基地易地技术改造项目和某道路工程的实施,深刻认识到项目进度计划的有效性差和进度拖延现象是项目实施过程中的十分突出的问题。通过笔者的观察和与行业专家、项目工程师和项目管理者的沟通和交流中,得出了模型以下基本假设:

(1) 工作面的多寡制约着工程进展;

(2) 受到主观因素和客观因素的影响,工作执行过程中总存在一定比例的质量问题;

(3) 质量问题需进行返工、整改并可能引发变更;

(4) 质量检查并非完全可靠,一些质量问题不能及时发现;

(5) 未发现的潜在质量问题可能进一步恶化其他工作的质量;

(6) 工程变更在项目实施过程中频繁发生,可能引发工作任务的返工循环;

(7) 工程项目各项工作之间存在着极强的耦合关系,某项工作中存在的问题常会向其他项目工作蔓延;

(8) 工程变更处理决策延迟较为严重地影响了工程进展;

(9) 项目管理者根据实际进度与目标进度之差调整项目资源投入;

(10) 进度压力会降低工程质量;

(11) 进度压力对生产效率的影响表现为先提高后降低;

(12) 人因长期加班工作产生的疲劳会降低工程质量和工作效率;

……

上述列出了模型建立之初的部分主要的基本假设,在此基础上,模型参考了已发表于SCI、EI收录期刊("Journal of Construction Engineering and Management"、"System Dynamics Review"、"International Project Management"、"Automation in Construction"等)的工程项目、软件项目和产品开发项目等项目系统动力学模型和工程项目质量管理、变更管理及进度计划与控制等相关理论。进度压力、工人的疲劳程度对工程质量和生产效率的影响在模型中用表函数表述,表函数的曲线类型和极值点的确定均以文献为基础,所选文献主要是对大量的工程项目进行统计研究的实证类论文,具有较强的可靠性。最后,将建成的模型向专家、项目管理者和项目工程师作了展示,模型结构得到了普遍认同。

模型结构检验是循环反复、不断深化细化的过程,通过上述步骤,建立了模型结构的信心。

4.2.2 参数估计检验

参数估计是对真实系统中的常量进行概念评价和量化评价[166]。本书建立的工程项目系统动力学模型可作为工程项目的进度计划与控制工具，适用于任何项目，但不同的项目参数估计值不同。此外，模型参数均为数组变量，数组元素代表项目分解后的 n 项工作中不同工作对应的参数，因此，同一工程项目不同工作的参数估计值也不尽相同。4.4 节将针对具体案例详细探讨模型参数估计的过程与方法，这里仅说明所有项目参数估计检验中应用的一般性方法。

对于可获取具体数值的参数通过统计估计的方法确定，例如"变更处理决策延迟"和"质量问题处理决策延迟"等参数。从笔者收集的三个项目的文档资料来看，变更处理决策的时间平均为 7 天，质量问题处理决策的时间平均为 3 天，因此可将其分别设为这两个变量的默认值。当然，参数值可根据项目环境进行改变。例如，若某项目应用了项目信息门户作为各参与方之间信息交流的工具，提高了工作效率，变更处理的时间则可大幅缩减。

对于无法直接获取具体数值的参数，需要通过主观判断进行估计，例如"平均质量"、"工作稳定性"、"敏感性"等参数。项目开始前，根据所能获取的项目环境资料和项目自身特征进行估计，随着项目的开展，可定期依据项目变更发生比例、质量问题所占比例、项目的实际进度和项目实际的劳动力人数等数值对模型进行校正，将校正值作为后续工作计划的参数估计值。

总之，工程项目系统动力学模型的参数根据不同的项目特征、项目环境和类似项目的经验数据进行估计。对于主观估计的参数，还将随着项目进展依据实际情况动态调整，不断提高模型与真实系统的耦合程度。

4.2.3 边界恰当性检验

模型将工程项目系统划分为建设过程子系统、范围子系统、资源管理子系统、进度目标子系统和项目表现子系统五个子系统，模型边界如图 3.1 所示。模型中描述系统主要问题的变量如"已完成任务"、"任务执行速度"、"劳动力人数"、"劳动力雇佣率"、"实际质量"、"实际生产效率"和"进度压力"等变量均为内生变量，处于系统重要的反馈回路之中，反馈回路这里不再赘述。

此外，在与专家、项目管理者和项目工程师进行访谈和交流的过程中，普遍存在着这样的观点，即项目承发包模式、施工技术与工艺、各参与方之间的利益关系等均是影响项目进度的重要因素，并建议在模型中是否可以考虑这些因素。对于这些意见笔者是这样认为的：首先，模型的目的是为了给复杂工程项目在实施阶段提供一个辅助管理者科学计划和选择进度控制策略的工具，对任何项目均具有普遍适用性。模型中构建的因果关系是在所有项目实施过程中普遍存在的规律，不会因为项目不同而降低其适用性。其次，系统动力学认为系统的复杂性源自于系统的动态特性，而系统动态特性是由反馈回路支配和驱动的。处于反馈回路中的变量（因素）随着时间不断地变化，人脑无法胜任此类复杂问题的分析和判断，因此需要借助计算机仿真模型辅助管理者分析问题和管理决策。在项目实施过程中，对于某项具体的工作而言，承发包模式、参与方之间的利益关系和施工技术与工艺是一个相对静态的因素，没有与系统其他要素构成闭合的反馈回路。而这些因素对进度的影响可以通过模型的外生变量如工作的平均生产效率、项目初始计划和经验水平等变量来体现。因此，模型中并没有对上述因素做特别的提炼和建模。

综上所述，笔者认为模型边界的选择是合理的。

4.2.4 量纲一致性检验

量纲一致性检验用来评价方程左右两边量纲的一致性以及确保没有无现实意义的变量出现[164]。文中在对模型结构的描述过程中，尽量明确表述各变量的物理意义，以剔除无现实意义的变量。在建立各变量的数学方程时，均对每一个变量赋以与其物理意义相对应的单位。变量单位也常为方程的建立、参数的估计与度量提供有益参考。模型建立于系统动力学仿真平台 VensimDSS（V5.7）之上，运行前，应用该软件的量纲检验功能对模型的量纲一致性予以检查。首次检验时提示模型中有15个变量量纲错误，如图4.2（a）所示；根据提示报告将错误一一排查更正，再次检验时显示量纲一致性检验通过，如图4.2（b）所示。

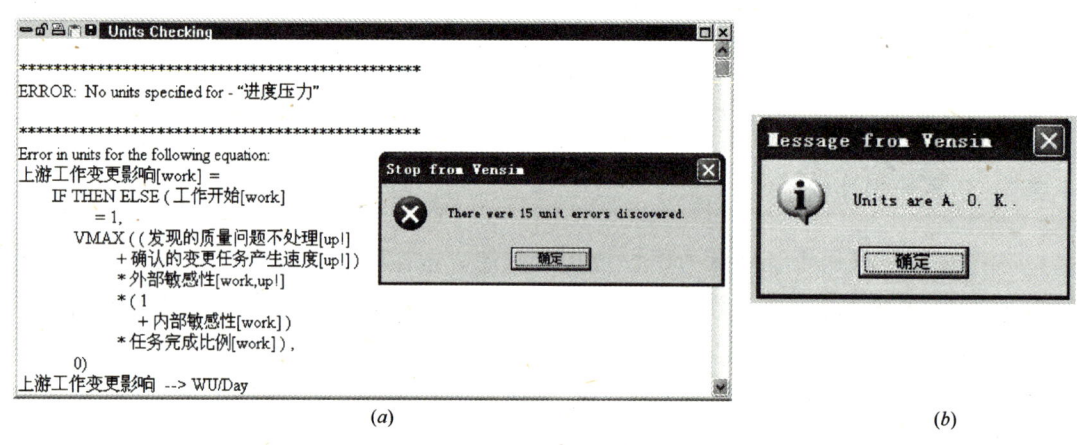

图4.2 模型量纲一致性检验

4.3 面向结构的行为检验

通过直接结构检验，很大程度上说明了工程项目系统动力学模型结构的有效性。然而，直接结构检验本质上是一种定性和非正式的方法，为了使模型结构检验更具说服力，将对模型继续采取面向结构的行为检验。面向结构的行为检验结合了结构检验和定量检验方法的优势，将模型结构和行为进行了双向连接，也是模型检验方法理论研究的重要方向。在对模型进行面向结构的行为检验时应用的方法和步骤见表4.3

所列。

面向结构的行为检验[164]、[113] 表 4.3

检验名称	检验目的	方法和步骤
极端条件检验	检验在极端的条件或极端的策略下模型的行为是否合理	检验每一个方程是否稳健； 单独和联合检验每一个输入变量的极端值带来的反应
灵敏度检验	检验模型参数变化时模型行为的变化情况，识别出模型的敏感参数	模型参数的灵敏度测试，观察参数值在悲观情况、乐观情况和通常情况下模型行为的变化情况
积分误差检验	模型结果是否对差分步长的选择或数学积分方式敏感	令差分步长减半，测试运行结构的变化； 使用各种不同的积分方式，检验运行结构的变化

4.3.1 极端条件检验

由于本阶段的模型检验要进行计算机仿真模拟，需对模型参数赋值。这里先假设项目仅含有一般意义上的 A、B、C、D 四项工作，各参数值给予合理范围内的假设。事实上，本模型可以表达含有若干项工作的项目，实际项目中模型的输入值的确定将在下一节讨论。

极端条件检验将参数值设置为极值时的模型行为与真实系统在极端条件下的行为进行比较[164]。本模型中，质量问题和工程变更被视为是干扰项目按计划实施的主要因素，并用变量"平均质量"和"工作稳定性"来表达项目工作执行过程中存在质量问题和变更的可能性，取值范围为 0~1。下面检验这两个变量的值取极值 1，即不存在质量问题和变更情况下的模型行为。图 4.3（a）用传统的计划方法表达了 A、B、C 和 D 四项工作的计划，其中 A 与 B 和 C 与 D 为开始—开始关系，时间间隔 50 天，A 与 C 为完成—开始关系，时间间隔为 20 天。图 4.3（b）为"平均质量"和"工作稳定性"取极值 1 时的模型行为，与图 4.3（a）所表达的工作之间依赖关系和总工期相同，并且每项工作在执行过程中速度均保持不变。经检验，在极端条件下，模型行为

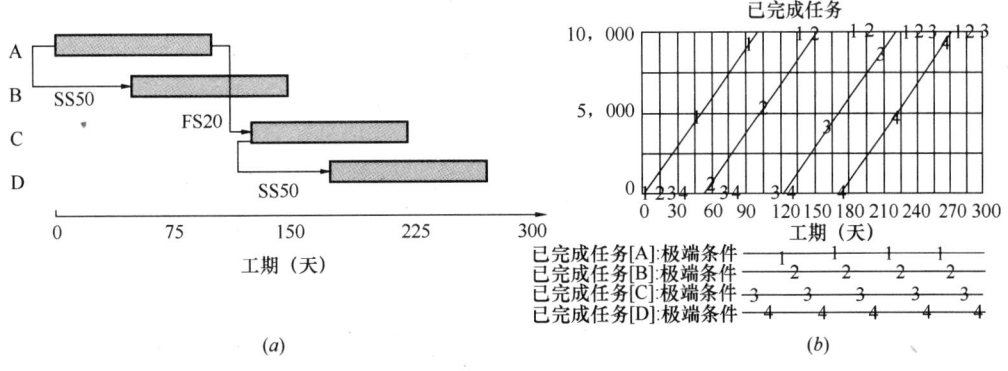

图 4.3 模型极端条件行为与传统计划方法的比较
(a) 传统项目计划方法；(b) 模型极端条件行为

是正确的。

4.3.2 灵敏度检验

灵敏度检验是深入洞察模型结构和模型行为关系的过程。通过灵敏度检验，可以识别出对系统行为产生较大影响的参数。敏感参数是模型校正和策略研究时关注的焦点，不灵敏参数则不要求十分精确的估计。去除与对实际系统的管理行为无关的参数和对模型行为有同类影响的参数，重点选取表 4.4 中的参数进行灵敏度检验。为达到检验目的，这里假设实验项目包含 3 项工作，每项工作的初始工期相同，前后项工作之间为开始—开始（SS）关系。给被检验参数赋予三组不同的数值，它们分别反映了最悲观情况、最可能情况和最乐观情况，见表 4.4 所列。

灵敏度检验参数值设置　　　　　　　　　　　表 4.4

参数名称	悲观值	最可能值	乐观值
平均质量	0.5	0.8	1
工作稳定性	0.5	0.8	1
变更处理决策延迟	30	10	1
重新处理比例	1	0.5	0.2
质量管理可靠性	0.2	0.8	1
工作外部任务依赖关系	顺序执行	并行50%	完全并行
确认变更比例	1	0.5	0.2
经验水平	0.5	0.7	1
劳动力初始分配率	0.1	0.5	0.9
劳动力增加调整时间	60	30	7
调整劳动力人数意愿	0.1	0.5	1
初始工作工期	150	100	50
自检周期	15	7	2
感到疲劳的时间	1	7	15
感到压力的时间	1	5	15
进度目标调整意愿	1	0.5	0

观察三种不同情况下项目工期的变化。最可能情况下，项目工期为 278 天。乐观情况和悲观情况下的项目工期、工期相对于最可能情况工期值的变化程度和工期变化幅度见表 4.5 所列。工期和工期变化程度左边数值对应于悲观情况下的数值，右边数字对应于乐观情况下的数值。工期变化幅度为两种情况下工期变化程度的差值，它直观地反映了项目工期对参数的灵敏度。可以看出，除初始工期即项目的初始目标对项目实际工期影响（65%）较大外，还有两类参数对项目工作具有较大影响：一类是与项目建设过程子系统结构有关的参数，如平均质量（47%）、工作稳定性（53%）、变更处理决策延迟（23%）和工作外部任务依赖关系（42%），另一类是与管理者的控制

行为有关的参数,如调整劳动力人数意愿(39%)、进度目标调整意愿(55%)和劳动力增加调整时间(21%)。该结果一方面说明了质量问题和工程变更是实现进度目标的重要干扰因素,另一方面说明了增加项目工作并行、调整资源投入、调整目标和缩短变更决策时间是提高项目进度绩效的重要手段。此外,项目工期对自检周期、感到压力和疲劳的时间等参数不敏感说明了模型结构中对其估计的数值是合理的。

参数灵敏度检验结果　　　　　　　　　　　　　　表 4.5

参数名称	工期（天）	工期变化程度（%）	工期变化幅度（%）
平均质量	375/244	−35/+12	47
工作稳定性	386/239	−39/+14	53
变更处理决策延迟	316/252	−14/+9	23
重新处理比例	291/269	−5/+3	8
质量管理可靠性	281/267	+4/+1	5
工作外部任务依赖关系	353/236	−27/+15	42
确认变更比例	297/267	−7/+4	11
经验水平	284/273	−2/+2	4
劳动力初始分配率	291/261	−5/+6	11
劳动力增加调整时间	307/248	−10/+11	21
调整劳动力人数意愿	360/251	−29/10	39
初始工作工期	363/183	−31/+34	65
自检周期	278/277	0/0	0
感到疲劳的时间	279/276	+0/−1	1
感到压力的时间	278/282	0/+2	2
进度目标调整意愿	337/183	−21/+34	55

4.3.3　积分误差检验

积分误差检验用来验证模型结果是否对时间步长的选择或数学积分方式敏感[113]。根据经验公式：时间步长≤1/2×模型中最小的时间参数[106],模型中将时间步长设为 0.25 天。当将其改为 0.125、0.0625 和 0.5 时,模型行为基本上是一致的。因此,模型通过了积分误差检验。

4.4　行为模式检验

本节将模型应用于一个实际的工程项目中,把基于模型模拟的项目进度与实际的项目进度进行比较,通过检验模型行为与真实系统行为是否一致来验证模型行为的有效性。

4.4.1 项目概况

被模拟的工程项目为某市道路工程。项目由兴海大道、兴海大道支线和妈湾大道组成，路线总长 11.6km，项目平面图如图 4.4 所示。项目总投资约 23.3578 亿元，计划总工期为 36 个月。项目共划分为 8 个标段，分别承包给不同的承包单位。

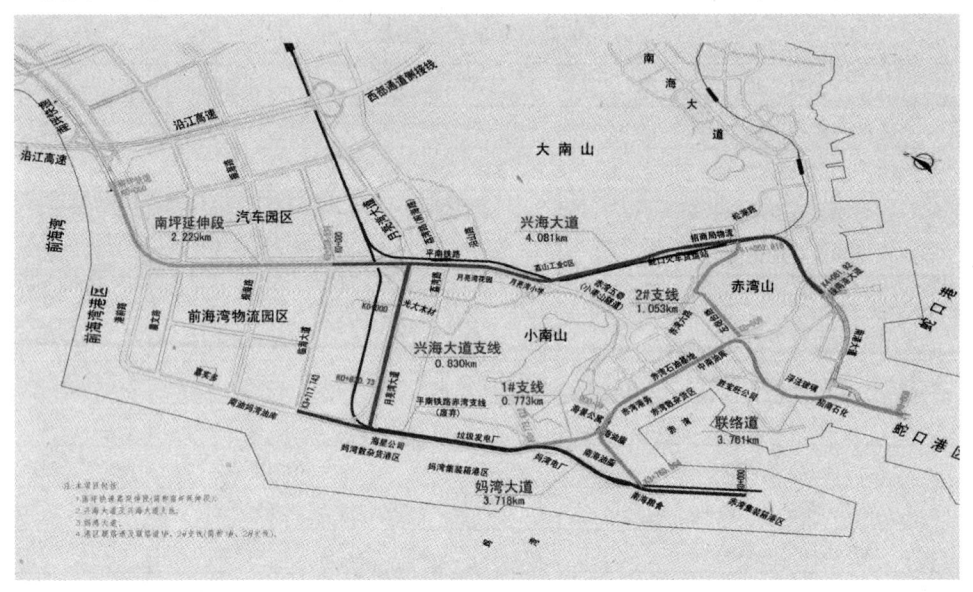

图 4.4 某道路工程平面图

该工程属兴海大道南段中的一部分，起于教育局路口，向东南方向途经平南铁路、蛇口火车货运站及松湖路口，止于兴海大道设计终点。工程内容为道路工程（含路基工程、路面工程和交通疏解道路工程）、桥梁工程（含桥梁主体工程和桥面铺装工程）和市政管线工程（给水排水、电力通信、燃气、照明工程的管道铺设部分）。本合同段工程总造价约为 30063 万元，应用网络计划方法排出实施阶段总工期为 17 个月，图 4.5 用甘特图表示了项目总进度计划。项目于 2008 年 10 月 1 日启动，实际进展状况严重落后于初始计划工期。笔者收集的项目实际进度数据从启动之日起截止至 2010 年 2 月底。本节将对模型模拟的前 15 个月的项目进度与项目实际进度予以比较。

4.4.2 模型参数估计

为便于描述系统结构，模型中引入了"内部依赖关系"、"外部依赖关系"、"平均质量"、"工作稳定性"、"内部敏感性"、"外部敏感性"、"重新处理比例"和"管理可靠性"等与项目特征紧密相关的参数。由于这些参数在传统的项目进度计划与控制方法中鲜有提及和使用，对于项目参与成员来说难以准确理解其内涵并进行估值。因此，采用问卷调查的方法收集数据并不适合。为了尽量提高参数估计的合理性，将参数估计分为四个步骤实施，如图 4.6 所示。

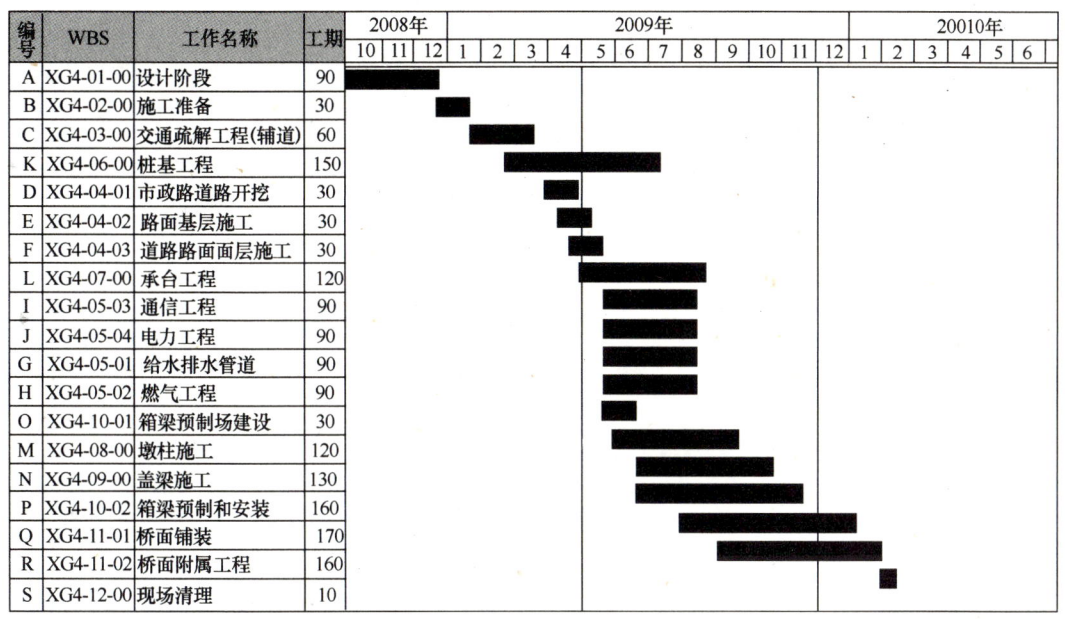

图4.5 某道路工程总进度计划

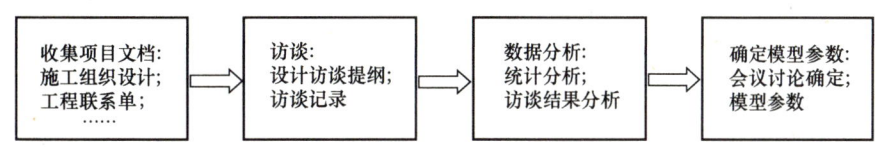

图4.6 模型参数估计步骤

1. 收集项目文档

收集项目文档的目的是为了熟悉项目环境、项目组织和项目特征,为下一阶段的访谈做好准备。收集到的项目文档主要包括:项目招投标文件(各1份)、施工图设计文件(1套)、设计补充文件(1份)、项目施工组织设计(1份)、项目总体工作计划(1份)、工程联系单(73份)、监理通知单(48份)、工程例会会议纪要(61份)、施工月报(9份)和工程咨询管理单位函(25份)。通过阅读项目文档,将项目分解为19项工作(图4.5),对影响该项目的进度因素、出现的工程质量问题、工程变更和人员分配情况做到心中有数。

2. 访谈

访谈目的有三个:一是为了通过与访谈对象的交流与沟通,使其了解模型目的和模型中主要的因果关系回路,以了解本次访谈背景;二是希望通过被访者根据其工程经验和对本项目实际情况的了解,回答预先设计的启发式问题,以获得与模型参数直接相关的信息;三是获知影响本项目进展的主要因素,找出模型行为与真实系统行为可能存在差异的原因。

由于模型参数涉及的范围较广,既有与项目各项工作内容直接相关的数据,也有与项目管理有关的数据,为了增强信息获取的完备性,访谈对象涵盖了项目各参与方不同角色的参与人员,包括:工程咨询管理单位项目经理(1人)、总工程师(2人)、项目经理助理(1人)、项目计划工程师(1人)和专业工程师(2人),施工单位项目经理(1人)、施工员(2人),监理方总监(1人)和监理工程师(2人),设计方工程师(2人),共计15人。所有被访者均直接参与了本项目的实施,大部分具有丰富的类似项目工作经验。

为提高访谈的效率和有效性,根据收集项目文档阶段对项目的了解和模型目的,制定了表4.6所列的访谈提纲。问题1~9均与项目每项工作的特征直接相关,问题10~12与项目管理中的劳动力分配、进度控制策略的选择相关,每个启发式问题都与模型参数相对应。

模型参数估计访谈提纲 表4.6

一、确定与工作时间依赖关系相关的参数和表函数	
1	工作两两之间的依赖关系是什么?FS、SS、SF还是FF?时间间隔分别是多少?(确定"工作依赖关系")
2	在不考虑其他工作的制约下,该项工作开始后工作面是如何展开的?是顺序执行还是可以完全同步展开?通过画出工作内部依赖关系曲线来与访谈对象沟通。(确定"Table内部依赖关系")
3	该项工作开始后,与其紧前工作是否还存在时间上的制约关系。通过画出工作外部依赖关系曲线来与访谈对象沟通。(确定"Table外部依赖关系")
二、确定与工作物理依赖关系相关的参数	
4	该项工作的某些任务发生质量问题或者工程变更时,会对该项工作中已完成任务产生影响么?影响程度如何?(估计"内部敏感性")
5	若其他工作含有潜在的质量问题或者发生变更时,该项工作会受其影响么?影响程度如何?(估计"外部敏感性")
三、确定质量管理、变更管理中的模型参数	
6	该项工作常犯的质量通病是什么?出现质量问题的概率有多大?(估计"平均质量")
7	该项工作中常出现的质量问题通常是如何处理的?返工、修补还是可能通过变更的方式解决。(估计"重新处理比例")
8	该项工作发生变更的可能性有多少?无论是业主方提出还是施工条件和施工工艺的变更?(估计"工作稳定性")
四、确定资源管理中的模型参数	
9	该项工作用到哪些新的施工工艺、施工方法和施工材料?项目团队有相关经验么?(估计每项工作的"经验水平")
10	工作开始时,分配的劳动力人数占项目所需劳动力人数的比例是多少?(估计"劳动力初始分配率")
11	工作中存在资源投入不足的情况么?为了加快进度计划与控制者会选择适当增加人数还是让工人加班工作?(估计管理策略"调整劳动力意愿"和"采取加班策略的意愿")
12	从发现劳动力缺口到雇佣到新的劳动力大概需要多少时间?(估计"劳动力调整时间")
五、找出模型行为与真实系统行为可能存在差异的分析	
13	本项目中影响生产效率、工程进度和工程质量的因素有哪些?(帮助找出模型结构和真实系统中存在的异同)

访谈集中在 2009 年 11 月 16～29 日进行。访谈中提出的问题大部分属于非结构化或半结构化问题，被访者给出的答案较为开放，有些甚至没有直接回答，而是给出了相应的实际案例，因此无法将访谈结果直接作为模型的参数估计值。笔者对访谈作了详细记录，以此将作为模型参数估计的一手资料。

3. 数据分析与确定模型参数

数据分析主要是笔者对收集的项目文档和访谈记录进行分析和总结，初步确定模型参数。由于参数估计是模型仿真模拟的基础，直接影响了仿真结果。因此，为了增加参数估计的可靠性，笔者在一次项目例会上就初步估计的参数值与被访者再次进行了讨论，最后大家对项目参数估计达成了一致意见。主要的模型输入参数估计值见表 4.7 所列。

某道路工程 SD 模型主要参数估计　　　　　表 4.7

序号	工作名称	计划工期（天）	紧前关系	工作稳定性	平均质量	内部敏感性	经验水平
1	设计工作	90		差	一般	敏感	一般
2	施工准备	30	1FS	好	好	不敏感	好
3	交通疏解工程（辅道）	60	2FS0	差	一般	不敏感	一般
4	市政路道路开挖	30	3FS10	较差	一般	不敏感	一般
5	路面基层施工	30	4SS10	一般	一般	不敏感	一般
6	道路路面面层施工	30	5SS10	一般	一般	不敏感	一般
7	给水排水管道	90	6FS0	较差	一般	一般	一般
8	燃气工程	90	6FS0	一般	一般	一般	一般
9	通信工程	90	6FS0	较差	一般	一般	一般
10	电力工程	90	6FS0	一般	一般	一般	一般
11	桩基工程	150	3SS30	较差	一般	敏感	一般
12	承台工程	120	11SS85	好	较差	一般	一般
13	墩柱施工	120	12SS30	好	较差	一般	一般
14	盖梁施工	130	13SS20	好	较差	一般	一般
15	箱梁预制场建设	30	14SS20	好	好	不敏感	一般
16	箱梁预制和安装	160	15FS0	好	较差	敏感	一般
17	桥面铺装	170	16SS40	一般	较差	不敏感	差
18	桥面附属工程	160	17SS20	一般	好	不敏感	一般
19	现场清理	10	18FS0	好	好	不敏感	好

下面结合项目的实际情况对表 4.7 中重要的工作参数估计值进行说明：

(1) 交通疏解工程"工作稳定性"估计

本项目的交通疏解工程包括辅道 6 和辅道 7 的建设。通过对项目招标文件、施工合同和设计文件的研读以及对施工现场的调查，交通疏解工程由于以下原因可能存在潜在的工程变更：

1) 招标文件和施工合同中提到，本合同段从兴海大道设计起点（垭口处）往设计终点方向 200m 处的道路左侧（大南山脚下）将修建地铁二号线。项目开工前，地铁施工单位已进场施工，施工围墙侵占了施工红线范围，将会对交通疏解工程的辅道 7 施工产生影响。

2) 兴海路东侧有一排洪箱涵，位于辅道 7 的设计行车道下，将会对其施工产生影响。

3) 施工单位在对施工现场范围内原有地下管线和构造物进行调查和测算的过程中，在合同段内垭口至松湖路口段发现了地下浆砌片石排洪渠。该浆砌片石排洪渠位位于现有市政路人行道下，长度 780m，顶板结构为钢筋混凝土连续结构盖板，标高 17.7~18.9m，其上直接铺设人行道砖。辅道 7 地面设计高程在 17.2~18.7m 之间，且需顺接现有市政路路面。施工过程中辅道 7 范围内原人行道需向下降 0.6~1.0m 左右，而排洪渠结构顶面部位已经比辅道 7 路面高出 300mm 以上，因此，将会严重影响辅道 7 的施工。

4) 平南铁路铁轨与本合同段兴海大道西侧松湖路口段的辅道 6 间距逐渐靠近直至重合（重合段长约 150m），将会影响辅道 6 的施工。

5) 松湖路口处巴士集团宿舍楼后有一段约 6m 的挡土墙与辅道 7 冲突。

综合考虑上述各种因素对交通疏解工程辅道施工的影响，其可能存在多处工程变更，"工作稳定性"较差。

（2）桩基工程"工作稳定性"估计

地铁二号线与本合同段主线有两处交叉，部分高架桥桩基桩位与地铁隧道产生冲突，将会影响桩基的施工。桩基拟采用钢筋混凝土冲孔灌注桩，其施工前，地铁二号线隧道已施工，若仍采用机械冲孔施工，将存在严重的安全隐患，甚至造成安全事故。在经设计单位中铁二院和招商局重庆交通科研设计院分析认为，桩基建成后对地铁隧道无影响，但要求交叉部分的桩基采用人工挖孔桩，此外，为避免对已建隧道的影响而采用静力爆破开挖方案。考虑地铁隧道与桩基工程存在的冲突，桩基工程"工作稳定性"较差。

（3）市政路道路开挖"工作稳定性"的估计

1) 平南铁路松湖路口段与新建的市政道路边距小于 1m，局部铁轨还处于市政道路中。

2) 经现场调查和测算，垭口至松湖路口段现有市政路人行道下的浆砌片石排洪渠将影响新建市政道路的施工。

因此，市政路道路开挖"工作稳定性"较差。

（4）给水排水管道"工作稳定性"的估计

兴海路东侧的排洪箱涵，位于交通疏解工程使用的辅道 7 的设计行车道下，将会影响地下给水排水管道的施工,其"工作稳定性"较差。

(5) 通信管线"工作稳定性"估计

新建通信管线与平南铁路松湖路口段相距1.5m,局部穿过现有铁路,因此,通信管线存在潜在变更,"工作稳定性"较差。

(6) 桩基、墩柱、盖梁和箱梁的"平均质量"估计

本项目疏港高架桥主要结构为桩基、墩柱、盖梁和箱梁,可能存在潜在的混凝土质量通病和钢筋绑扎中的质量问题。混凝土质量通病主要表现为结构表面裂缝超限、混凝土保护层厚度偏差超标、预应力孔道压浆不饱满等。钢筋绑扎中常会出现主筋间距超出规范、主筋生锈和箍筋数量不够以及钢筋偏位等问题。因此,桩基、墩柱、盖梁和箱梁预制与安装的"平均质量"水平较差。

(7) 桥面铺装"经验水平"和"平均质量"估计

本项目桥面铺装采用先进的浇筑式沥青混凝土作为铺装下层,其属于悬浮式密实型结构的沥青混凝土,细集料含量高、沥青含量高、拌合温度高,整体性好,完全不透水。浇筑式摊铺对防水层清洁干燥度和侧限挡板高度的准确性要求很高;浇筑式沥青混合料拌合温度高,搅拌时间长,对拌合楼的拌合能力和耐高温能力有很高的要求;此外,需要用专门的运输设备(国外称为cooper)并且运输设备中停留的时间不能超过1小时。可见,浇筑式沥青混凝土对施工工艺要求甚高,而施工单位从未从事过此类工序的施工,经验水平差,并可能存在质量问题。

(8) 其他参数的估计

平南铁路和深圳地铁二号线对本项目影响较大,多项工作均存在工程变更。由于变更方案涉及的单位众多,需要本项目的设计单位、业主方、施工单位和铁路局及地铁公司、地铁施工单位共同达成一致意见,因此,变更处理决策时间很长。访谈中被访者均认为变更方案的出台时间是制约工程施工进度的关键性因素之一,很多工作因等待变更方案而迟迟不能开展。根据变更通知单和工程联系单上的记录时间,将"变更处理决策延迟"估计为10天。

实际施工过程中,项目管理者采用的进度控制策略为根据需要调整劳动力人数。因此,"调整劳动力意愿"取值为1,"采取加班策略的意愿"取值为0。

以上参数的估计完全以项目的实际情况为依据,其他参数则是根据被访者的工程经验进行估计,例如部分工作对应的参数值,"质量问题处理决策延迟"(估计为3天)和"质量管理可靠性"(估计为0.8)等。

4.4.3 模型行为与项目行为分析

将估计的项目参数作为模型输入对模型进行仿真,得到的仿真结果即为模型行为。接下来对模型模拟的项目进度和劳动力人数与收集到的项目实际进度和劳动力人数相关数据进行比较,以验证模型行为有效性。项目实际进度的数据主要来源于项目

周例会会议纪要、施工月报和监理日志。

图4.7显示了项目CPM初始计划下的项目进展、模型模拟进度和项目实际进度的对比情况。从图中可以看出，实际完工比例、CPM计划进展和模型模拟项目进展均为S形增长曲线。截止到2010年2月28日，实际完工比例为52.5%，模型模拟值为61.43%，而CPM计划完工比例为93.01%。可见，与CPM计划相比，基于模型的项目进展预测较好地反映了项目实际进展变化趋势。

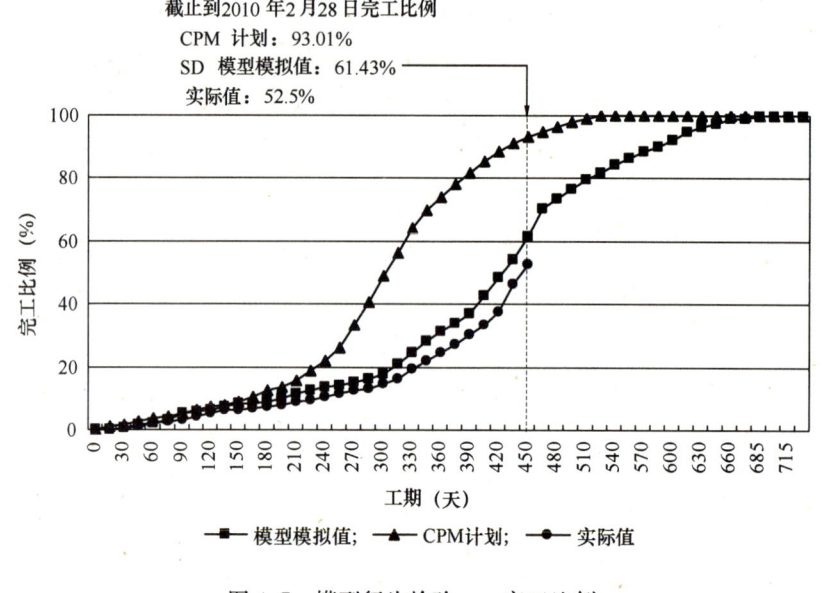

图4.7 模型行为检验——完工比例

图4.8显示了项目CPM方法的计划劳动力人数、模型模拟劳动力人数和项目实际用工数量的对比情况。从图中可以看出，模型较好地模拟出了项目实际的用工数量，与实际用工人数有相同的变化趋势。

然而，尽管与CPM计划方法相比，模型行为与项目实际行为的拟合度大幅提高，但仍存在一定偏差，产生偏差的原因主要有以下两个方面：

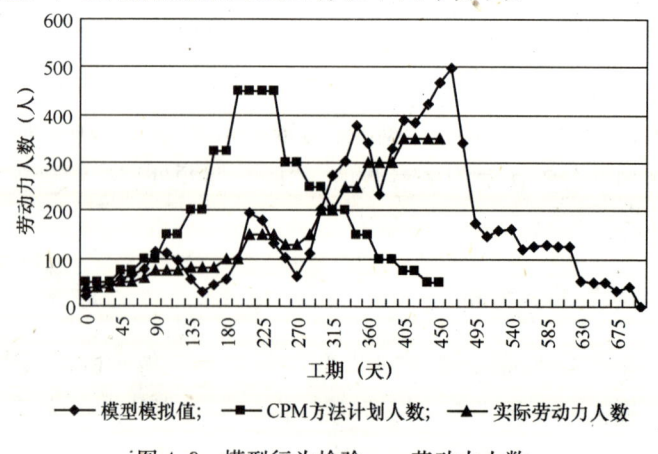

图4.8 模型行为检验——劳动力人数

一是模型结构并非完美无缺。尽管 4.2 和 4.3 节根据模型检验理论对模型结构的有效性做了检验,但模型中的变量关系不可能完全地反映客观现实,只是通过严密地逻辑分析和以科学的理论方法为指导尽量使其与现实吻合。此外,模型中的参数估计也存在偏差。模型模拟了项目的 19 项工作,需根据每项工作的特征对与其相应的参数进行估计。虽然参数的估计过程尽量做到完备,但参数值是在项目开始前通过定性分析确定的估计值,难以做到与真实情况完全一致。

二是被模拟项目具有特殊的外在影响进度因素。模型的目的是为了给工程项目在实施阶段提供一个辅助管理者科学计划和选择进度控制策略的工具,以期适用于任何工程项目。因此,模型结构中主要考虑了诸如工程质量、工程变更、决策延迟、进度压力、资源分配和人员的经验水平等普遍存在于所有项目当中的对项目进展产生影响的因素。而对于本项目而言,仍存在以下几个外在的影响项目进展的特殊因素:

(1) 设计方案中将本项目临近正在施工的小南山隧道规划为本项目交通疏解道路,因此,该隧道的竣工通车是该项目部分工程开工的前提条件,但又不属于施工单位可控制的范围。而小南山隧道的工程进度顺延,竣工时间不明确,影响了本项目部分工作的开展。

(2) 兴海大道路灯高压电缆沿兴海大道埋地敷设,对项目部分桩基和承台的施工造成了影响。因此,高压电缆的拆迁工作制约了工程进度。

(3) 深圳西部港区疏解道路交通压力较大,在施工合同中,施工单位承诺始终以不影响和少影响深圳西部港区港口经营为原则。在码头装运高峰期,桩基工程有停工以保障港口车辆运行。

这里需说明的是,模型应用是不断循环反复的过程,随着项目不断推进,根据实际进展情况对模型参数予以校正可以不断消除模型行为与项目行为偏差,不断增强模型对项目实际系统的耦合能力。

4.5 模型检验结论

本章以系统动力学模型检验理论为指导,将模型结构评价检验、参数估计检验、边界恰当性检验、量纲一致性检验、极端条件检验、灵敏度检验、积分误差检验和模型行为与真实系统行为一致性检验等系统动力学模型检验方法与模型目的和模型实际相结合,对文中构建的工程项目系统动力学模型的结构有效性和行为有效性作了全面而严格的检验。鉴于论文结构的条理性,文中将建模过程(即模型结构)和模型检验分为两章论述,而实际上模型的检验工作贯穿于建模过程的始终,循环反复交替进行,并不是一道在模型建立后一次完成的手续。正如 Sterman 所说"在写第一个变量方程时,模型检验工作便已开始"[113]。通过对模型的全过程和全方位检验,模型的有效性得到了验证。后续章节将对模型的应用进行探讨。

第5章 基于系统动力学模型的工程进度控制决策分析

本章将利用系统结构和功能相结合的方法，以某道路工程为实验项目，分析并行建设、劳动力分配策略、调整进度目标和调整时间延迟四类工程实践中常用的进度控制策略对项目绩效的影响机理，并为实验项目提供进度控制综合策略和进度计划优化方案。为利于模型仿真试验中仿真结果的理解和确立仿真结果的比较基准，首先分析了模型在特定场景下项目进展、新增工作任务、劳动力人数和生产效率的动态行为。然后通过策略参数的敏感性分析分别讨论了每类进度控制策略对项目绩效的影响，即以 SD 模型为实验室，通过改变策略参数进行多次仿真试验，得到了模型项目工期、劳动力资源和项目新增范围的仿真结果，并以系统动力学中系统内部的动态结构和反馈机制决定系统行为的理论以及主导动态结构作用原理为指导，应用系统流图和反馈回路对模型仿真结果进行机理分析和评价。最后根据以上分析结论从项目进度绩效出发提出了实验项目的进度控制综合策略和进度计划的优化方案。

5.1 模型的特定场景仿真结果分析

本节将对实验项目设计与施工阶段顺序执行、采取灵活的劳动力人数调整策略、变更处理决策时间为 10 天、质量问题处理时间为 3 天、进度目标调整时间为 15 天、增加劳动力时间为 30 天和减少劳动力时间为 7 天的特定场景（下文简称 Base－case）进行模拟，仿真结果将作为下文分析系统各要素对项目绩效影响的比较基准。下面将对 Base-case 下模型对实验项目在项目工作进展、工作范围、劳动力人数和生产效率几方面的仿真结果进行分析。

模拟的项目工期为 687 天，比基于 CPM 的计划工期多出 177 天。究其原因在于在 CPM 项目计划中，项目工期仅由项目各项工作的持续时间和各项工作之间的紧前紧后依赖时间关系决定，而模型模拟的项目工期除包含 CPM 计划表达的含义外，还依据项目的各项工作特征，考虑了项目实施过程中工程变更、工程质量问题引起的工作任务多种非增值循环而带来的工作任务的增加、变更和质量问题的决策延迟、劳动力人数调整周期、生产效率和工作质量的动态变化等多种影响进度的现实因素，因而仿真结果更贴近于实际情况。

图 5.1 显示了项目部分工作进展情况。与 CPM 计划表达的任务匀速执行的含义不同［可参见图 4.3（b）］，由于每项工作在执行过程中生产效率和劳动力数量不断变

化，工作的进展速度也一直处于不断地变化之中。此外，每项工作的开始时间实质上依赖于其紧前工作的实际进展状况，而不仅是时间间隔，最后一项工作 S 的模拟完成时间即为项目的完成时间。

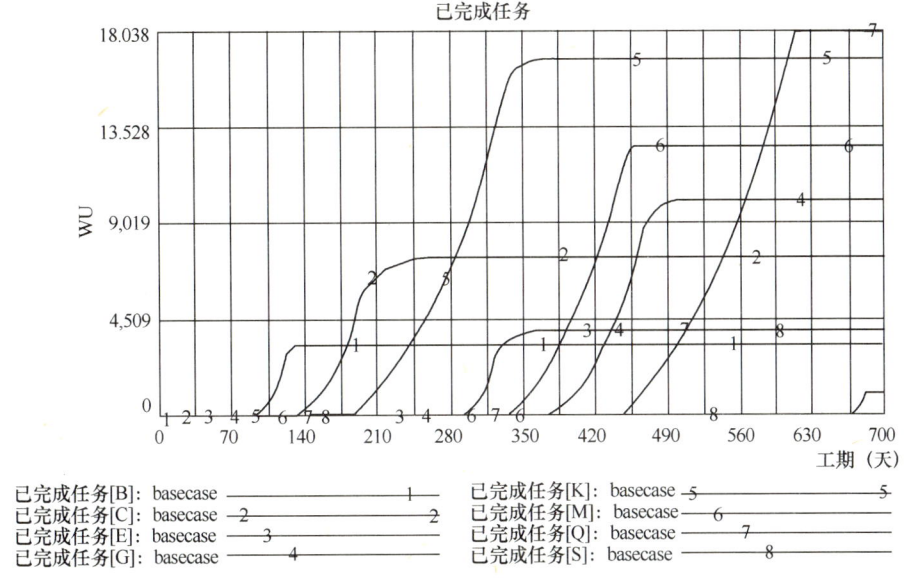

图 5.1 项目进展情况

项目实施过程中不断发生的质量问题和工程变更，产生了大量计划外的新增工作任务，如图 5.2 所示。新增加的工作任务分别由图 3.15 项目建设过程模型总体结构中的流率"要求发现的质量问题重新处理速度"和"变更引发重新处理任务产生速度"控制，均流入流量"待完成任务"中。质量问题引发的额外工作任务基本与施工高峰期同步迎来高峰值，而由于项目可能的潜在变更主要存在于交通疏解工程、市政管线工程和桩基工程中，变更产生的额外任务在项目实施中出现了三个高峰期。在实验项目中，质量问题和工程变更共产生的新增工作任务约占项目初始工作范围的 12.3%，消耗在处理这些新增任务的时间是造成项目进度拖延的重要因素之一。而 CPM 网络计划模型由于无法估计项目过程中可能增加的新任务数，使管理者在编制有效的项目进度计划、估计项目资源需求和选择有效的进度控制手段时面临很大困难。

图 5.3 为项目部分工作的劳动力人数仿真结果。由于 Base－case 中采取的是灵活的劳动力人数调整策略，即模型中的变量"调整劳动力意愿"取值为 1，模拟的实际劳动力人数也表达了各项工作需要的劳动力人数。从图中可以看出，在工作的执行过程中，需要的劳动力人数在不断地发生变化。工作开始时，由于分配的劳动力人数较少和工人生产效率较低，工作进展较慢，并产生了较大的进度压力。一方面，较慢的工作进展诱发了后续工作任务对劳动力人数的更高需求；而另一方面，在进度压力的作用下及随着工人对周围工作环境的熟悉程度和对工作的熟练程度的增加，生产效率逐渐增加，又会降低对劳动力人数的需求。在这两种因素和劳动力调整周期的共同作

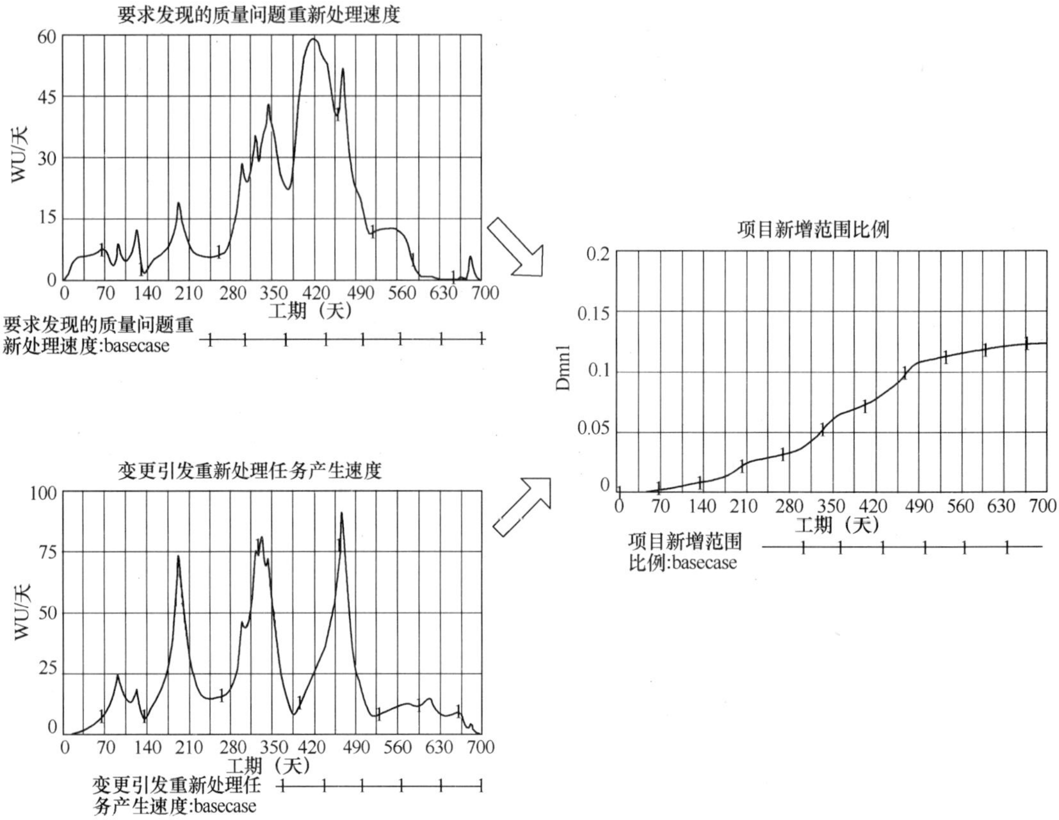

图 5.2 质量问题和工程变更引发的新增工作任务

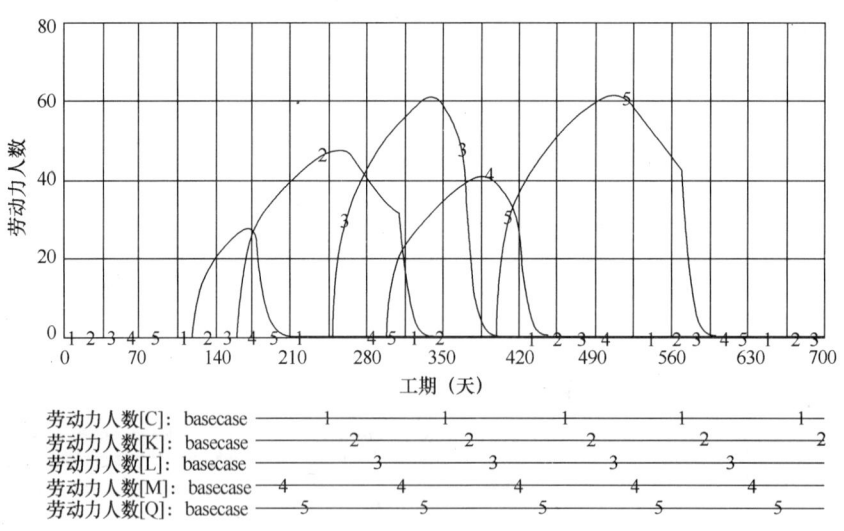

图 5.3 劳动力人数仿真结果

用下，工作需要的劳动力人数以增速不断较少的速度增加，并在某一时刻达到最大值。而随着劳动力人数增加，工作进展加快，剩余任务数减少，需要的劳动力人数又将不断下降。由此产生了图 5.3 中所示的劳动力人数的行为模式。

图5.4详细显示实验项目桥面铺装工作在执行中生产效率及相关影响因素的动态变化情况,其开始时间为第400天,结束时间为第570天。模型中,实际生产效率是进度压力、学习效应对生产效率影响因子、工人疲劳程度对生产效率影响因子和平均生产效率的函数,图5.4中加粗的曲线2即为在各种因素共同作用下的生产效率曲线。曲线3显示了进度压力的变化情况。S形曲线4为学习效应对生产效率影响因子曲线,学习效应对生产效率的影响体现在随着工作不断开展经验水平不断提高,对生产效率产生了正面的影响。Base-case中没有采取工人加班策略,工人并未产生疲劳感,因此工人疲劳程度对生产效率没有产生影响,如曲线5所示。实验项目的桥面铺装工作采用先进的浇筑式沥青混凝土作为铺装下层,施工工艺要求甚高,而施工单位没有从事过此类工序的施工经验,因而在工作的开始阶段,经验水平较低。此外,工作开始时尚无进度压力,因此生产效率较低。较低的生产效率和较少的劳动力人数使得工作进展缓慢,促使进度压力不断增加。增加的进度压力和经验水平均使得生产效率不断提高。当增加了劳动力和生产效率提高后,工作进展加快,进度压力又呈现出下降趋势,而与此同时经验水平对生产效率的影响仍是持续增加的。起初,进度压力的下降对生产效率的影响略大于经验水平的增加对生产效率的影响,使得生产效率略有下降;随后由于进度压力的降速趋缓,经验水平的增长速度加快,使得后者对生产效率的影响大于前者,因而生产效率又将继续增加,之后经验水平的增加对生产效率的影响一直起到主导作用,直至桥面铺装工作结束(第570天)。可见,在项目工作的开展过程中,生产效率受到多种因素的综合作用而不断地发生着变化。

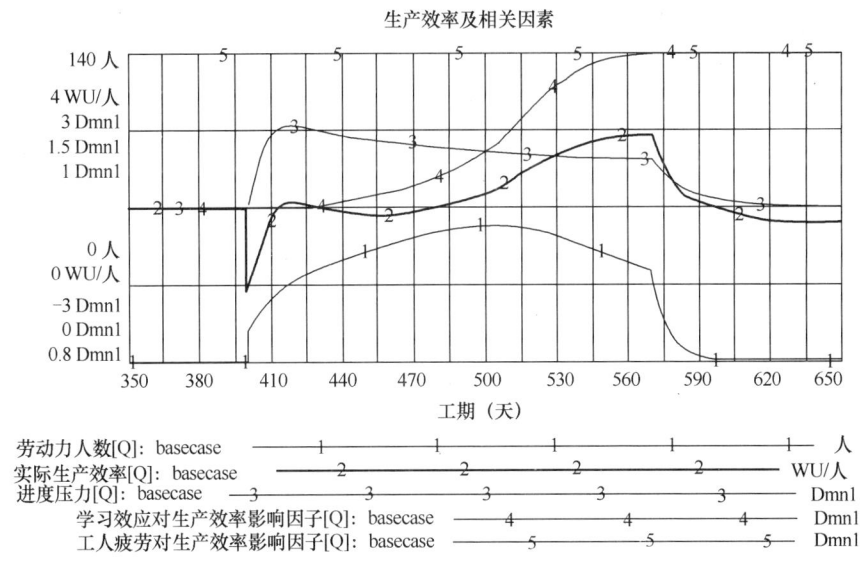

图5.4 桥面铺装工作生产效率及相关因素

上述讨论了模型在Base-case中的项目工作进展、质量问题和工程变更引发的工作范围增加、劳动力人数和实际生产效率几个方面的仿真结果,可以看到受到多种因素的综合影响，工程项目在实施过程中表现出了极强的动态性和复杂性，而这些是难以通过传统的项目管理工具和脑力模型加以分析和判断的。

5.2 并行建设对项目绩效的影响

5.2.1 并行建设的内涵

20世纪70年代，受到政治和经济环境的影响以及项目复杂性的不断提高，项目的建设周期大幅延长，投资大幅增加。为了适应不断变化的环境、满足业主的要求并提高投资效益，业内开始寻求新的更快更经济的建设模式。鉴于并行工程（Concurrent Engineering）的生产方法在制造业取得的成功，CE思想在建筑业中的应用受到了广泛关注。欧洲大型科研项目ESPRIT对此展开了为期三年的研究，第一次系统化地提出了"并行建设（Concurrent Construction）"的概念，并将其定义为"在建设项目全寿命周期过程中采用集成化方法对所有活动进行规划和执行"[168]。Evbuomwan和Anumba[169]的研究将上述定义中的"集成化方法"归纳为生产方式、组织模式和信息技术应用上采取的措施。Park[170]从建设生产方式的角度将并行建设定义为施工过程本身的并行开展和设计与施工的并行进行。尽管组织模式的改进和信息技术的应用是并行建设成功实施的基础条件，但由于其不是本书研究的重点，这里主要对并行建设采取的生产方式予以阐释。

传统的建设生产方式具有线形、异步的特点，设计、采购、施工、交付都严格地按顺序进行，一个阶段没有完成之前下一个阶段就不会开始。在并行建设中，工程项目的设计和施工等建设阶段、各阶段的建设活动尽可能并行化，以满足大幅缩短工期提早获得投资效益的要求。图5.5是以横道图的形式比较了传统的建设过程与并行化的建设过程。在并行建设应用的生产方式中，快速路径法（Fast Track）应用得较为广泛[171]，它起源于北美建筑市场，是在CM（Construction Management）模式下采用的生产组织方式。美国项目管理协会PMI[172]将快速路经法定义为：以并行的方式开始或者实施项目，通常伴随着设计与施工活动的并行。5.2.3节中将应用工程项目的SD模型讨论设计与施工并行的策略选择。

5.2.2 并行建设中的反馈回路分析

并行建设的根本目的是为了加快项目建设进度，尽早获得项目的投资效益。而在实际的应用中，其却导致了额外成本的增加并且不一定能够达到缩短项目工期的目的。George[173]指出，建设生产方式的改变意味着要承担更大的风险和不确定性。下面将通过对并行建设中反馈回路的识别来分析并行建设负效应的产生机理。

图5.6为存在于工程项目并行建设中的反馈回路，其中加粗的箭线表示的是设计

第5章 基于系统动力学模型的工程进度控制决策分析

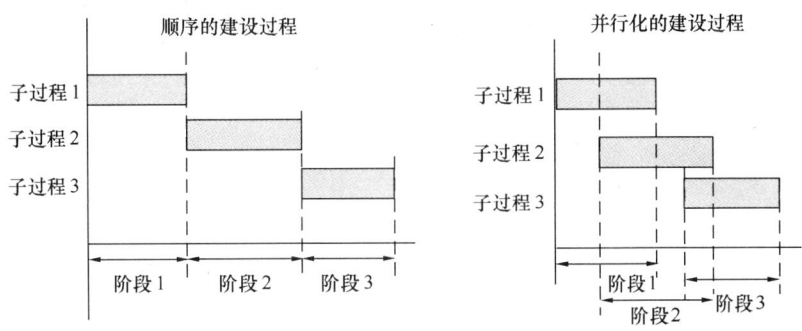

图 5.5 并行化建设过程与传统建设过程的比较

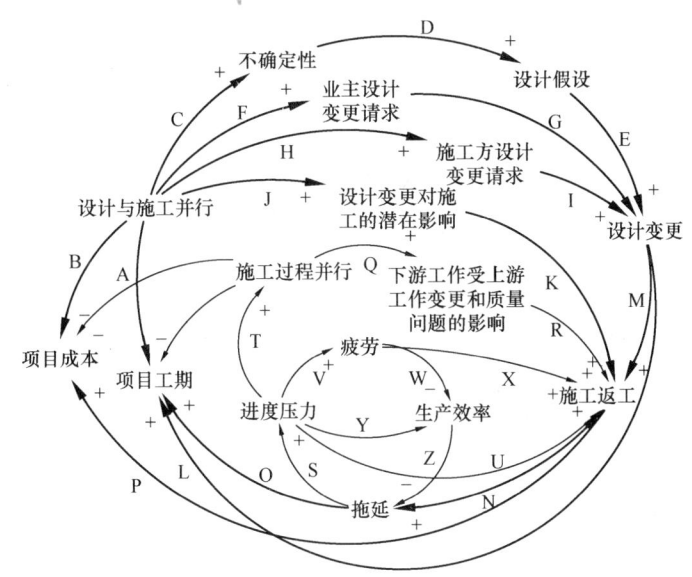

图 5.6 并行建设反馈回路图（基于 Pena-Mora[62]）

与施工并行可能触发的反馈回路。若对项目进行合理计划和有效管理，设计与施工并行可以缩短项目工期（链 A），尽早获得投资效益从而降低项目总成本（链 B）。然而由于多种原因其又可能延长项目工期和增加项目成本，对项目目标的实现产生负效应。一方面，设计工作常需要在信息不准确和不完备的条件下向前推进，设计过程中增加的不确定性（链 C）使得设计中的假设增多[174]（链 D），降低了设计质量，从而导致了设计变更的频繁发生（链 E）。另一方面，由于业主方需求不明确，与传统的项目设计和施工串行的交付方式相比，业主方的设计变更请求增多（链 F）。此外，在时间约束和不确定性增强的情况下，施工方的设计变更请求也相应增多（链 H）。链 F 和链 H 均会增加设计变更发生的频率（链 G、I）。设计变更频繁发生，一方面设计工作自身的返工任务增多，推迟了设计进度，使得后续施工推迟乃至整个项目的工期推后（链 L）；另一方面设计变更干扰了施工阶段任务的正常进行，返工任务增多（链 M）。而伴随着设计与施工的并行，设计阶段的变更对施工的潜在影响增加（链 J），因为在设计与施工串行的项目交付方式中，设计阶段的变更发生于施工尚未开始前，不

91

会对施工造成影响,而设计与施工并行后,设计变更可能会导致已经开始施工的工序返工(链K)。施工阶段返工增多,不仅推迟了整个项目的工期(链N-O),还增加了项目成本(链P)。

图5.6中,未加粗的箭线描绘了施工过程并行产生的反馈回路。施工过程并行在缩短项目工期(链L)和降低项目成本(链P)的同时,同样会产生负效应。施工并行增多,增强了上游工作对下游工作的"波及效应"(链Q),已开始的下游工作受上游工作变更和质量问题影响而返工的情况增多(链R)。施工阶段返工造成的项目拖延产生了进度压力(链S),进度压力下又可能进一步地促使施工过程并行(链T)以加快进度,而构成了正反馈回路Q-R-N-S-T-Q。此外,进度压力对施工阶段的生产效率和施工质量均会产生影响,形成正反馈回路V-W-Z-S-V和V-X-N-S-V。正反馈机制使施工过程并行对项目工期和成本产生的负效应不断增强。

通过上述分析可知,并行建设增强了项目建设过程的不确定性,质量问题、设计变更增多,它们进一步触发了项目系统内的正反馈回路,从而对项目绩效产生了负效应。

5.2.3 设计与施工并行的策略选择

并行建设一方面能缩短项目工期,使项目尽早获得投资效应,而另一方面又会给项目的进度和成本产生负面影响。那么,到底影响程度如何?如何找到一个均衡点使得并行建设对项目的正面影响最大?下面将应用本书建立的工程项目SD模型重点分析设计与施工并行的策略选择,即应用模型模拟实验项目在不同的设计与施工并行程度下的表现,通过对仿真结果的分析,制定适合实验项目的设计与施工并行策略。

在Base-case(设计与施工串行,即并行程度0%)的基础上,仅通过改变设计与施工阶段的并行程度即改变模型中的设计与施工准备工作的外部SS依赖关系表函数即变量"Table外部SS依赖关系"(施工阶段其他工作的外部依赖关系不变),而保持其他项目参数不变,设置并行程度分别为25%、50%、75%和100%四种模拟场景。通过观察5种场景下模型项目工期、设计变更、施工返工和劳动力资源的模拟值发现项目在并行程度为25%和50%时的模拟值变化幅度很大,为获得较为准确的并行策略,又增加了并行程度为35%时的场景。不同并行程度下实验项目在项目工期、设计变更、施工返工和劳动力资源四方面的仿真结果见表5.1所列。其中"偏差(%)"的计算公式为$(case(i)-case(1))/case(1) \cdot 100$,$i$为对应的不同模拟场景。设计变更和施工返工用一般意义上的工作单元(WU)度量,劳动力资源为项目的累计工日,单位为"人天"。

表5.1中项目工期的"并行期望值"为完全不考虑设计与施工并行给项目带来的负效应时的理想工期,而项目工期的"实际模拟值"则为考虑了并行给项目带来的正面和负面影响后的项目工期实际值。当并行50%时,期望工期比并行0%时的期望工

期缩短6.84%，而模拟的实际工期则仅缩短了3.06%；并行100%时，期望工期比并行0%时的工期缩短13.39%，而模拟的实际工期则仅缩短了5.39%。图5.7为采取设计与施工并行策略后的实际缩短工期与期望缩短工期的对比图，从图中可以直观地看出两者存在的差距，而两者之差则是设计与施工并行在工期方面表现出的负面影响。

设计与施工并行对项目绩效影响　　　　　　　　　　表5.1

CASES	并行程度	项目工期				设计变更		施工返工		劳动力资源	
		实际模拟值		并行期望值		数值(WU)	偏差(%)	数值(WU)	偏差(%)	数值(人天)	偏差(%)
		数值(天)	偏差(%)	数值(天)	偏差(%)						
case1	并行0%	687	0.00	687	0.00	1626	0.00	15402	0.00	116867	0.00
case2	并行25%	677	−1.46	662	−3.64	1705	4.86	15505	0.67	117160	0.25
case3	并行35%	672	−2.18	653	−4.95	1792	10.21	15605	1.32	117554	0.59
case4	并行50%	666	−3.06	640	−6.84	2000	23.00	15822	2.73	118141	1.09
case5	并行75%	657	−4.37	617	−10.19	2142	31.73	16211	5.25	118912	1.75
case6	并行100	650	−5.39	595	−13.39	2392	47.11	16543	7.41	119321	2.10

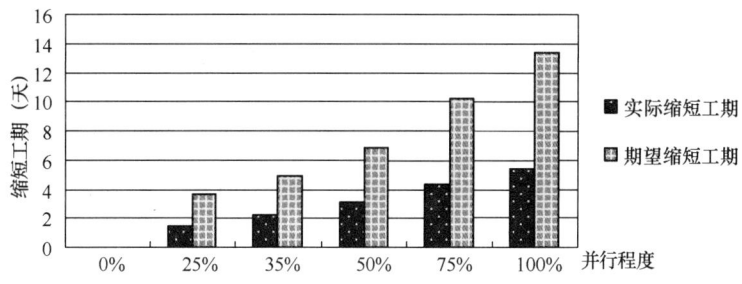

图5.7　设计施工并行实际缩短工期与期望缩短工期对比

另一方面，从表5.1中可以看出，随着并行程度地不断提高，项目设计变更、施工返工和劳动力资源的需求量在不断地增加。并行25%时，设计变更增加了4.86%，施工返工增加了0.67%，劳动力资源增加了0.25%。而并行75%时，设计变更增加了31.73%，施工返工增加了5.52%，劳动力资源增加了1.75%。其中，增幅最大的为设计变更，其次为施工返工。设计变更、施工返工和劳动力资源数量的增加共同反映了设计施工并行在项目成本方面表现出的负面影响。

上述仿真结果验证了图5.6中反馈回路分析的正确性，下面用项目系统动力学模型的过程模型结构来进一步揭示设计与施工并行负效应的产生原因。图5.8标识了设计与施工并行对项目建设过程的影响，其具体表现为增强了设计和施工阶段工作任务的非增值循环，增强的循环回路用实心"管道"表示。设计阶段，在条件不确定而设计假设增多的情况下，设计质量的降低增强了循环L2-L3-L4；业主方和施工方变更请求的增多增强了循环L13-L14和循环L13-L15；而由于设计任务之间存在的内部敏感性，例如当项目的建筑设计发生变更时，结构设计会受其影响，因此回路L14中流率

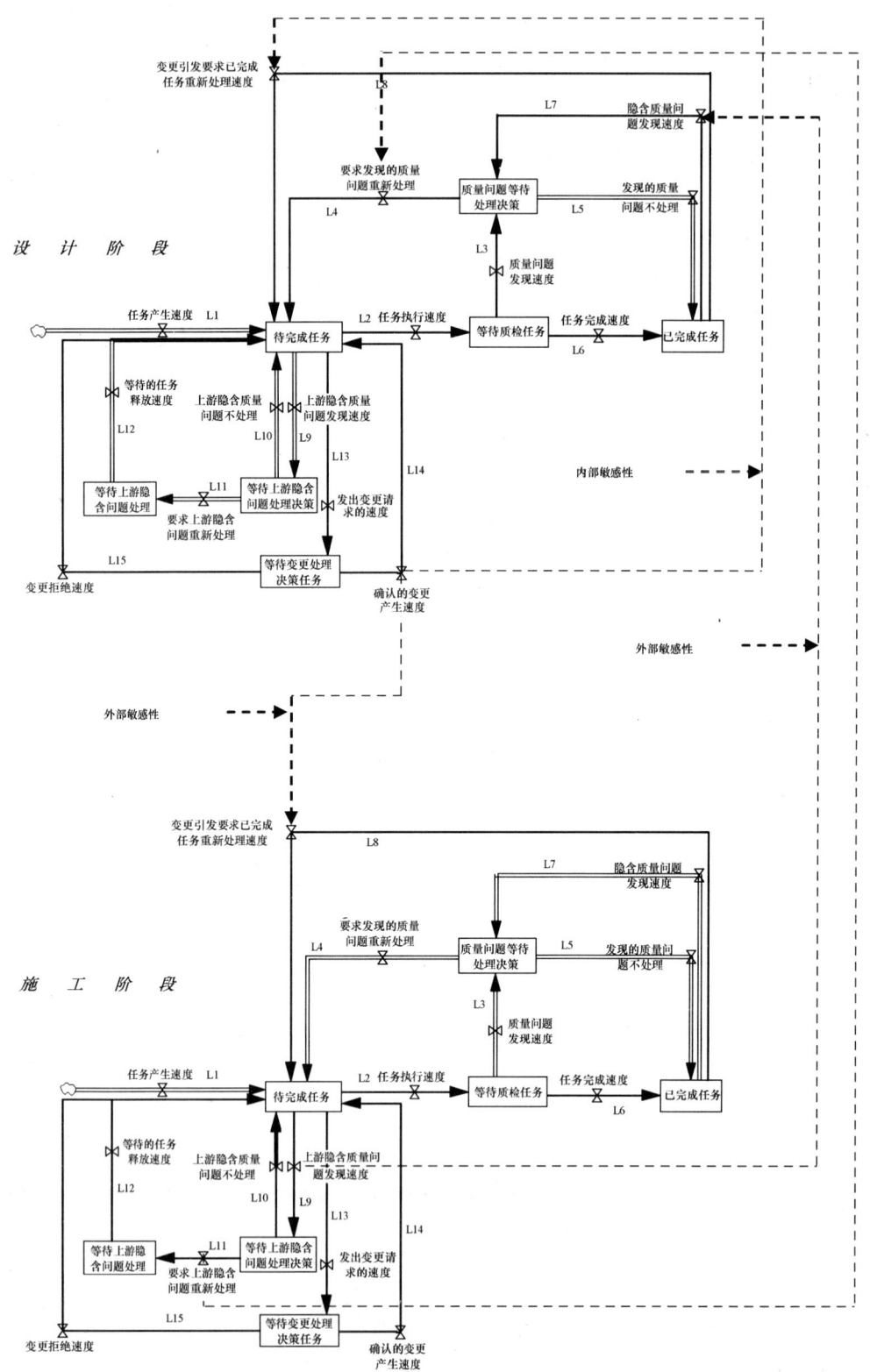

图 5.8 设计与施工并行对建设过程的影响

"确认的变更产生速度"又会引发其他已完成的设计任务的返工，即增强了循环 L2-L6-L8。由于在设计尚未结束时施工已经开始，伴随设计阶段 L14 增强的同时，对变更设计存在敏感性（模型中变量"外部敏感性"描述）的已完成的施工任务需要返工执行，即增强了施工阶段的回路 L2-L6-L8。在施工阶段，因发现了设计阶段的质量问题增强了循环 L9-L10 和 L9-L11-L12，同时增强了设计阶段的循环 L2-L6-L7-L4。施工过程中，提出的变更增多，诱发了循环 L13-L14 和 L13-L15。

通过上述的分析可知，设计与施工并行后模型仿真结果体现出的项目工期和项目成本两方面的负效应主要是因为并行增加了模型中的多种非增值循环，从而增加了项目额外工作任务、任务执行时间、任务等待决策的时间和需要的项目资源。而随着并行程度的增加，图 5.8 中的非增值循环随之增强，并行对项目的负面影响也随之增加。

在对模型仿真结果有了深刻的理解之后，下面需要通过对仿真结果的对比分析来选择适合实验项目的并行策略，即设计与施工并行程度设置为多少的时候并行对项目的正面影响最大。为便于观察并行程度对项目工期、设计变更、施工返工和劳动力资源的影响程度的变化趋势，将并行程度为 100% 时的模拟值偏差设为 1，其他不同并行程度下的模拟值偏差以其为基准进行标准化处理，标准化处理值直观地显示了设计与施工并行对项目影响程度的变化趋势，如图 5.9 所示。

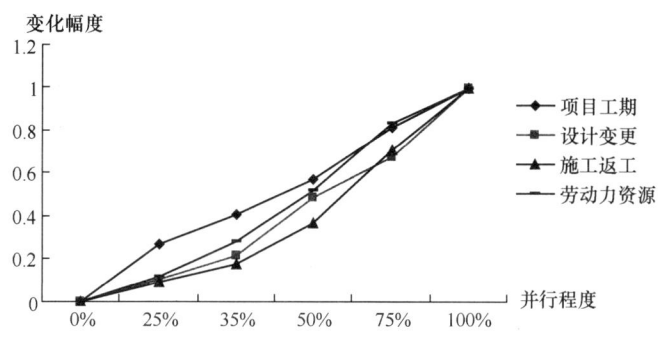

图 5.9　设计与施工并行对项目影响程度变化趋势

从图中可以看出，并行程度小于 35% 时，项目设计变更、施工返工和劳动力资源增加程度相对较小，并接近线性增长。而并行程度大于 35% 以后，项目设计变更、施工返工和劳动力资源增加程度不断地变大。并行程度小于 25% 时工期缩短的幅度最大；大于 25% 后，工期缩短幅度减小，并行对工期的正面影响变弱。因此可以得出，对于实验项目而言，将并行策略制定为设计和施工并行 25%～35% 之间即设计开始 65%～75% 后开始开展施工阶段的工作为宜，此时并行能最大化地缩短工期，并且对设计变更、施工返工和劳动力资源的负面影响最低。倘若在实际情况中，项目存在较大的工期压力而需要增加设计与施工的并行程度时，可借助于并行对项目产生的负面影响的机理分析，特别注意加强项目的组织管理，以降低并行对项目产生的负面影响。

5.3 劳动力分配策略对项目绩效的影响

项目 SD 模型中的资源管理子系统模型对调整劳动力人数和工人加班两种进度控制策略和稳定的劳动力分配策略建模,并用参数"调整劳动力人数意愿"和"采取加班策略的意愿"来表达劳动力分配策略的选择和实施程度。那么,这三种策略对项目的进度和成本的影响究竟如何?选择哪种策略能最大化地提高项目绩效?下面将通过对模型在不同场景下仿真结果的机理分析和评价来寻找答案。

设计 case2~case9 实验场景,case1 即为 base-case,case2~case8 仅改变参数"调整劳动力人数意愿"(LA)(case2~case4)和"采取加班策略的意愿"(OT)(case5~case8)。case9 表示采取稳定的劳动力分配策略,即按照项目初始计划在每项工作的执行过程(并非项目执行过程)中每天分配相等的人数,并不根据工作的实际进展情况增加人数或者加班工作,因此该场景中劳动力初始分配率为 1,LA 和 OT 均设为 0。不同场景的参数设置及对应的项目工期、项目完工时的劳动力资源和项目增加范围的仿真结果汇总于表 5.2。

劳动力分配策略对项目绩效影响　　　　　表 5.2

CASES	劳动力控制策略	项目工期		劳动力资源		项目增加范围	
		数值(天)	相对值	数值(人天)	相对值	数值(WU)	相对值
case1	100%LA	687	1.00	116867	1.00	17082	1.00
case2	75%LA	712	1.04	118149	1.01	18547	1.09
case3	50%LA	731	1.06	121638	1.04	22352	1.31
case4	25%LA	774	1.13	139137	1.19	29940	1.75
case5	100%$OT2$	726	1.06	153759	1.32	29210	1.71
case6	75%OT	732	1.07	144813	1.24	27452	1.61
case7	50%$OT2$	743	1.08	135239	1.16	26006	1.52
case8	25%$OT2$	760	1.11	132021	1.13	25249	1.48
case9	0%LA+0%OT	758	1.10	121775	1.04	26052	1.53

注:表中 LA 表示调整劳动力人数意愿,OT 表示采取加班策略。

首先分析调整劳动力人数策略对项目绩效的影响。不同的调整劳动力人数意愿下项目进展、项目累计工日和项目新增范围的仿真结果如图 5.10 所示。仿真结果显示调

第5章 基于系统动力学模型的工程进度控制决策分析

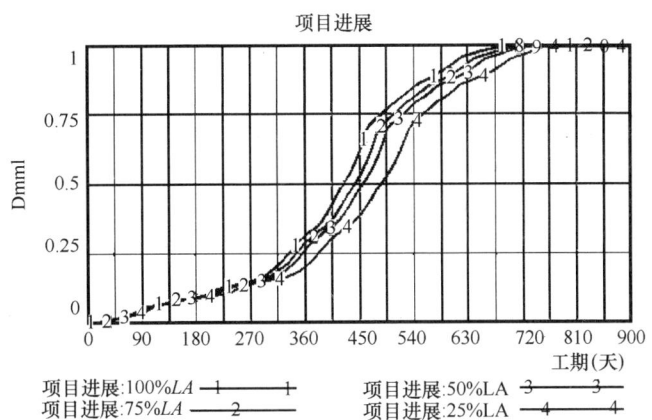

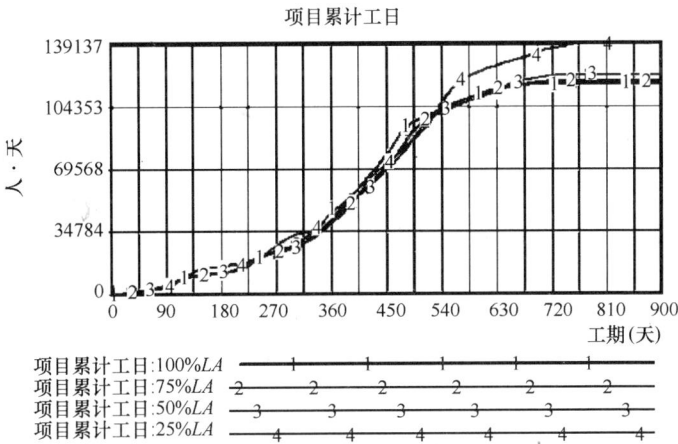

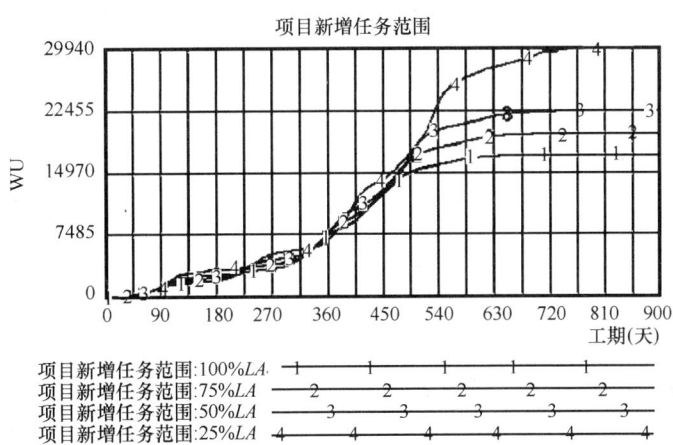

图 5.10 不同的调整劳动力人数意愿下的模型仿真结果

整劳动力人数能够加快项目进度，而随着调整劳动力人数意愿的降低，项目工期延长，劳动力工日和项目增加范围均增加。下面应用图 5.11 中的反馈回路来分析该仿真结果的产生机理。为使项目进度处于计划的轨道当中，根据进度目标调整劳动力人数应用的是项目控制中的负反馈机制，负反馈回路为 A-B-C-D-A。在与负反馈回路发生作用的同时，仍存在图中所示的正反馈回路 E-F-G-C-D-E、E-H-I-K-M-E 和 E-H-J-L-M-E。当调整劳动力人数意愿为 100% 时，负反馈回路的作用最强，正反馈回路的作用最弱，因此项目实际进度与目标进度的偏离最小，劳动力工日和项目新增范围也最少。而随着劳动力人数调整意愿的降低，因果链 N 的作用减弱，降低了负反馈回路的作用。同时，意愿降低意味着投入的劳动力资源无法满足实现进度目标的要求，因而增加了进度压力，降低了生产效率和工作质量，工作质量差带来的返工和变更也随之增加，从而增加了项目工作范围。因此可见，调整劳动力人数意愿降低，负反馈回路 A-B-C-D-A 作用减弱而正反馈回路 E-F-G-C-D-E、E-H-I-K-M-E 和 E-H-J-L-M-E 作用加强导致了项目工期延长和成本增加。

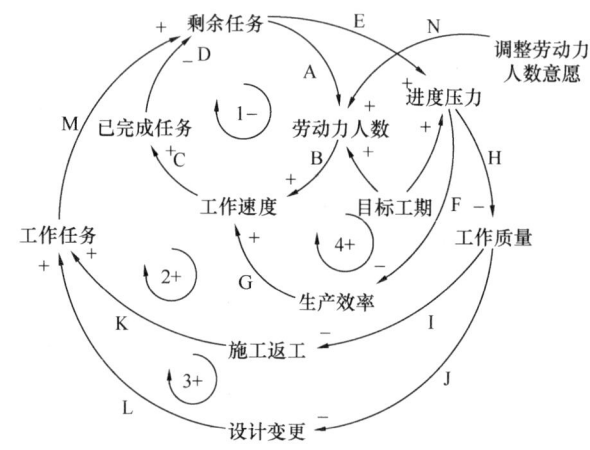

图 5.11 调整劳动力人数触发的反馈回路

上述反馈回路也解释了一种反直觉的现象，即实际情况中管理者出于降低成本的考虑，并不愿意增加劳动力人数，而仿真结果显示劳动力调整意愿降低项目总共耗用的劳动力工日是在不断增加的。特别地，仅增加需要值 25% 的劳动力时，由于正反馈回路给项目带来的负面影响最强，项目增加范围和劳动力资源的增加程度大幅提高。

接下来分析加班工作策略对项目绩效的影响。改变采取加班工作策略意愿模型的仿真结果如图 5.12 所示。仿真结果显示，加班的确能够加快项目进度，并且随着采取加班策略意愿的降低，项目工期延长，劳动力工日增加，而与降低调整劳动力人数意愿模拟结构所不同的是，项目新增范围减少。下面用图 5.13 中的反馈回路解释该结果。采取加班策略同样应用的是项目进度控制的负反馈机制，负反馈回路 1 为 A-B-C-D-A，正反馈回路 2~4 与图 5.11 中的回路 E-F-G-C-D-E、E-H-I-K-M-E 和 E-H-J-L-M-E 相同。此外，采取加班策略后，增加了工人的疲劳程度，因果链 O 发挥作用，从

第5章 基于系统动力学模型的工程进度控制决策分析

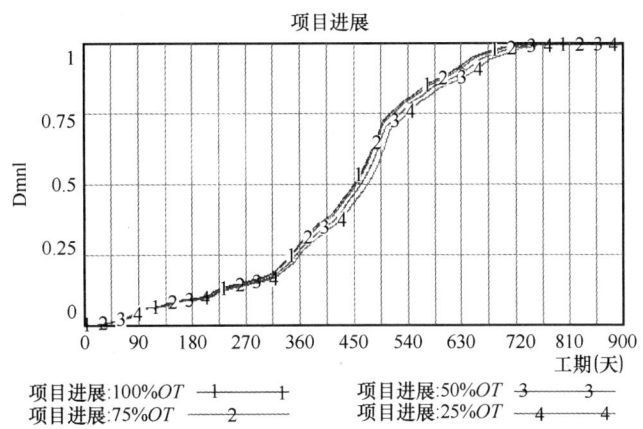

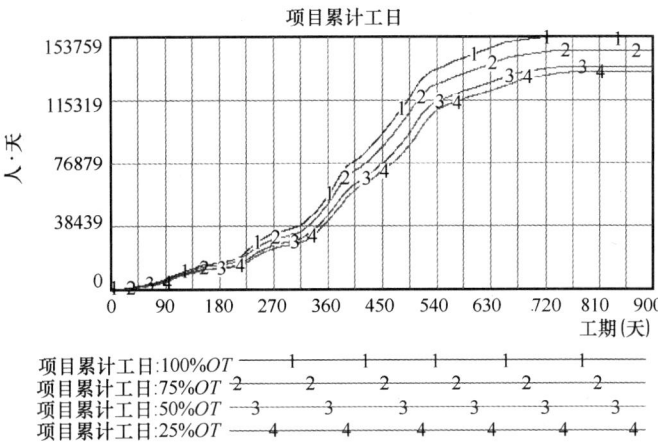

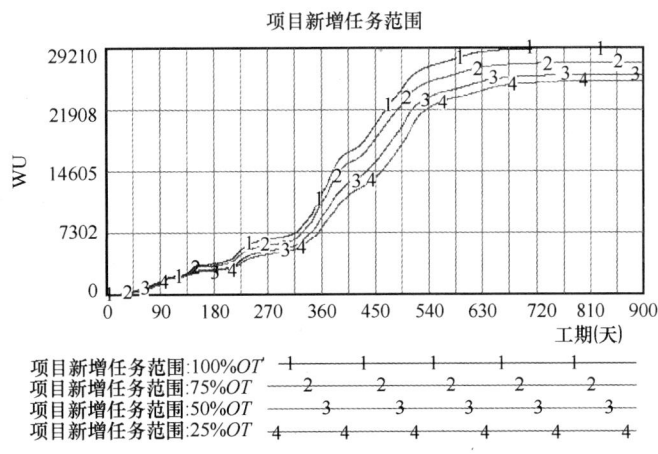

图 5.12 不同的采取加班策略意愿下的模型仿真结果

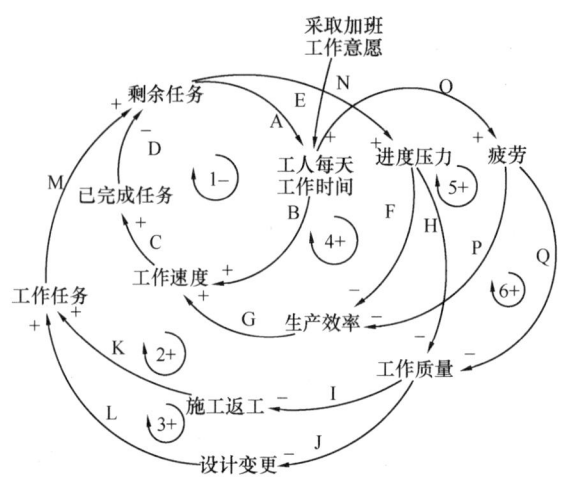

图 5.13 加班策略触发的反馈回路

而对生产效率（链 P）和工作质量（链 Q）产生了负面影响，构成了正反馈回路 5 和 6。加班工作的意愿最大时，反馈回路 1、5 和 6 的作用最强，1 的作用使得项目工期最短，而 5 和 6 的作用使得劳动力工日和项目增加范围最大。随着采取加班工作意愿的降低，回路 1、5 和 6 的作用减弱，而回路 2、3、4 的作用加强。1 作用的减弱使得项目工期延长，而 5 和 6 作用的减弱使得劳动力工日和项目范围也随之减少。尽管增强的回路 2、3 和 4 会增加劳动力工日和项目范围，但对于实验项目而言，回路 2、3 和 4 的增强小于回路 5 和 6 的减弱。因此，由于不同加班策略意愿下反馈回路作用强弱的变化，呈现出了图 5.12 的不同仿真结果。

最后，来比较分析调整劳动力人数策略、加班工作策略和稳定的劳动力分配策略对项目绩效的不同影响。为便于仿真结果的直观观察，计算仿真结果对 case1 的相对值，得到图 5.14。从图中可以看出，调整劳动力人数策略对项目绩效的改善优于加班工作策略，原因可从图 5.11 和图 5.13 反馈回路的对比中找出。加班策略比调整劳动力人数策略多触发了正反馈回路 5 和 6，即加班在对进度起控制作用的同时，负效应强于调整劳动力人数策略产生的负效应。

仅考虑项目进度绩效时，调整劳动力人数策略（case1、case2 和 case3）和加班策

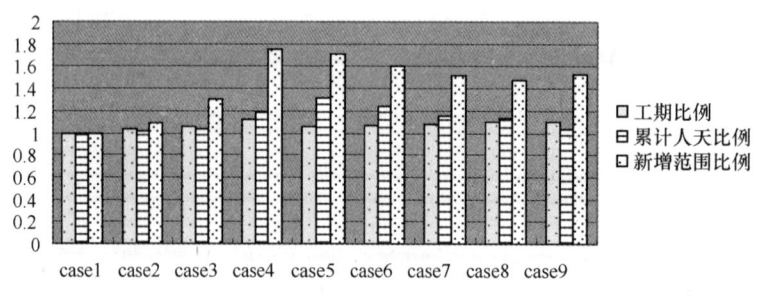

图 5.14 不同的劳动力分配策略对项目绩效影响

略（case5、case6 和 case7）优于稳定的劳动力分配策略（case9）。因为前两者应用了项目控制的负反馈机制，不断地将项目的实际进展与目标值比较，以投入满足目标要求的资源；后者却没有考虑实施过程中工程变更、工程质量以及各种时间延迟可能对项目进度的潜在影响，仅是根据项目初始进度计划制定人员安排，没有应用负反馈回路的调节机制。而当前两种策略的实施力度很弱，劳动力的初始分配率又较低（case1～case8 中设为 0.5）时，图 5.11 和 5.13 中负反馈回路作用减弱，正反馈回路作用增强，因而反而造成了 case4 和 case8 的进度落后于 case9。

在考虑项目进度和成本的综合绩效时，加班策略则不一定优于稳定的劳动力分配策略，因为尽管后者不存在负反馈控制机制，但前者会增加图 5.13 中的正反馈回路 5 和 6，给项目绩效产生了较强的负面影响。

通过上述对调整劳动力人数策略和加班策略的敏感性分析以及他们和稳定的劳动力分配策略的比较分析可得，对于实验项目而言，采取完全根据项目实际进展和进度目标的要求灵活地调整劳动力人数的劳动力分配策略能使项目工期最短，成本最低。

5.4 调整进度目标对项目绩效的影响

当项目的实际进度落后于项目的进度目标时，除了应用增加项目投入的控制机制外，对于进度目标相对灵活的项目适当地调整进度目标也是使项目处于控制之中的手段之一。本节将分析调整进度目标对项目成本和实际进度的影响。下面将应用模型对实验项目在进度目标调整周期为 15 天，"进度目标调整意愿"分别在 5%、10%、15% 和 25%（case2～case5）时的场景进行模拟，项目工期、项目完工时的劳动力资源和项目新增范围的仿真结果见表 5.3 所列，项目进展、劳动力资源和项目新增范围的动态仿真结果如图 5.15 所示。

调整进度目标对项目绩效影响　　　　　　表 5.3

CASES	目标调整意愿	项目工期		劳动力资源		项目新增范围	
		数值（天）	偏差（%）	数值（人天）	偏差（%）	数值（WU）	偏差（%）
case1	0%	687	0.00	116867	0.00	17082	0.00
case2	5%	725	5.53	114884	−1.70	16156	−5.42
case3	10%	765	11.35	113540	−2.85	15481	−9.37
case4	15%	803	16.89	112683	−3.58	14953	−12.46
case5	20%	850	23.73	111922	−4.23	14528	−14.95

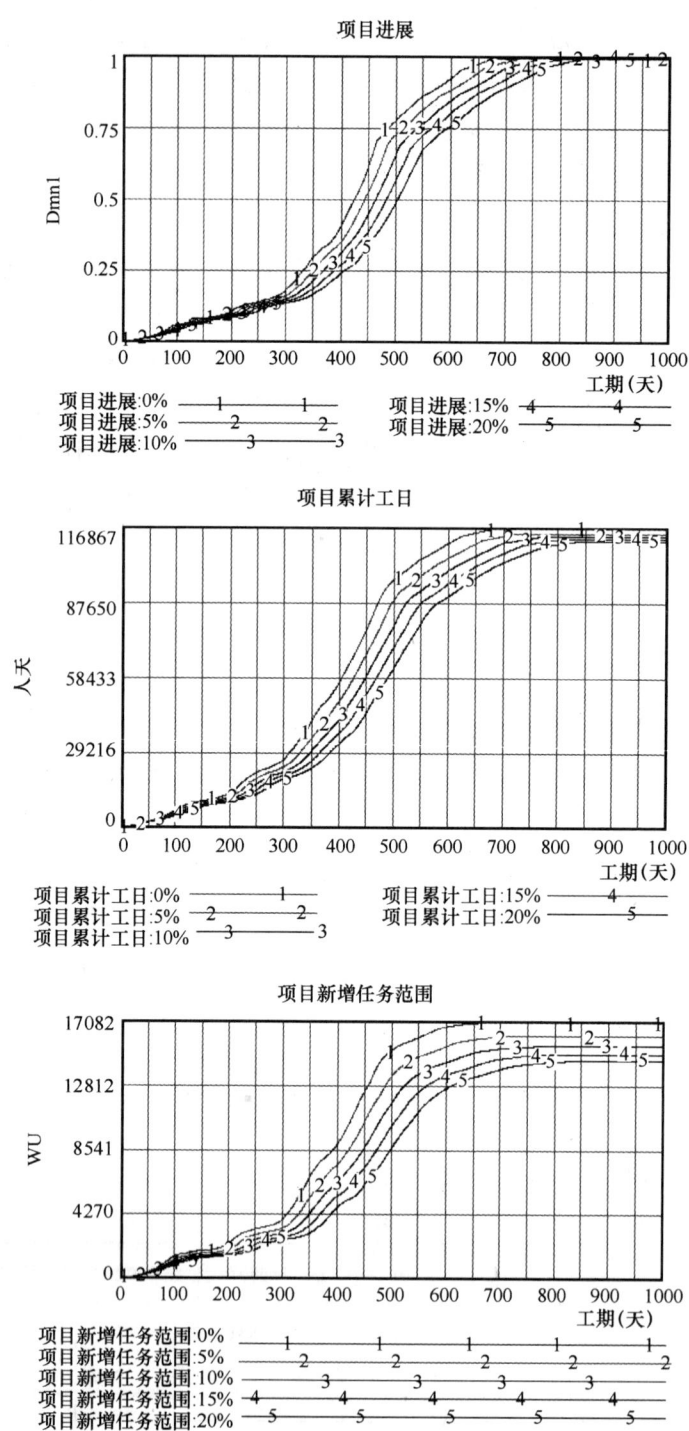

图 5.15 不同的调整进度目标意愿下的模型仿真结果

从仿真结果变化趋势可以看出，调整进度目标后，项目实际工期延长，项目耗用的劳动力资源总数减少，项目新增范围也减少。为了观察项目绩效对调整意愿的敏感性，计算不同模拟情形下的仿真结果相对 case1（base-case）的偏差值，并绘图 5.16。从图中可以看出，随着进度目标的调整程度增加，项目延期程度增加，而劳动力成本和项目新增范围的降低幅度也在增加，并且后者的衰减幅度缓于前者的增长幅度。特别地，当调整劳动力意愿为 5% 时，工期延长 5.53%，劳动力资源和项目增加范围分别降低了 1.7% 和 5.42%；当调整劳动力意愿为 20% 时，项目工期延长了 23.73%，而劳动力资源和项目增加范围分别降低了 4.23% 和 14.95%。

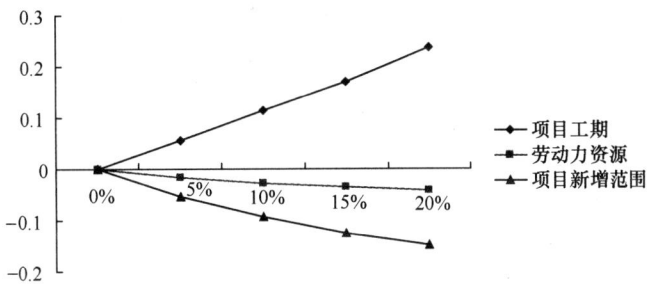

图 5.16 不同的调整进度目标意愿对项目绩效影响变化

下面用进度目标调整触发的反馈回路分析上述结果的产生机理，反馈回路如图 5.17 所示。

由于工程变更和质量问题干扰了进度按计划进行，实际进度落后于目标进度，调整进度目标即为延长目标工期。延长目标工期即延长了工作剩余时间，使得管理者减少了项目资源的投入，因而降低了任务执行速度。工作进展减慢，使工作的剩余任务增加，又增加了完成工作所需要时间，在存在目标调整的意愿下，目标工期进一步推后，由此构成了正反馈回路 B-C-D-E-F-G-H-B（记作回路 1）。剩余任务增多的同时，资源的投入也会

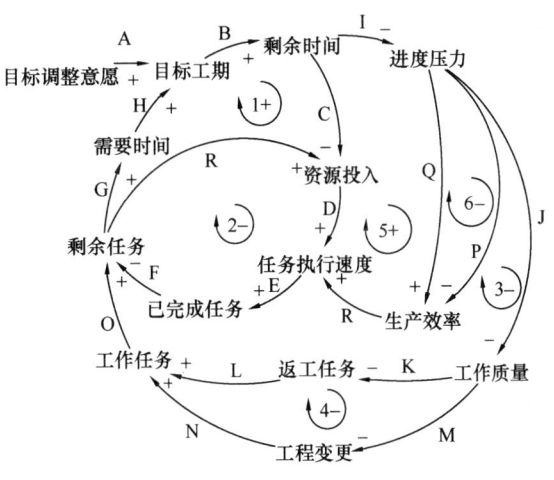

图 5.17 调整进度目标触发的反馈回路

增加，从而构成了负反馈回路 D-E-F-R（记作回路 2）。另一方面，进度目标推迟后，降低了进度压力，提高了工作质量，从而降低了因工作质量差引起返工和变更带来的工作任务增加的概率，使工作任务总数降低，剩余任务减少，降低了需要时间，由此形成了负反馈回路 B-I-J-K-L-O-G-H-B（记作回路 3）和负反馈回路 B-I-J-M-N-O-G-H-B（记作回路 4）。进度压力降低，依赖于压力强度的大小，可能降低生产效率构成正

反馈回路5，也可能提高生产效率构成负反馈回路6。

实际进度落后于目标进度时，若目标调整意愿为0即链A的作用不存在，回路2的作用使资源投入增加进而进度加快。而当链A发挥作用后，回路1部分抵消了回路2的作用使投入的劳动力资源不断减少；此外，回路5也会部分抵消2的作用减慢了项目进展。项目新增任务减少则是由回路3、4作用产生的，新增任务的减少使得项目总共投入的劳动力资源减少。因此，综合上述各种反馈回路的作用，呈现出了case2~case5的实际进度落后于case1，而投入的劳动力资源和项目新增范围少于case1的现象。

case2~case5仿真结果的不同则在于各反馈回路的作用强弱发生了变化。目标调整意愿越强，回路1和5对回路2的抵消作用越强，投入的资源也越少，项目进展越缓慢；同时，回路3、4的作用也越强，使项目增加的工作范围越少，项目总共需要的劳动力资源也越少。

从上述仿真结果成因机理的分析可知，尽管调整进度目标策略也是一种使实际进度处于计划轨道当中的控制手段，并从某种程度上降低了劳动力成本，但它会降低资源投入方面的努力，使项目进度绩效进一步恶化，项目的实际完工时间会对其表现出很强的敏感性。工程实践中，是否采取调整进度目标策略受到多种现实条件的限制，SD模型则为管理者的决策提供了定量分析的工具。

5.5 时间延迟对项目绩效的影响

除了反馈回路外，时间延迟是引起系统复杂性的又一重要原因。模型中的时间延迟包括质量问题处理决策延迟、变更处理决策延迟、劳动力增加调整时间、劳动力减少调整时间、目标调整周期和自检周期。相对于其他时间延迟而言，劳动力增加调整时间和变更处理决策延迟在项目实施过程中不确定性强，且对项目绩效影响较为复杂和显著，因此在项目管理中如何控制好这两个时间变量显得尤为重要。

设计case2~case9八种场景对项目进行模拟，其中case2~case5分别设置了不同的"劳动力增加调整时间"，case5~case9设置了不同的"变更处理决策时间"，其余的参数设置均与case1（base-case）相同，仿真结果汇总于表5.4。

时间延迟对项目绩效的影响　　　　　　　　表5.4

CASES	时间延迟（天）		项目工期		项目累计工日		项目新增范围	
	劳动力增加延迟	变更处理决策时间	数值（天）	偏差（%）	数值（人天）	偏差（%）	数值（WU）	偏差（%）
case1	30	10	687	0.00	116867	0.00	17082	0.00
case2	15	10	641	−6.70	120839	3.40	13949	−18.34
case3	7	10	617	−10.19	126772	8.48	13089	−23.38

续表

CASES	时间延迟（天）		项目工期		项目累计工日		项目新增范围	
	劳动力增加延迟	变更处理决策时间	数值（天）	偏差（%）	数值（人天）	偏差（%）	数值（WU）	偏差（%）
case4	45	10	734	6.84	117376	0.44	20990	22.88
case5	60	10	756	10.04	122670	4.97	25284	48.02
case6	30	5	653	−4.95	106405	−8.95	15727	−7.93
case7	30	2	640	−6.84	101962	−12.75	15442	−9.60
case8	30	15	724	5.39	133084	13.88	18216	6.64
case9	30	20	756	10.04	151733	29.83	18374	7.56

5.5.1 劳动力增加延迟对项目绩效的影响

根据case2～case5"项目工期"、"项目累计工日"和"项目新增范围"的仿真结果相对case1中偏差值绘于图5.18中。尽管case1～case5均采用了同一种劳动力分配策略即完全根据进度目标的需要调整劳动力资源，但由于增加劳动力的时间周期不同，项目绩效也不尽相同。那么，是不是劳动力增加的越快越及时对项目绩效的影响就越好呢？从图5.18中可以看出，随着增加劳动时间的延长，项目工期和项目新增范围单调递增，而项目累计工日的变化曲线为凸状，即存在极小值点。特别地，与case1相比，当劳动力增加延迟为7天时，项目工期和项目新增范围分别减少了10.19%和23.38%，劳动力成本增加了8.48%。而当劳动力增加延迟为60天时，项目工期和项目新增范围分别增加了10.04%和48.02%，劳动力成本也增加了4.97%，劳动力成本的极小值点恰好在劳动力增加延迟为30天时取得，而这是在设置base-case的参数时并不获知的结果。

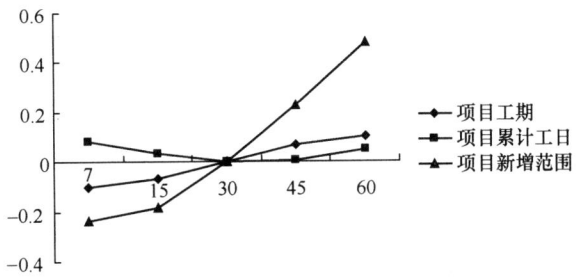

图5.18 不同的增加劳动力时间下的项目绩效

下面用图5.19所示的反馈回路分析上述仿真结果的产生机理。

首先讨论劳动力人数与项目进展的关系。任务执行速度受到工作面（模型中为变量"待完成任务"）和资源数量两方面的约束。当具备足够的工作面而资源不足时，任务执行速度由资源受限速度的大小决定（链H）；当资源充足而不具备足够的工作面时，工作任务执行速度由工作面受限速度决定（链N）。因此，项目进展并不完全由资

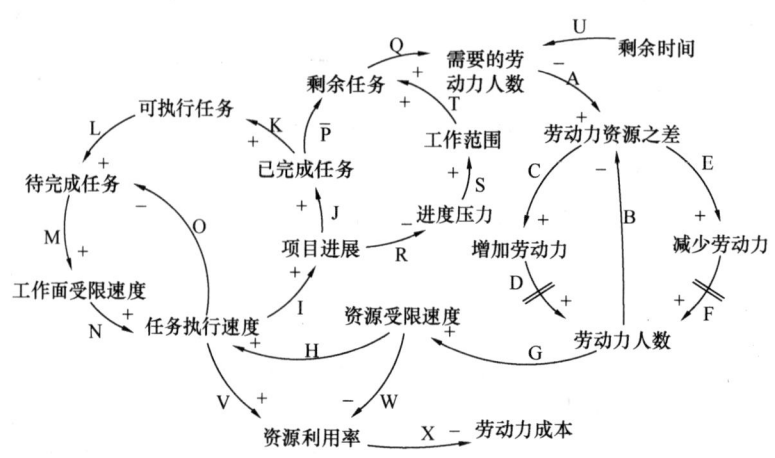

图 5.19 增加劳动力延迟对项目绩效影响的因果回路分析

源主宰,所以资源利用率是小于等于 1 的。资源利用率越高,劳动力成本越低,资源利用率越低,劳动力成本越高。

接下来分析劳动力人数增加和减少的过程。当劳动力资源不足是项目进展的瓶颈时,需要的劳动力人数大于现有的劳动力人数,需增加劳动力,此时因果链 C-D 发挥作用;而随着资源增加,项目进展加快,又会出现需要的劳动力小于现有劳动力人数的局面,因此需减少劳动力,此时因果链 E-F 发挥作用。

最后来看延迟对劳动力人数增加和减少过程的影响。模型的资源管理子系统结构中,"需要的劳动力人数"、"劳动力人数"、"劳动力增加(减少)调整时间"构成了一阶负反馈结构,"劳动力增加(减少)调整时间"为一阶指数延迟。由于时间延迟存在,使得现有的劳动力人数不可能马上与需要的劳动力人数相同,从图 5.19 一阶负反馈结构中状态变量的行为可以看出,时间延迟越小,劳动力人数的增加或减少的速度越快。

综合上述三点的分析可以得出,最理想的情况是需要增加劳动力人数时,增加劳动力时间延迟越短,项目进展越快;需要减少劳动力人数时,减少劳动力时间延迟越短使得资源利用率越高。但现实情况中时间延迟总是存在的,理想情况无法达到。工程实践中,减少劳动力时间延迟一般等于项目自检周期,模型中设为 7 天。这里讨论的是在一定的减少劳动力时间延迟下,不同的增加劳动力时间延迟对项目绩效产生的影响。通过上述的分析可以理解,随着增加劳动力时间延迟的缩短,项目工期不断提前(链 D-G-H-I)。而新增工作任务的减少则是由于进展加快降低了进度压力,从而减少了质量问题和变更的发生(链 R-S)。

项目累计工日即劳动力成本的变化则较为复杂。存在两种使劳动力成本增加的因素,一是资源利用率过低使劳动力成本增加(链 W-X),二是由于进度压力过大会使质量问题和变更引起的返工发生频率增加,使得项目新增任务增加,从而使项目耗用的劳动力资源增加(链 R-S-T-Q)。从因果链的极性可以看出,这两种因素作用的强弱此消彼长,而增加劳动力时间延迟不同使其主导作用不同。当增加劳动力时间小于 30

天时,资源很快突破了项目进展的瓶颈,过短的劳动力增加周期使得劳动力人数增加得过于激进,7 天的减少劳动力时间延迟无法及时地将多余的人数撤离,造成了资源利用率降低。尽管此时项目新增任务减少,但其对成本减低的作用弱于资源利用率低使成本增加的作用,所以呈现出了图 5.17 中增加劳动力时间延迟小于 30 天后,时间延迟越短,项目累计工日越多的现象。而增加劳动力时间大于 30 天后,增加劳动力周期过长使得资源的增加速度过慢,资源数量一直是制约着项目进展的因素,在整个工作的执行过程中,可能就不存在或者存在很短的劳动力人数减少的过程,使得减少劳动力的延迟不会降低资源利用率或者降低的程度很少。而此时增加的项目新增任务带来的劳动力成本的增加则起到了主导作用。因此,呈现出了增加劳动力时间延迟大于 30 天后,项目累计工日又不断增加的现象。以实验项目墩柱施工为例,图 5.20 显示了不同的增加劳动力时间下劳动力人数的行为变化。

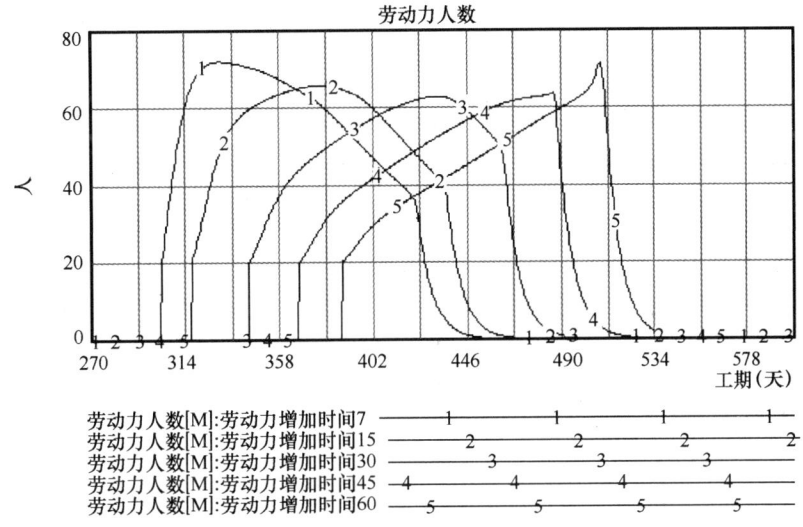

图 5.20 不同的增加劳动力时间下劳动力人数的行为变化

使劳动力成本最低的时间延迟与项目规模、潜在的质量问题和工程变更等不确定因素、劳动力初始分配率和劳动力调整意愿等均有关。这里通过仿真实验得出的 30 天是实验项目在 Base-case 的参数设置中使劳动力成本最低的时间延迟,而当参数设置改变时,时间延迟也会发生相应变化。上述的因果机理分析定性地揭示了增加劳动力时间对项目进度和成本影响的动态复杂性,而具体的影响程度是人的脑力模型无法估计的,通过模型对项目进行仿真试验则是一条有效途径。

5.5.2 变更处理决策延迟对项目绩效的影响

工程变更对项目的影响一方面体现在发生变更的工作任务自身和与其存在外部敏感性的其他工作的工作范围的改变带来了项目成本和工期的变化,另一方面则是由于变更处理决策时间对项目产生的影响。变更处理决策时间是制约项目进展的因素早已得到识别[9~10]，但其到底对项目的影响有多少呢？为了实现进度目标，变更处理决策时间应该控制在什么范围内呢？设置不同的变更处理决策时间（case6~case9）对模型进行模拟，得到的结果列于表5.4。从表中可以看出，随着决策时间的缩短，项目工期、项目累计工日和新增范围均减少。特别地，当变更处理决策时间由原来的10天减少到2天时，项目工期缩短了6.84%，累计工日减少了12.75%，新增范围降低了9.60%；当变更处理决策时间由10天增加到20天后，工期则增加了10.04%，累计工日增加了29.83%，新增范围增加了7.56%。

通过对图3.13变更管理过程模型结构的分析可以理解该仿真结果。当工作任务具备工作面（处于"待完成任务"状态）并且已分配了劳动力资源后，因提出了变更请求没有进入任务执行回路L1，而是进入了回路L2。倘若不存在变更处理决策延迟，工作任务随即流经回路L3或L4进入"已完成任务"状态，与确认的变更任务有敏感性的工作任务也立刻进入回路L5。此时，仅有非增值循环L1-L5对项目产生负作用，即变更引起的返工带来的进度拖延和成本的增加。而变更处理决策延迟的作用使非增值循环L2-L3和L2-L4也对项目产生了负作用，使已具备工作面和资源的任务因等待指令而不能执行，减慢了回路L1的流速，影响项目的正常进展使进度拖延，并且造成了资源利用率降低，项目成本增加。变更处理决策时间越长，其对项目这种负面影响越强，进度拖延造成的进度压力进而又会进一步影响质量，使得项目新增任务增多。

变更处理决策由项目各方共同参与完成，变更处理决策时间的长短体现了项目各参与方信息交流和协同工作的效率。由于变更处理决策时间会受到多种不确定因素的影响，制定进度控制策略时不可能将决策时间定为一个很短的时间。但通过模拟实验可以得知不同的决策处理延迟对项目的影响程度，使管理者认识到其是否是制约项目绩效的瓶颈，以便在管理控制中采取积极措施促进延迟时间的缩短。例如，应用项目信息门户（Project Information Portal，简称PIP）作为项目各参与方信息交流和协同工作的管理工具，对加快项目进度有较好的促进作用。

以上讨论了劳动力增加延迟和变更处理决策延迟对项目的影响。正如Sterman[113]所说，"延迟被认为是项目开发和管理过程中的不幸事实，而管理者的有界理性使其在制定管理策略时难以将延迟的影响考虑在内"。模型则在这方面为管理者提供了有益帮助。

5.6 进度控制综合策略与项目进度计划优化

5.6.1 进度控制综合策略

以上分别讨论了并行建设、劳动力分配策略、进度目标调整和时间延迟等进度控制策略对项目绩效的影响。通过不同策略对项目绩效的影响机理分析和对模型仿真结果的评价，可以得出能够最大化地提高实验项目进度绩效的综合进度控制策略，见表 5.5 所列。在该策略下，项目工期可从 Basecase 下的 687 天提前到 574 天，图 5.21 显示了两种策略下的项目进展状况。

Basecase 和进度控制综合策略对比情况表　　　　表 5.5

Cases	设计与施工并行	劳动力控制策略		目标调整意愿	时间延迟（天）		项目工期（天）
		调整劳动力人数意愿	加班意愿		增加劳动力延迟	变更处理决策时间	
Basecase	0	1	0	0	30	10	687
综合策略	30%	1	0	0	7	2	574

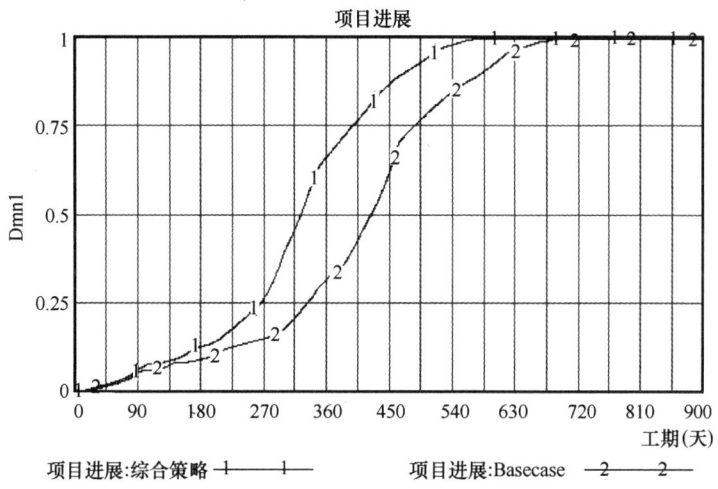

图 5.21　Basecase 和综合策略下项目进展状况

综合策略除了提高项目进度绩效外，还能够降低项目实施过程中的不确定性因素对项目工期产生的不确定性影响。将模型中"平均质量"和"工作稳定性"作为随机变量，假设其服从取值的 75%～125%范围内的均匀分布，进行 200 次的随机模拟后，得到图 5.22 和图 5.23 所示的两种策略下的项目工期概率分布图。采用综合进度控制策略时，工期的变化范围为 550～634 天，波动范围为 84 天，而 Basecase 的工期变化范围从 660～880 天，波动范围为 120 天。

这里需说明的是，综合策略是由最大化项目进度绩效角度得出。在实际应用中，项目实际制约因素、长期进度目标和短期目标的均衡以及进度成本均衡都会影响到管理者对进度控制策略的选择。例如，变更处理需由各参与方协同完成，由于存在多种不

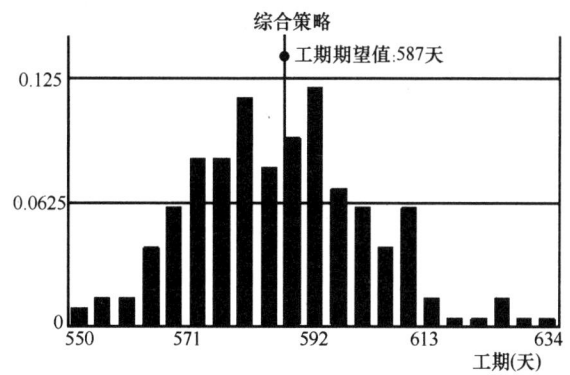

图 5.22　综合策略下的项目工期概率分布（工程变更和工程质量作为不确定因素）

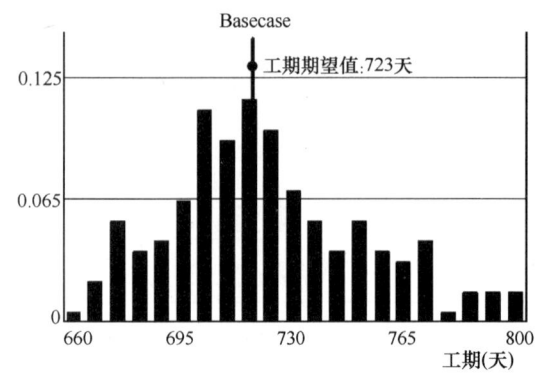

图 5.23 Basecase 的项目工期概率分布（工程变更和工程质量作为不确定因素）

可控因素，变更处理决策延迟可能无法缩短到 2 天；为保持劳动力队伍的稳定，短期内可能会采取加班策略；出于进度成本均衡的考虑，缩短增加劳动力时间未必是最佳策略。因此，管理者可能会根据实际需求采纳不同的控制策略。然而模型的价值在于能够帮助管理者对不同的策略予以分析和评价，为管理者的控制决策提供依据，并帮助管理者认识到哪些手段可以真正对项目进度起到积极作用以及实际情况中制约项目进展的瓶颈何在，并通过模型试验找到提高项目进度绩效的突破口。事实上，实验项目存在大量的设计变更，如果通过各参与方之间的协调配合能缩短变更处理决策延迟时间，则会大幅降低变更对项目进度的影响。此外，上述制定的策略是在关注项目长期表现上提出的战略性和方向性指导，而在制定短期的项目控制策略方面，模型还可以为采取纠偏措施提供定量的指导，例如究竟增加多少比例的劳动力和加班多长时间能够弥补实际进度与进度目标的偏差。该问题的讨论与分析过程这里不再展开论述。

5.6.2 项目进度计划优化

把选择的综合进度控制策略参数输入 SD 模型，模型对项目的进展预测结果即为项目进度计划的优化方案，如图 5.24 所示。

基于 SD 模型的项目进度计划与传统计划方法相比具有以下优势：

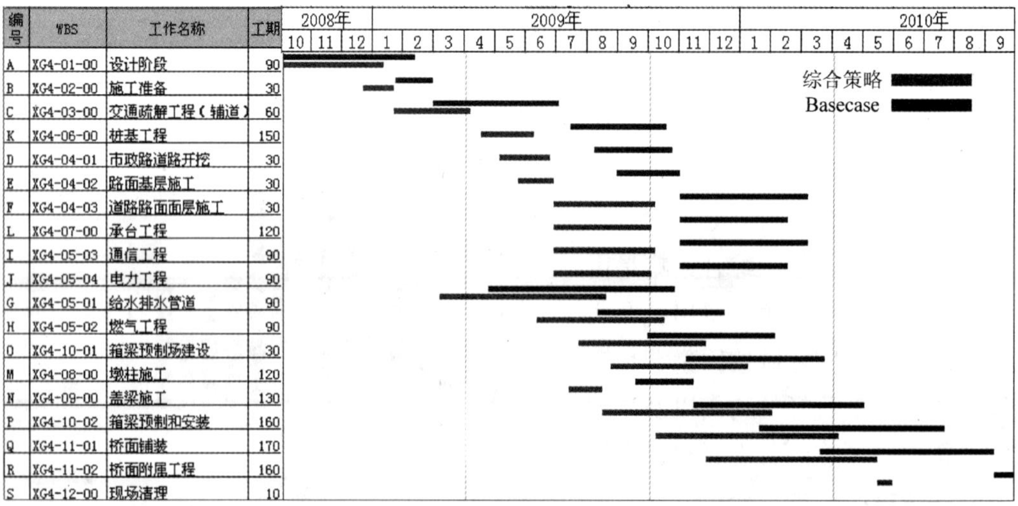

图 5.24 实施综合策略下的项目进度计划

(1) 项目进度计划与拟采用的进度控制策略相结合。

项目 SD 模型是对项目建设的物理过程和项目管理的信息处理过程构成的闭合反馈系统的模拟，因此，模型仿真结果能够体现进度控制策略对项目进度的影响。以拟采取的控制策略作为模型输入时的模型仿真值作为项目计划值，由于计划的完成有拟采取的项目控制策略作为保障，计划的科学性得到了提高，增强了其对实践的指导价值。

(2) 能够对存在多种不确定性因素时项目完工概率进行分析。

PERT 方法仅能实现每项工作持续时间不确定时的项目完工概率分析，而 SD 模型由于建立了多种进度影响因素与工程进度之间的定量关系，应用 SD 模型进行工程进度分析时，可将工程质量、工程变更和管理决策时间等因素同时或者分别作为不确定因素，采用蒙特卡罗模拟方法得到项目工期的概率分布。以图 5.21 为例，它显示了工程质量和工程变更同时作为不确定因素时项目工期的概率分布。

(3) 能够对项目/工作进展、生产效率和劳动力需求等多种项目行为进行动态预测。

应用 SD 模型除了可得到如图 5.24 所示的传统意义上的静态进度计划外，还能够对项目总体进度、项目的各项工作进度、生产效率、劳动力需求和进度压力等项目的多种行为随时间的动态变化情况作出预测（如图 5.1、图 5.3 和图 5.4 所示），为工程实践提供了比传统方法更丰富的信息。

传统计划方法仅对项目工作持续时间作简单估计，对于进度受多种不确定因素影响、执行过程高度动态和不确定的复杂工程项目而言，该方法得出的项目进度计划在实践中常常无法得到贯彻执行。SD 模型考虑了工程进度与影响因素之间的关系，能够较好模拟实际工程项目的动态执行过程，经 SD 模型优化的项目进度计划的有效性和合理性得到了大幅提高，并且其能对项目计划的按期实现进行更科学的概率分析。

第6章 基于系统动力学模型的工程进度控制决策支持系统

工程项目SD模型的应用涉及大量数据，加之工程项目组织临时性、地理位置分散性和工作协作性等特征，SD模型的应用面临着较大阻碍。为了卓有成效地发挥SD模型辅助工程进度控制的能力，本章将以计算机决策支持系统的理论为指导，设计了网络环境中基于SD模型的工程项目进度控制决策支持系统（System Dynamic Model-based Project Decision Support System，下文简称SDMPDSS）。该系统将数据和SD模型等决策资源有机组合并网络共享，通过人机交互界面，满足用户决策分析中不同的应用需求。需要说明的是，本章提到的"系统"概念与上文提到的工程项目系统的"系统"概念不同，系指计算机软硬件系统。

6.1 系统开发的必要性分析

6.1.1 工程项目系统动力学模型应用面临的挑战

考虑工程项目SD模型的建模目的和工程项目区别于其他社会经济系统的特征，SD模型的应用面临以下挑战：

1. 模型在使用过程中需要不断校正（validation）

工程项目SD模型是工程项目的系统仿真模型，其建模目的是为了通过对模型的实验来帮助管理者优选实际项目的进度控制策略并制定进度计划。为此，SD模型的构建尽量做到将主要的工程进度影响因素纳入到系统边界内，分析其因果关系从而对工程项目系统的实际变化过程进行抽象。然而，模型中考虑的进度影响因素毕竟是有限的，并且其参数是在项目执行前根据经验和项目特征作出的估计，因此，模型与实际系统不可能完全一致。为了提高模型与实际系统的耦合能力，随着项目的不断推进，模型需要根据工程项目的实际进展状况不断校正，以增强其辅助进度控制的能力。SD模型应用的校正过程如图6.1所示。

2. 模型的校正和应用涉及大量数据

模型将工程项目执行过程看做是工程项目系统中不同工作的任务流串行、并行或部分并行的物质流动过程，并用数组变量来表达不同的项目工作，数组变量的数量代表项目工作的数量，随着项目规模的扩大，数组变量的数量也随之增加。此外，虽然不同工作对应的模型结构相同，但不同工作对应的"平均质量"、"工作稳定性"、"经验水平"和"内部敏感性"等参数均不相同。因此，模型涉及大量参数。系统动力学仿真软件Vensim虽然能对模型进行仿真模拟，但不能对模型的输入输出数据进行有效的组织管理[175]，并且没有友好的用户界面。此外，项目计划更新和模型校正涉及数据量庞大，数据处理工作繁重，手动配合Vensim软件的使用使模型的应用效率很低。

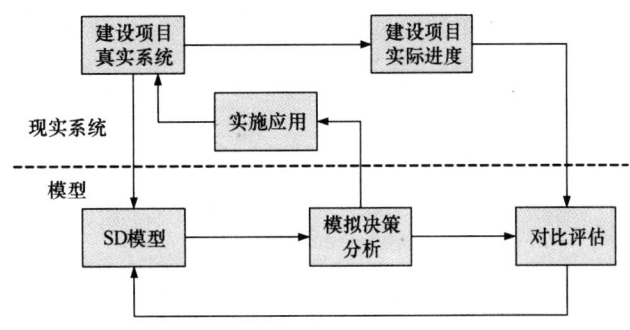

图6.1　SD模型应用的校正过程

3. 模型应用要求跨越空间和时间的限制

工程项目的参与方众多，在项目的实施阶段涉及的参与方主要包括业主方、工程管理和工程技术咨询方、设计方、施工方、监理方和供货方等，他们在地理上往往是分布的。为了能够给不同的参与方提供进度控制决策支持，并且将制定的计划和控制策略与项目执行层面的人员共享，模型应用需要跨越空间和时间限制在项目各参与方不同参与成员范围内共享。

6.1.2　现有项目信息系统的功能局限性

信息技术在工程项目管理领域的应用大致经历了工程概预算软件、项目管理信息系统（Project Management Information System-PMIS）、项目信息门户（Project Information Portal-PIP）和基于网络平台的集成化项目管理系统四个阶段的发展，如图6.2所示。

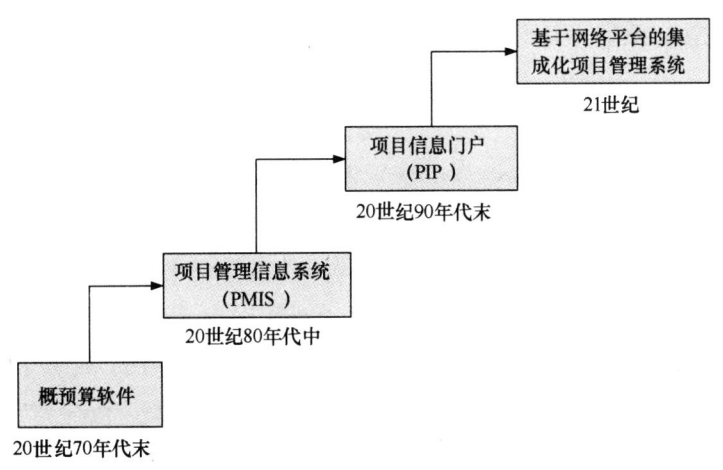

图6.2　信息技术在项目管理领域应用的发展阶段（基于丁士昭[176]）

历经近30年的发展，概括起来，信息技术在工程项目管理领域所作的贡献主要在于提高了项目管理中数据处理工作的效率和准确性，通过信息的集中存储和共享实现了项目生命周期内的信息管理，促进了项目参与方之间的信息交流和协同工作。特别地，在项目进度控制方面，项目信息系统的功能主要体现在工作分解结构定义、计划编制、网络分析以及资源、成本和进度的优化，并应用动态控制原理进行计划的更新、跟踪和控制等活动[177]。然而，目前的应用主要面向项目管理的执行层面，项目管理决策层在项目信息系统中完成的活动主要为获取信息、报告审批和发出指令，尽管有时需要进行项目预测，但仅是基于经验作出的直观分析，因此，现有的项目信息系统缺乏真正意义上辅助项目决策层对项目进行宏观分析和对项目进展作出科学预测从而作出科学决策的功能。究其原因在于缺乏可聚合于项目信息系统中的决策分析模型，而本书建立的工程项目SD模型可以提供此种功能。

6.2 系统设计要求

在理解SDMPDSS的内涵和对其予以设计和开发之前，首先应明确系统的设计要求。系统以有效利用SD模型来辅助决策为根本目的，同时还需结合工程项目的特征，并立足于项目进度控制工作和信息技术在项目管理领域的应用现状，为此提出以下几点设计要求：

1. 以SD模型为核心要素

SD模型辅助决策的能力源于其对真实系统的表达能力和能够描述人们处理问题时辨别、比较、选择和决策的思维过程的能力。本书建立的工程项目SD模型将工程项目的真实系统中影响项目进度的诸如工作任务之间的依赖关系、工程质量、工程变更、各种时间延迟、质检可靠性、生产效率、进度压力、资源分配状况和管理策略等主要因素考虑在内，是定性与定量关系一体化、可在计算软件上仿真运行的系统仿真模型。以SD模型为实验工具，通过改变模型参数来进行"what if"分析，以辅助管理者决策。因此，SD模型可作为辅助管理者优选进度控制策略的工具；同时基于各种项目进度影响因素和确定的控制策略而得出的项目预测结果，可作为项目的进度计划。因此，系统的设计与开发应以利用、管理和控制工程SD模型为首要要求。

2. 协同工作环境

工程项目由地理上分布的多个参与方共同参与实施，项目组织的基本特征为空间上的分布性和时间上的有限性[178]。Beck[179]将项目组织定义为："项目组织的本质是部分有意规划和部分自发形成的秩序，其目的在于使得来自于一个或多个企业的众多项目参与人员为了一个跨专业领域的时间上有限的共同任务而进行协作。"项目进度控制工作遵循动态控制原理，按照"计划—执行—跟踪—决策—控制"这一主线在一定周期内循环进行，对跨越层级和跨越组织边界的信息交流和协同工作提出了较高的要求,项目参与人员应能在任何时间任何地点在其权限范围内方便地获取和处理与其相关的项目信息。因此,基于 SD 的进度控制决策支持系统还应是一个以信息共享为基础,摆脱时间空间限制的基于 web 的开放的分布式项目协作环境。

3. 移动远程工作的支持

所谓的"移动远程工作",是指为项目参与人员提供在办公室以外的远程工作手段[178]。项目参与人员可以通过远程拨号或登录到出差地的网络,随时登录系统进行工作;此外,移动远程工作还体现在通过掌上电脑、移动电话等电子设备进行的无线移动工作。受到条件限制,建设工地常常没有计算机和有线网络,因此对各种设备和网络类型的灵活性支持利于提高各种信息系统的利用效率[180]。系统对无线移动工作的支持使现场工程师能够与现场以外的项目管理者和设计人员进行交流,使项目实际进展状况与项目的决策之间实现良好互动。随着诸如 WAP、GPRS、蓝牙与 Wi-Fi 等技术和标准的不断普及和"3G"移动通信时代的到来,远程移动电子设备已具备了与互联网快捷、高速的连接能力。

4. 集成现有的项目管理工具

在传统的工程项目管理方法中,CPM 的应用最为广泛[181]。Tavakoli[182] 和 Kelleher[183] 分别对美国《工程新闻纪录》(ENR)杂志评选的前 400 名国际建筑承包商展开调查,调查结果显示分别有 92.6% 和 98% 的承包商都在不同程度地使用 CPM。可见,CPM 在建筑业中的应用极为广泛,并且在过去的十几年中持续增长。鉴于 CPM 的统治地位,系统应集成 CPM 工具,使管理者关注项目整体行为表现的同时仍可进行计划的网络分析。事实上,SD 模型用"外部依赖关系表函数"表达 CPM 中工作任务之间 FS、SS、SF 和 FF 依赖关系,使得模型与 CPM 计划之间的对接成为可能。此外,为了准确直观地显示基于项目各项工作的仿真结果,还应将甘特图集成到系统应用中。系统中 SD 模型和各种工具之间的信息流关系如图 6.3 所示。

5. 与其他项目信息系统的兼容性

"信息孤岛"(Island of Information)现象是指各信息系统之间由于无法进行数据交换而形成的分离割裂状态的"岛屿"[184]。目前,"信息孤岛"现象已严重制约了信息技术在工程建设中的充分应用和进一步发展。越来越多的学者开始研究如何应用信息技术和数据标准解决建筑业的"信息孤岛"问题[184~185]。为避免又一"信息孤岛"的出现,本书设计的系统在系统架构和开发技术的选用上应充分考虑与其他项目信息系统的兼容性,使得各系统之间可以进行数据交换,提高信息资源的利用价值。

6. 安全性和可靠性

对于基于 web 的系统而言,高度的安全性和可靠性是一个至关重要的设计要求。这主要包括防止非法用户的侵入、权限控制、操纵信息的保护、可靠的数据传输、信息认证以及电子签名等方面。对此,值得一提的是,美国麻省理工学院(MIT)Rivest、Shamir 和 Adleman 三人提出的公钥(非对称)加密体制(RSA),可提供机密

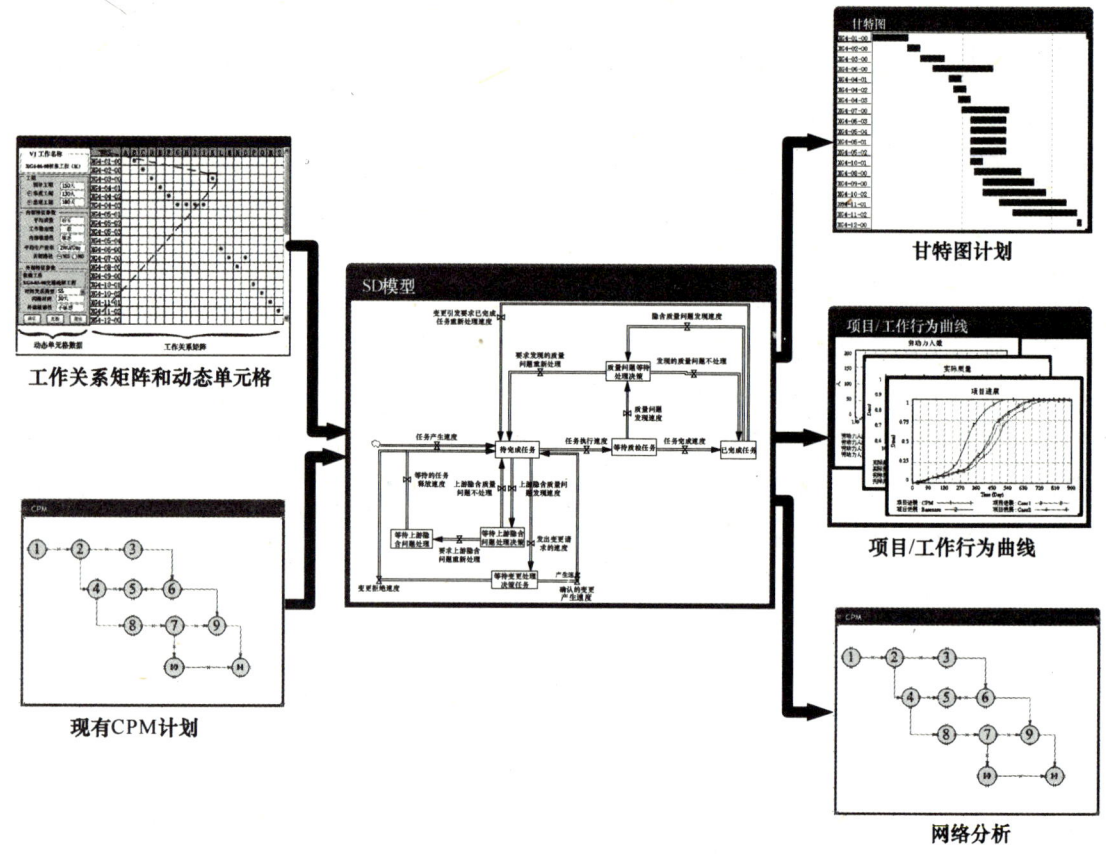

图 6.3　SDMPDSS 中项目管理工具之间的信息流关系

性（Confidentiality）、认证（Authentication）、数据完整性（Data Integrity）和不可抵赖性（Nonrepudiation）四项功能以满足网络信息安全的要求。

综合上述分析，可将系统设计的关键要素概括为共享性、分布性、实用性、灵活性、兼容性和安全性。此外，系统的设计与开发还应考虑系统的可扩展性、人机交互界面的可控制性、多用户冲突解决的可协商性、信息的匹配性和透明性等设计要求。应该认识到，随着 SD 模型的不断完善（例如将工程项目的投资/成本因素以及组织因素纳入到模型描述的系统框架内），模型辅助决策的能力和范围随之提高，系统的设计要求也将不断地动态发展变化。

6.3　系统内涵

6.3.1　系统特征

决策支持系统（Decision Support System，简称 DSS）的概念源自 20 世纪 70 年代的管理决策研究，是开发和采用基于信息技术的系统支持决策，其经典定义之一为"决策支持系统是交互式计算机系统，帮助决策者利用数据和模型去解决半结构化问题"[194]。该定义对 DSS 的工具属性、功能、技术核心和使用方式作了概要而全面的概括。即 DSS 是供用户(决策者)使用的工具，功能为辅助决策者解决半结构化问题，技术核心为数据和模型，使用方式为人机的反复交互。本书设计的基于 SD 模型的工程项目进度控制决策支持系统(SDMPDSS)是解决工程项目进度控制领域决策问题的决策支持系统，除具备上述传统的 DSS 的共有特征之外，还具有以下 3 个独特特征：

1. 帮助项目管理者解决复杂工程项目进度控制中战略层的决策问题

工程项目进度计划与控制中战略层面的问题是指如何根据项目特征和项目实施的环境与条件，制定科学合理的指导性和控制性计划，并制定保证该计划实现的并行建设、劳动力分配和时间延迟等相关控制策略。PMIS 则主要用于目标控制，帮助用户解决的是工程进度控制中操作层面的问题，即如何制定项目的实施计划并定期检查与跟踪，以满足进度目标的要求。SDMPDSS 与 PMIS 在功能上相互补充，同时 PMIS 中的数据也是 SDMPDSS 数据的来源之一。

2. SD 模型驱动

根据系统中提供决策支持的主要功能部件的不同，DSS 可以分为模型驱动、数据驱动 (Data-Driven)、知识驱动 (Knowledge-Driven)、文本驱动 (Document-Driven) 和沟通驱动 (Communication-Driven) 这五种基本类型[186]~[187]。SDMPDSS 以本书中第 3 章建立的工程项目 SD 模型为主要功能部件，系统对管理者的决策支持作用主要是通过对工程项目 SD 模型和模型参数的操控进行模型输出对输入的敏感性分析或者 "what-if" 分析来实现的，因此，SDMPDSS 属于模型驱动 (Model-Driven) 的 DSS 类型。SD 模型驱动的决策支持系统与仅应用 SD 模型的决策分析相比，主要优势在于前者通过易操作的人机交互界面为不了解复杂建模过程的用户(项目管理者)提供了便捷的应用服务，当模型需要多次重复利用时这种优势更为明显[187]。

3. 基于 Web 的分布式系统

基于 Web 的分布式决策支持系统是下一代决策支持系统的发展方向[188]，Bhargava and Krishnan[189] 指出 Web 技术给运筹学和管理科学领域带去了新的机遇。Power 将基于 Web 的 DSS 定义为通过"瘦客户端"(thin-client) 网络浏览器为管理者或者业务分析员提供决策支持信息和决策支持工具的计算机系统[190]。与传统的 DSS 相比，基于 Web 的 DSS 存在以下两方面的重要变化：一是它将传统的 DSS 体系结构框架转变为客户端—服务器分布式系统，因而使集成分布在不同的分布式计算环境中的数据、模型等资源来辅助决策成为可能；二是它具有构建综合性决策支持系统的能力[191]。

基于文中 6.2 节中对提出的 SDMPDSS "协同工作环境"和"移动远程工作的支持"的要求，SDMPDSS 设计为 web 的分布式系统。具体说来，SDMPDSS 中的 SD 模型和数据等决策资源以服务器的模式在网络上共享，能够为项目不同参与人员提供并发服务,并且用户仅需运行web客户端即可实现所有系统的远程应用。Web的媒介性和强大的分布式计算能力[192]使系统应用灵活而便捷,能够摆脱硬件平台、操作时间与操作地点的限制,任何人都可以在任何地方、任何时间、采用任何操作系统在自己的权限范围内实现系统应用,十分适合于工程项目的组织临时性、地理位置分布性和工作协作性等特征。

综合上述分析,给出SDMPDSS的如下定义:SDMPDSS是基于web的SD模型驱动(SD Model-Driven)的人机交互系统,工程项目SD模型为该系统的主要功能部件,它与系统数据共同作为决策资源以服务器的形式在网络上共享,用户通过借助人机交互界面操作与控制SD模型来获得复杂工程项目进度控制中诸如制定指导性、控制性计划和进度控制策略优选等问题的决策支持。

6.3.2 系统与其他项目信息系统的比较

为了进一步加深对SDMPDSS的理解,表6.1对基于SD模型的项目进度计划与控制决策支持系统(SDMPDSS)、项目管理信息系统(PMIS)和项目信息门户(PIP)三种类型的项目信息系统在理论基础、目的、核心功能、手段、管理对象、应用方式和用户七个方面作了比较。

表6.1 SDMPDSS、PMIS 和 PIP 的比较[178、193]

	SDMPDSS	PMIS	PIP
理论基础	系统动力学和决策支持系统的相关理论	项目管理动态控制理论和管理信息系统的相关理论	侧重于Internet技术的具体应用和实践,缺乏坚实的理论基础
目的	辅助项目管理者对进度控制中指导性和控制性计划的制定、进度控制策略的选择等战略层面的问题进行决策	有效控制项目进度、投资/成本和质量等目标	有效进行信息的共享和交流
核心功能	项目进展预测与进度控制策略方案对比分析、实时模拟、SD模型的校正、进度计划	进度控制的功能主要包括:编制进度计划、进度跟踪、计划调整及版本控制,施工进度信息的上报与审核	文档管理、信息交流和协同工作[176]
手段	SD模型的构建、数据的加工和处理、基于web的模型和数据共享	数据的加工和处理	基于互联网的信息共享与传输
管理对象	SD模型以及与项目特征、实际进度和项目预测结果等相关的数据、PMIS中的相关数据	与项目目标控制有关的数据	项目各参与方共享的非结构化文档、图片、多媒体视频等
应用方式	反复的人机交互,人和计算机共同完成问题的决策	按预定流程或者进行简单的人机交互	以支持项目参与人员协同工作为主的人机交互
用户	以负责项目管理战略问题决策的管理人员为主,也可为相关人员提供权限范围内的应用和访问	项目某一参与方	所有项目参与人员

通过上述的对比分析可以看出，SDMPDSS、PMIS 和 PIP 三种类型的项目信息系统因根本目的不同而存在诸多区别。SDMPDSS 弥补了现有项目信息系统中不能支持解决战略层项目管理问题的不足，在功能上与它们形成互补，三者联合可全方位地辅助复杂工程项目的管理工作。

6.4 系统功能设计

SDMPDSS 是为了将 SD 模型和数据资源网络共享，通过反复人机交互，充分发挥 SD 模型在辅助用户制定进度计划和选择控制策略的决策支持作用。具体说来，为实现该目标，系统的功能主要有系统输入分析、项目进展预测与方案分析、实时模拟、模型校正、进度计划优化和系统管理。本节将分别对各项功能予以详细分析。

6.4.1 系统输入

系统输入包括三种类型的数据，分别是项目传统计划相关参数、项目特征相关参数和进度控制策略相关参数。登录系统选择"深圳西部港区疏港道路工程"项目后，即进入系统如图 6.4 所示界面。该界面用甘特图显示了传统计划方法指导下编制的项目进度计划。传统计划相关参数既可在 SDMPDSS 中直接输入，也可从存储于其他项

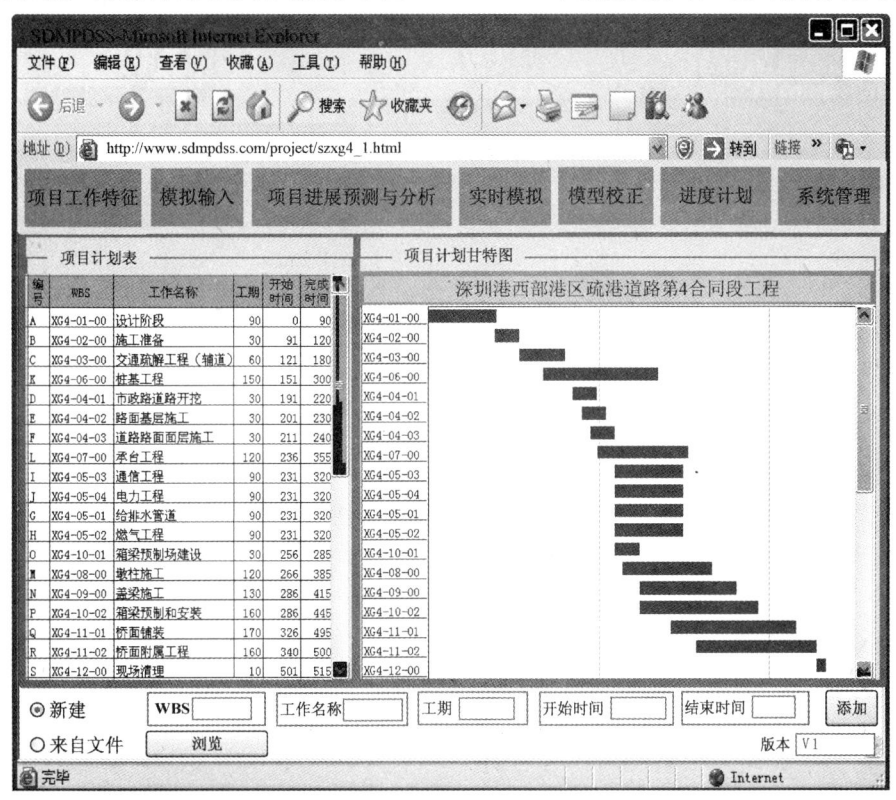

图 6.4 基于 SD 模型的项目进度计划与控制决策支持系统界面

目系统数据库的计划文件中导出。

为将项目特征相关的参数有序地予以组织,将其存储于图 6.5 所示的二维矩阵"＊"标识的动态单元格内。矩阵列表示当前工作,"＊"单元格所在行确定了与其有依赖关系的项目工作。例如,与工作"XG4-06-00 桩基工程 K"存在依赖关系的工作为"XG4-03-00 交通疏解工程"。点击"＊"单元格,即可在界面左侧显示、输入或更新与"桩基工程"相关的特征参数。工作特征参数包括:预计工期、乐观工期和悲观工期等工期相关参数,平均质量、工作稳定性、内部敏感性、平均生产效率、关键路径与否等仅与项目工作本身相关的工作内部特征相关参数,以及时间关系类型、时间间隔和外部敏感性等与其他工作相关的外部特征参数。

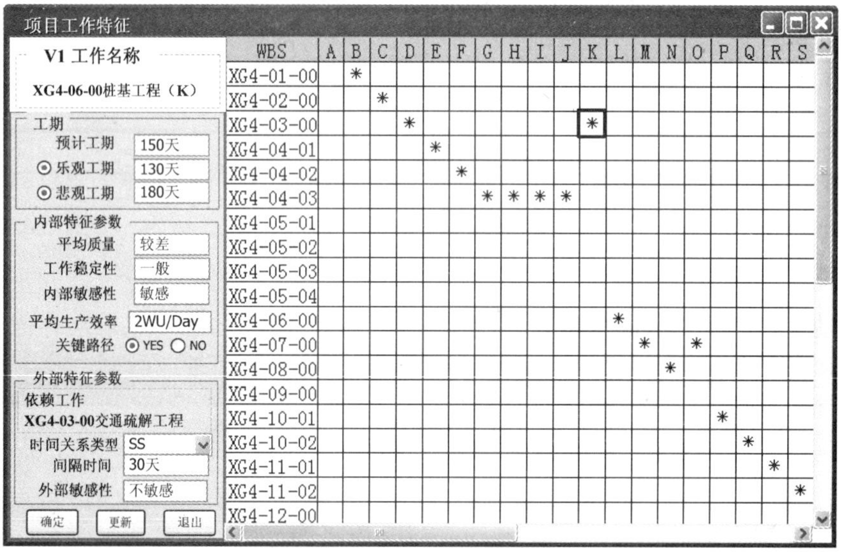

图 6.5 项目工作特征参数输入

在不对计划作版本更新和模型校正的情况下,传统计划相关参数和工作特征参数保持不变,而进度控制策略相关参数(图 6.6)作为模拟输入是管理者在做多次模拟实验中不断变化的。系统供用户作决策分析的策略包括"并行建设策略"、"资源分配策略"、"目标调整策略"、"时间延迟"和"经验水平"等。用户设计不同模拟实验(即应用图中的拖拉条改变策略参数取值)可随意进行单策略或者多策略组合分析,仿真结果集中在"项目进展预测与分析"界面中显示。

6.4.2 项目进展预测与方案对比分析

系统"项目进展预测与方案对比分析"提供所有决策方案(即模拟实验)多角度的项目预测结果并通过反馈回路帮助用户对其分析,以达到对不同管理策略方案进行对比、筛选的目的。该项功能提供"项目行为曲线"和"工作行为曲线"两种动态分析工具,以及"甘特图"和"CPM"网络计划两种静态分析工具。

第 6 章 基于系统动力学模型的工程进度控制决策支持系统

"项目行为曲线"关注项目进展、项目累计工日和项目新增范围三种类型的较为宏观的项目整体行为表现（图 6.7）。"工作行为曲线"（图 6.8）则聚焦于项目每项工作的实际质量、实际生产效率、任务完成比例、劳动力人数、工作累计工日、工作新增范围等多方面较为微观的行为表现。

相比项目预测动态显示结果，"甘特图"则直观、清晰地显示了不同的管理策略对应的每项工作开始完成时间和项目的整体进展情况，是管理者最为熟悉的项目计划表现形式，利于管理者决策，如图 6.9 所示。

"因果关系分析"借助反馈回路和模型结构帮助用户从系统的角度分析和理解各种管理策略对项目行为影响的因果机理（参见第 5 章），克服了"脑力模型"分析复杂问题时存在的缺陷，通过系统动力学结构和行为相结合的方法来辅助管理者决策，使决策更加准确和科学。

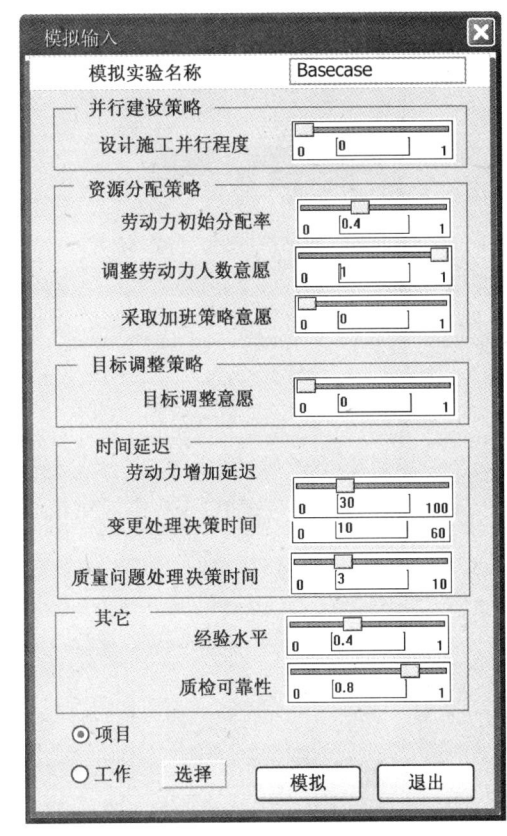

图 6.6 进度控制策略参数输入

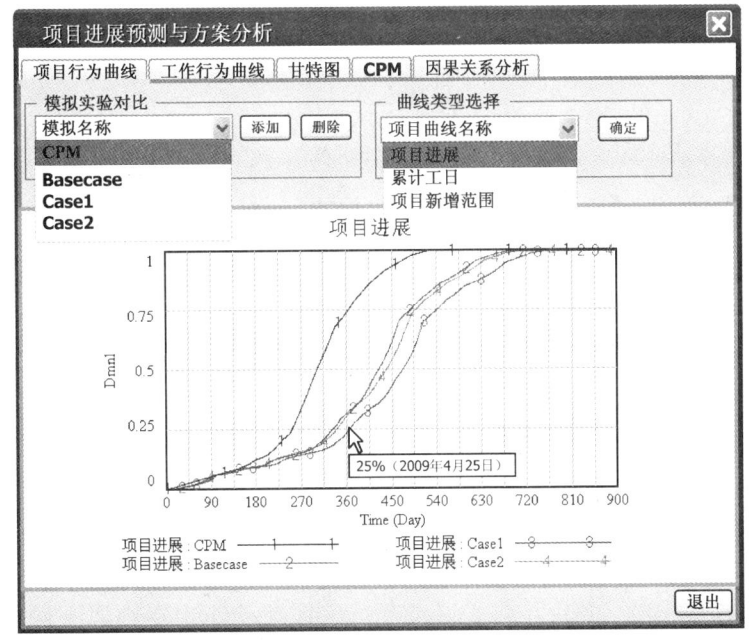

图 6.7 项目进展预测与方案对比分析——项目行为曲线

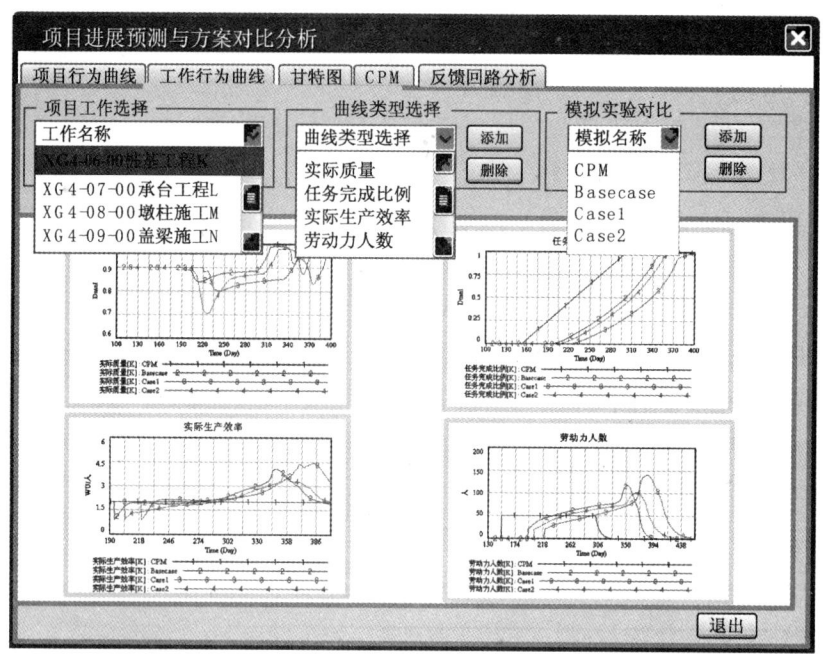

图 6.8 项目进展预测与方案对比分析——工作行为曲线

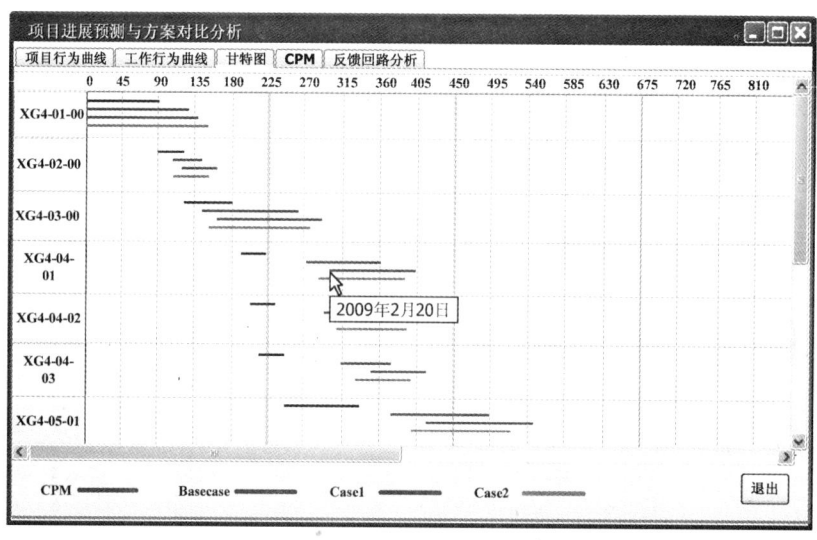

图 6.9 项目进展预测与方案对比分析——甘特图

6.4.3 实时仿真

实时仿真功能可以对项目在任一时间步长内的进展状况进行仿真，且在不同的模拟时间步长内，用户可以改变项目特征和进度控制策略相关参数，中断并干扰模型运行。该项功能主要在以下两个方面提供了决策支持的作用：

(1) 由于同一策略对项目短期和长期的影响不同,例如短期内采取加班策略可以加快项目进度并且能够避免增加劳动力的时间延迟对项目进度的负面影响,但长期采取加班策略则会造成工人疲劳程度增强而带来的生产效率和质量降低的问题,因此该项功能可帮助用户确定某项策略应用的最佳期限。

(2) 辅助管理者制定某一周期内的进度控制策略。例如,当任务实际仅完成了80%而未达到90%的计划目标时,在不能对目标进度计划作调整的情况下,通过多次的实时模拟可以辅助用户找到下一阶段最佳的进度控制策略,如图6.10所示。

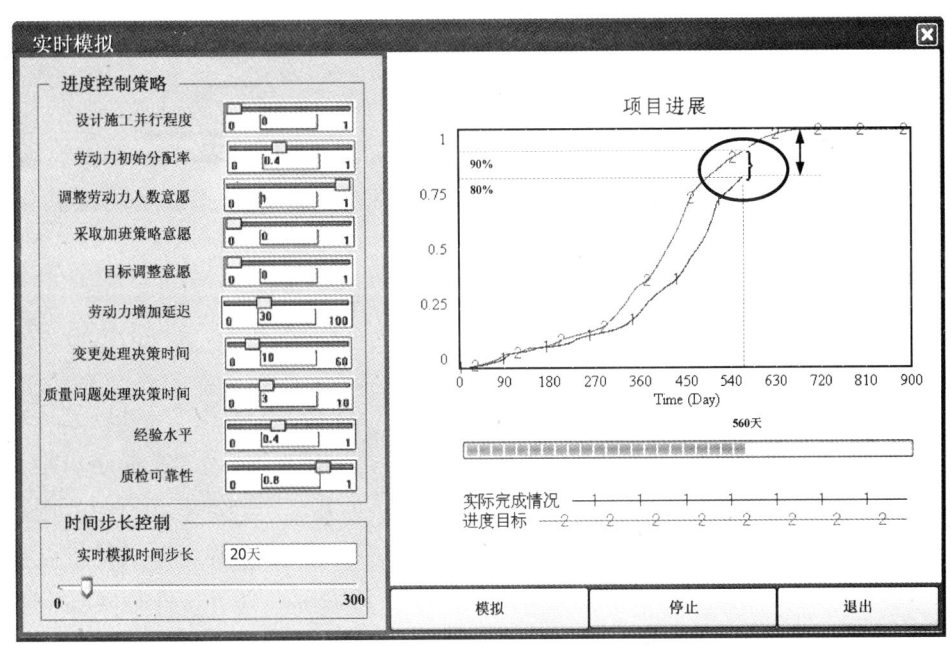

图 6.10　实时模拟

6.4.4　系统动力学模型校正

在工程项目的实施过程中,进度计划与控制在一定的周期内不断进行,系统的应用也贯穿于项目的整个实施阶段。在应用SD模型对项目未来的进展状况作出预测前,需由用户依据项目特征和经验对模型参数予以估计。"模型校正"功能则是根据项目的实际进展情况对模型参数进行优化,使模型预测结果与项目真实行为相吻合,从而提高下次决策分析中参数估计的准确性。通过这样反复的"学习"过程,SD模型与真实系统的差距不断缩小,基于模型制定项目计划的准确性不断增强。

完成模型校正用户需要从模型的变量列表中选择待校正参数,以及实际进度和模型的预测结果(图6.11)。实际进度和模型预测结果存储于以截止日期和计划版本命名的文件中,所选择的文件将以甘特图形式显示于界面右侧。点击确认后,系统即可返回待校正参数值,并以不同版本存储于图6.5中"*"单元格内。

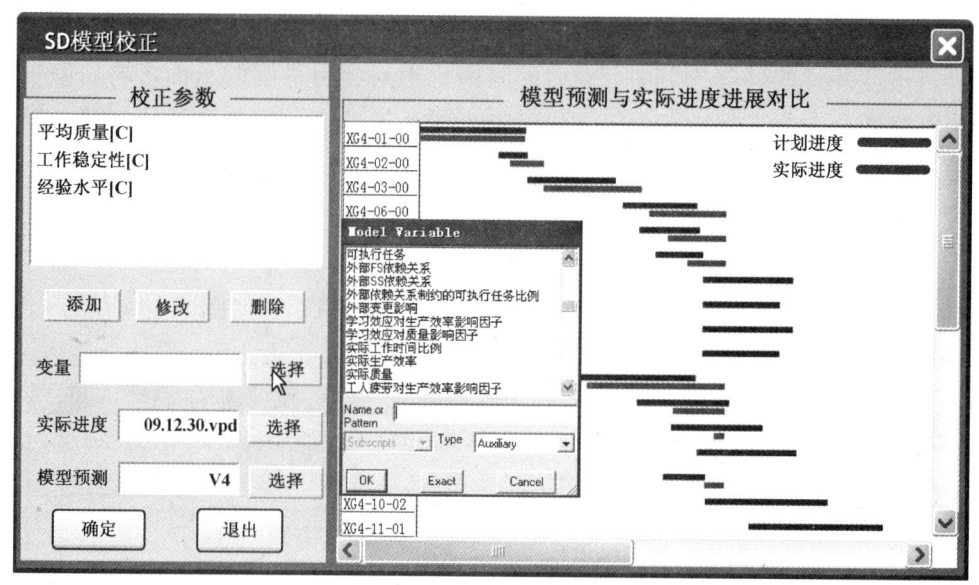

图 6.11　模型校正

6.4.5　进度计划优化与完工概率分析

系统"项目进展预测与方案对比分析"和"实时模拟"功能使用户可以进行多次仿真实验,并对仿真结果进行多角度的对比分析,最终辅助用户制定进度控制策略。进度计划功能则是在综合考虑了项目工作潜在质量问题、变更、生产效率、不同工作之间的物理和时间依赖关系等项目特征,以及管理者通过仿真试验分析确定采纳的进度控制策略等影响进度的重要因素之后,应用 SD 模型优化项目进度计划。该计划实质上是以上述所有因素作为 SD 模型的最终输入参数得到的模型仿真结果。该项功能还可将任意一个或多个影响因素作为不确定因素,采用蒙特卡罗模拟方法分析项目的完工概率。

6.4.6　系统管理

系统管理的主要功能包括系统数据库维护、数据输入数值范围的界定、用户访问权限设置、邮件功能、系统日志生成、使用情况统计和使用帮助等。

6.5　系统架构与系统开发

本节立足于系统的设计要求、特征和系统功能,以决策支持系统和软件工程的相关理论为指导,对系统架构进行设计,并进一步给出系统开发的技术方案。

6.5.1　系统软件架构设计

DSS 与 MIS 的最大不同在于 DSS 是由各种技术性很强的部件构成,部件的组合方式不同，形成了不同的 DSS 结构形式。对模型驱动的 DSS 发展影响最大的结构形式有两个：一个是 Spraque 提出的三部件结构即人机交互部件、数据部件和模型部件；另一个是 Bonczek 等人提出的三系统结构即语言系统、问题处理系统和知识系统。三部件结构强调模型部件在决策支持系统中的作用，而三系统结构则强调知识系统在决策支持系统中的作用[194]。随着 DSS 应用的不断发展，在三部件结构基础上出现了三库和四库结构（较三部件结构分别增加了方法库和知识库）。SDMPDSS 的目的是为了充分利用共享于网络中的 SD 模型和数据资源，通过人机交互，充分发挥 SD 模型的辅助决策作用。此外，由于 SD 模型是因果关系模型，本身凝聚了项目管理领域的专家知识，构建且运行于 Vensim 仿真平台上，可以说是模型、方法和知识的集合体。因此，SDMPDSS 采用三部件体系结构，将其看做是对话部件（人机交互系统）、数据部件（数据库和数据库管理系统）和模型部件（模型和模型管理系统）的有机结合。与该体系结构相适应，将 SDMPDSS 设计为展示层、业务逻辑层和数据存储层三层架构，各逻辑层与系统各组成部分的对应关系如图 6.12 所示。

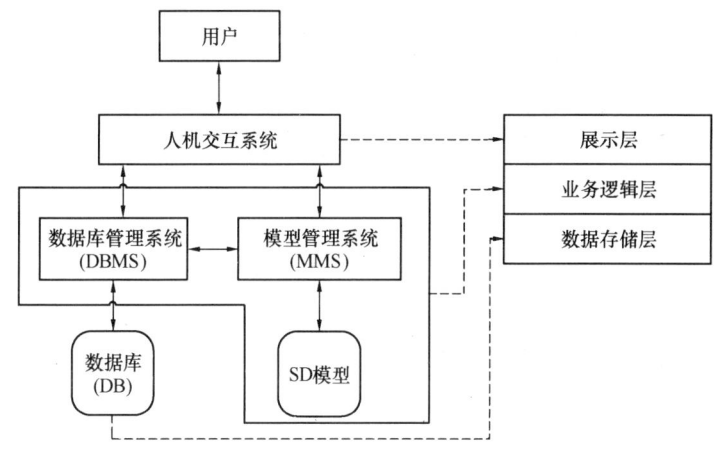

图 6.12 基于 SD 模型的工程进度控制决策支持系统软件架构

1. 展示层

该层为系统对话部件，是 SDMPDSS 与用户之间的交互界面，用户通过"人机交互系统"控制 SDMPDSS 的运行。该层应用菜单、填表、窗口、命令语言和可视化等技术呈现人机交互界面，用户向其输入控制信息和用于计算的数据，同时其向用户显示运行情况和最后的结果[194]。对于用户而言，该层是模型部件和数据部件的有机集成界面，借此达到控制系统有效运行的目的。

2. 业务逻辑层

该层包括模型部件中的工程项目 SD 模型、模型管理系统和数据部件中的数据库管理系统。SD 模型是系统的核心部件，是辅助进度计划与控制的重要决策资源，其构建和运行均在系统动力学 VensimDSS 仿真平台上完成，在系统中 SD 模型表示为 VensimDSS 软件包。SD 模型从数据库中读取输入及参数值，同时又将输出（作为应答）

送还给数据库。模型管理系统具有双重功能：一是在模型运行时，规定输入和输出数据的来源及去向，同数据库管理系统进行数据交换；二是通过与对话部件直接结合，使用户能直接地控制、处理以及利用模型。这里数据库管理系统的功能主要是负责与模型通信并存取数据。

3. 数据存储层

该层为 SDMPDSS 提供工程进度控制决策中的数据资源。数据库应用关系型数据模型存储决策资源中的数据资源，包括表示项目特征的模型参数（如项目各项工作的工期、逻辑关系、平均质量、工作稳定性和平均生产效率等）、控制策略参数、项目模拟实验中模型各变量在任意时刻的取值、不同版本的进度目标计划、项目实际完成情况、不断更新的模型不确定参数等。此外，SDMPDSS 还将利用已有项目信息系统中数据资源，由数据库管理系统统一管理。

6.5.2 系统开发技术方案

为了与工程项目的组织临时性、地理位置分布性和工作协作性等特征相适应，实现将 SD 模型和数据等决策资源均以服务的形式在网络上提供并发共享服务，将 SDMPDSS 作为基于 Internet 的三层分布式系统予以开发，如图 6.13 所示。

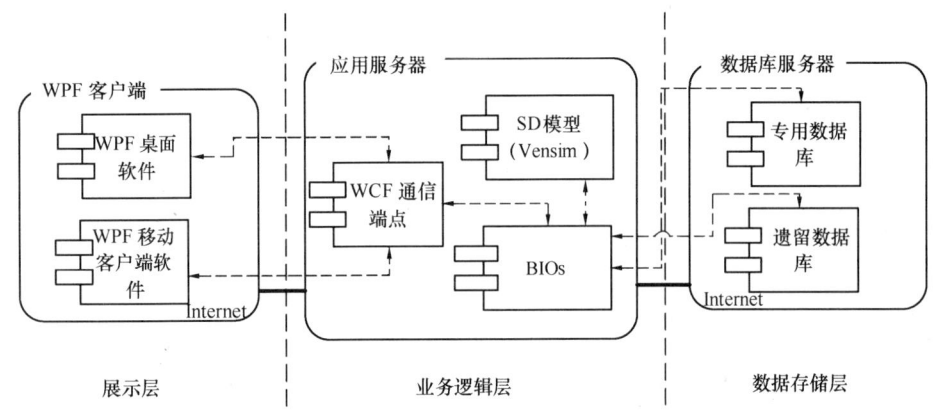

图 6.13 基于 SD 模型的工程进度控制决策支持系统三层体系

该体系中，客户端采用微软的 WPF（Windows Presentation Foundation）技术。WPF 技术支持创建丰富的、具有多种视觉效果的交互式界面，并且在浏览器内、移动设备上和桌面操作系统（如 Apple Macintosh）中均可灵活实现，能够实现 SDMPDSS 对固定客户端和移动客户端的共同支持。应用服务器端采用微软的 WCF（Windows Communication Foundation）技术，该技术为构建面向服务的应用提供了分布式通信编程框架，其在互操作性、安全性、可信赖性和与旧有系统的兼容性等方面都具有很强优势。业务逻辑层内的 BIOs（Business Information Objects）为业务信息对象，具备图 6.12 中模型管理系统和数据库管理系统的功能，即调用 SD 模型和对数据库中的数据进行存取。SDMPDSS 的详细技术方案如图 6.14 所示。该方案详细分析如下：

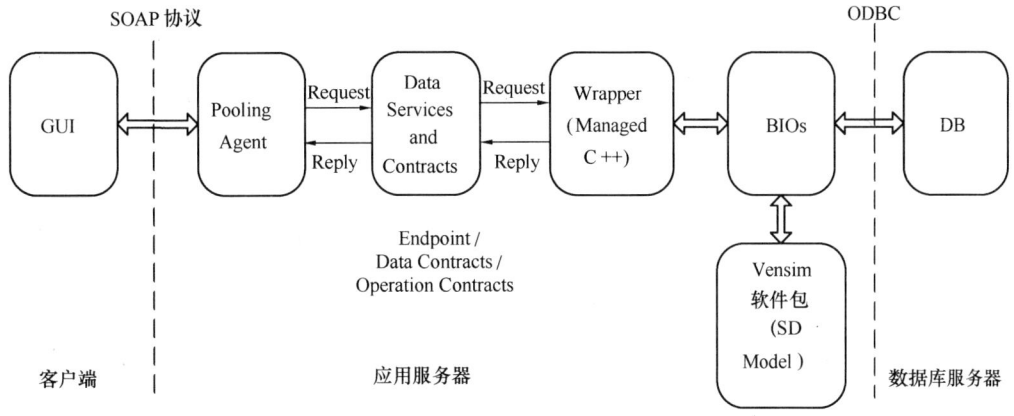

图 6.14 基于 SD 模型的工程进度控制决策支持系统开发技术方案

1. BIOs（Business Information Objects）业务信息对象

工程项目 SD 模型是提供 SDMPDSS 系统功能的核心部件，即其包含了系统的主要业务逻辑，BIOs 模块担任的则是对 SD 模型调用和对各种数据库信息的读写职责。BIOs 具体类设计如图 6.15 所示，各类/接口主要功能见表 6.2 所列。

SDMPDSS 业务信息对象（BIOs）各类/接口主要功能   表 6.2

类/接口名称	功　　能
IList（接口）	定义了所有自定义 List 类的基本行为特性，包括： （1）AddItem：对该 List 增加一个指定项； （2）RemoveItem：移除该 List 中的一个指定项； （3）GetItem：获取该 List 中的一个指定项； （4）GetLength：获取该 List 的长度
ProjectWorkBasicData	该类为数据表中项目工作基本数据表 ProjectWorkBasicData 的映射类
ProjectWorkBasicDataList	该类为类 ProjectWorkBasicData 的集合，同时实现对项目工作基本数据表 ProjectWorkBasicData 的数据读取及数据更新功能
ControlPolicy	该类为数据表中控制策略数据表 ControlPolicy 的映射类
ControlPolicyDataList	该类为一个 ControlPolicy 类的集合，同时实现对数据表的控制策略数据表 ControlPolicy 的数据读取及数据更新功能
ProjectWorkFeatureData	该类为数据表中项目工作特征数据表 ProjectWorkFeatureData 的映射类
ProjectWorkFeatureDataList	该类为一个 ProjectWorkFeatureData 类的集合，同时实现对数据表的项目工作特征数据表 ProjectWorkFeatureData 的数据读取及数据更新功能
SDModleSimulateResult	该类为数据表的项目预测结果数据表 SDModelSimulateResult 的映射类

续表

类/接口名称	功　能
SDModelSimulateResultList	该类为一个 SDModelSimulateResult 类的集合，同时实现对数据表中项目预测结果数据表 SDModelSimulateResult 的数据读取及数据更新功能
ProjectRealProgress	该类为数据表的项目实际进展数据表 ProjectRealProgress 的映射类
ProjectRealProgressList	该类为一个 ProjectRealProgress 类的集合，同时实现对数据表中实际进展数据表 ProjectRealProgress 的数据读取及数据更新功能
SDModelCoordinator	该类主要实现对模型仿真结果的计算和模型参数优化的功能，其包含以下属性： （1）CurrentPolicy：当前选定的控制策略数据； （2）CurrentProject：当前选定的项目数据； （3）CurrentProjectWorkFeature：当前选定的项目工作特征数据； （4）SDModelSimulateResult：模型预测结果； （5）ProjectRealProgress：项目实际进展数据。 该类还包含 Caculate（）方法，该方法根据当前选定的控制策略数据、项目数据、项目工作特征数据和项目实际进展数据，通过对 SD 模型的调用实现对模型仿真结果的计算和模型参数的优化，并将计算结果分别存储于 SDModelSimulateResult 内

2. Wrapper（Bios 封装层）

由于 SD 模型是被用非托管代码实现的 Vensim 动态链接库封装，故 BIOs 也需用非托管代码实现，从而实现对 SD 模型的无缝调用。然而 WCF Service 需由托管代码实现，所以需要对 BIOs 用托管代码进行一层封装。

3. DataServices and Contracts（数据服务层及通信协约）

DataServices 为一个 WCF 的通信端点，以控制台程序形式实现，可以发布为一项 Windows 服务或独立运行均可。通过配置文件可以为该服务设置 IP 地址及服务端口。DataServices 实现了将 SD 模型以服务的形式在网络上提供并发共享服务的功能。

Contracts 是 Dataservices 和客户端之间的通信协约，该协约约定了客户端和服务器端的通信数据格式。系统中具体定义了以下三种协约：

（1）Row Data Contract（行数据协约）

该协约包含了一个单独对象的所有元素，例如项目被抽象为一个独立对象，为其建立的 RowDataContract 如下所示。RowTypeBase 为所有行数据约定的基类，该类为一个抽象类，包含了所有行数据约定的一些共同方法：

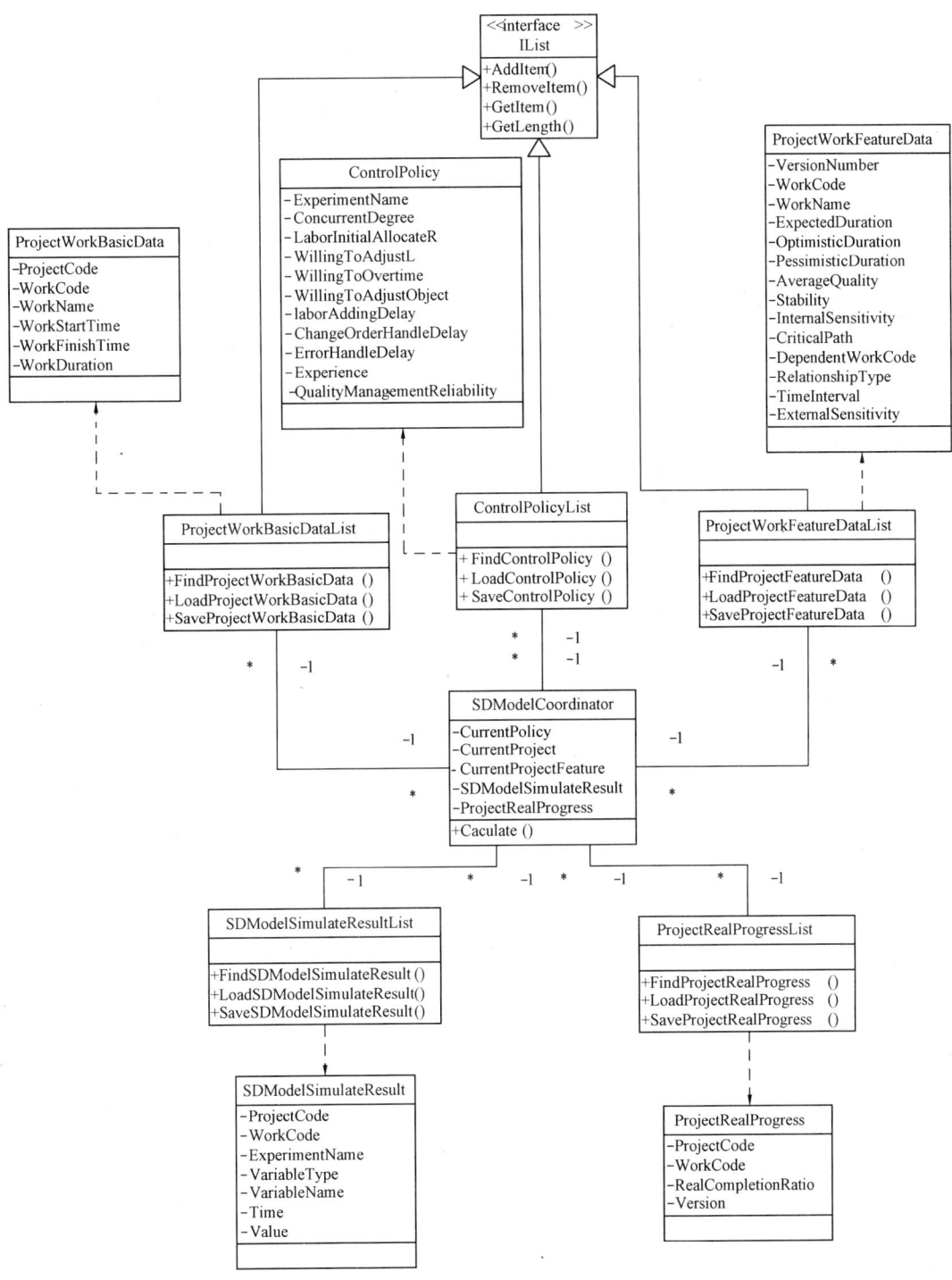

图 6.15 SDMPDSS 业务信息对象（BIOs）类表

```
[DataContract]
    public abstract class RowTypeBase
    {
        [DataMember(IsRequired = false)]
        public Fields KeyFields;
        [DataMember(IsRequired = false)]
        Public Int ColumnAmount;
    }
[DataContract]
    public abstract class ProjectRow
        : RowTypeBase
    {
        [DataMember(IsRequired = false)]
        public Int AverageQuality;
        [DataMember(IsRequired = false)]
        Public Int AverageEfficiency;
        [DataMember(IsRequired = false)]
        Public String Owner;
        [DataMember(IsRequired = false)]
        Public DateTime Date;
    }
```

（2）Request Data Contract（请求数据协约）

Request Data Contract 为客户端向应用服务器端发送请求的具体定义，系统中将客户端与应用服务器端的交互操作定义为不同的请求类型，同时通过对不同请求的参数进行设定，对各种请求的个性化需求进行控制。各种请求数据协约均继承于一个基类：DataRequestBase，从而对各种请求的共同部分进行复用。具体请求数据约定定义结构如下：

```
[DataContract]
    public abstract class DataRequestBase
    {
        public abstract Type OutputRowType();
        [DataMember(IsRequired = false)]
        public SortFieldList SortOrder;
        [DataMember(IsRequired = false)]
        public SelectedFieldFilter SelectedFields;
```

```
        [DataMember(IsRequired = false)]
        public Nullable<bool> GetTotalRecordCount;
        [DataMember(IsRequired = false)]
        public DataRequestRange RowsRequest;
    }
    [DataContract]
        public abstract class DataRequest<TOutputRowType>
            : DataRequestBase
            where TOutputRowType : RowType
        {
            public override Type OutputRowType()
            {
            return typeof(TOutputRowType);
            }
        }
```

（3）Reply Data Contract（回复数据协约）

Reply Data Contract 为应用服务器端向客户端发送回复的具体定义，系统中将各种回复定义为不同的回复类型，同时通过对不同回复的属性进行设定，从而返回不同的回复结果。各种回复数据协约均继承于一个基类：DataReplyBase，从而实现对各种回复的共同部分进行复用。具体回复数据约定定义结构与请求数据约定定义类似，这里不再给出。

4. PoolingAgent（缓冲池智能代理）

实现 SD 模型和数据在网络环境中的并发控制是系统开发中要解决的一个关键问题。为此，本系统设计了一个缓冲池智能代理（PoolingAgent），该代理可以通过多线程同时控制多个 SD 模型或数据服务实例，从而维护一个 SD 模型或数据服务实例的缓冲池，使得同时并发的多个 SD 模型或数据请求可以分配到多个模型或数据服务实例上同时处理。PoolingAgent 既能保证大量客户端同时并发情况下的线程安全，也提高了应用服务器在 Internet 或 Intranet 环境下的效率。PoolingAgent 实现模型如图 6.16 所示。

PoolingAgent 的静态类结构如图 6.17 所示。

PoolingAgent 工作流程如下：

（1）接收到客户端请求；

（2）判断当前服务实例数是否已达到上限，达到则等待；

（3）如未达到，则调用 GetInstance 方法获取一个空闲实例；

（4）请求处理完毕，释放该服务实例至缓冲池。

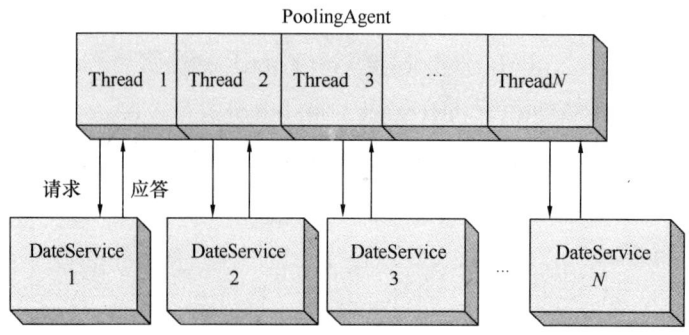

图 6.16 SDMPDSS 应用服务器端缓冲池智能代理

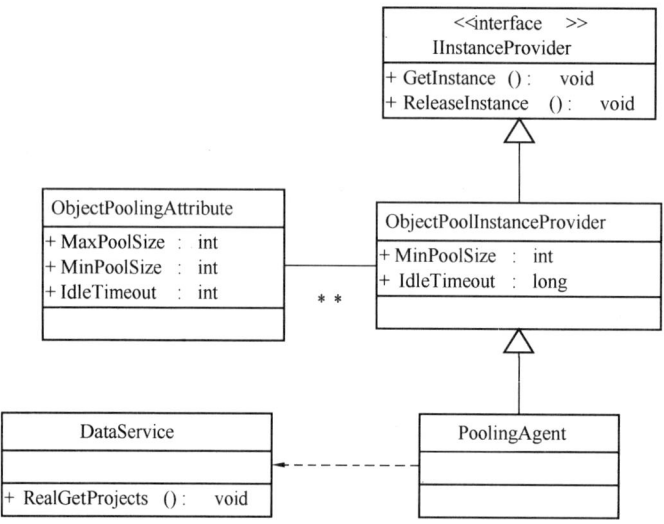

图 6.17 SDMPDSS 缓冲池代理（PoolingAgent）静态类结构

图 6.18 以获取数据中 SD 模型仿真结果为例，给出了 PoolingAgent 的工作流程。

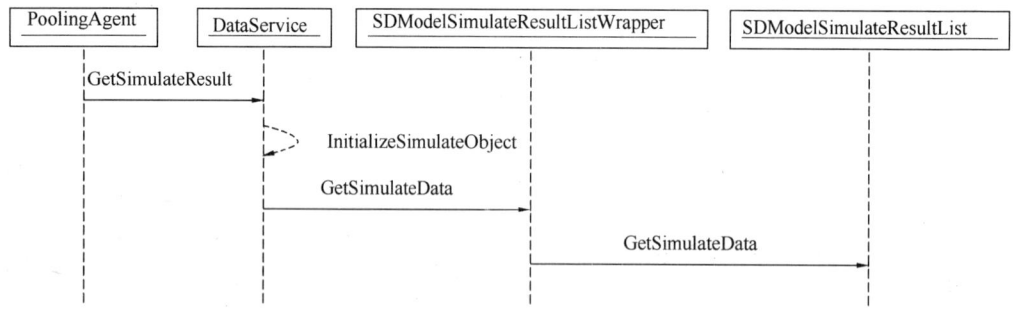

图 6.18 SDMPDSS 缓冲池代理（PoolingAgent）工作流程

5. 数据库（DB）

本系统涉及的数据见表 6.3 所列，并据其建立图 6.19 所示的系统关系型数据表结构。

第 6 章 基于系统动力学模型的工程进度控制决策支持系统

SDMPDSS 主要数据类型及其属性　　　　表 6.3

数据类型	属　　性
用户数据（存储于 User 表）	用户名、密码、用户真实姓名、所属单位、角色、Email
项目数据（存储于 Project 表）	编码、项目名称、项目开始时间、项目结束时间、项目描述、备注
项目工作基本数据（存储于 ProjectWorkBasicData 表）	包括项目编码、工作编码、工作名称、工作开始时间、工作结束时间和工作持续时间
项目工作特征数据（存储于 ProjectWorkFeature 表）	包括工作编码、工作名称、预计工期、乐观工期、悲观工期、平均质量、工作稳定性、内部敏感性、关键路径、依赖工作编码、依赖关系类型、时间间隔和外部敏感性
控制策略数据（存储于 ControlPolicy 表）	包括实验名称、并行程度、劳动力初始分配率、调整劳动力人数意愿、目标调整意愿、劳动力增加时间延迟、变更处理决策延迟、质量问题处理决策延迟、经验水平和质检可靠性
SD 模型仿真结果（存储于 SDModelSimulateResult 表）	包括项目编码、工作编码、实验名称、变量类型、变量名称、时间序列、取值
项目实际进展数据（存储于 ProjectRealProgress 表）	包括项目编码、工作编码、实际完工比例、时间、版本号

6.6　系统应用实例

SDMPDSS 为基于 Web 的分布式系统，可同时应用在多个工程项目中，本节以某道路工程为例，对其如何发挥决策支持作用进行探讨。

6.6.1　基本参数输入

图 6.4 显示了进入 SDMPDSS 并选择该项目后的系统界面，它包含系统功能按钮并显示了该项目初始进度计划基本信息。在图 6.5 所示系统界面"项目工作特征参数输入"中输入表 4.7 中的项目模型参数估计值，由于该界面有效地组织了包含于 SD 仿真软件 VensimDSS 中多个模型视图中的所有模型参数（即外生变量），即使模型参数输入效率得到了大幅提高。

6.6.2　应用场景分析

该项目桩基工程计划开始于第 262 天，结束时间为第 441 天，持续时间为 179 天。在该工作进行了 30 天后，发生了工程变更，工程量增加了 20%，经仿真计算得出该工作的结束时间为第 492 天，工期将延长 51 天。选择系统"项目进展预测与方案对比分析"功能中的"工作行为曲线"选项卡，添加桩基工程变更前后两次模拟实验（模拟实验名称分别为 basecase 和 SC）变量"任务完成比例"的仿真结果，可得到如图 6.20 所示的两条标识该工作的进展曲线。由于该项工作是整个项目的关键工作，其进

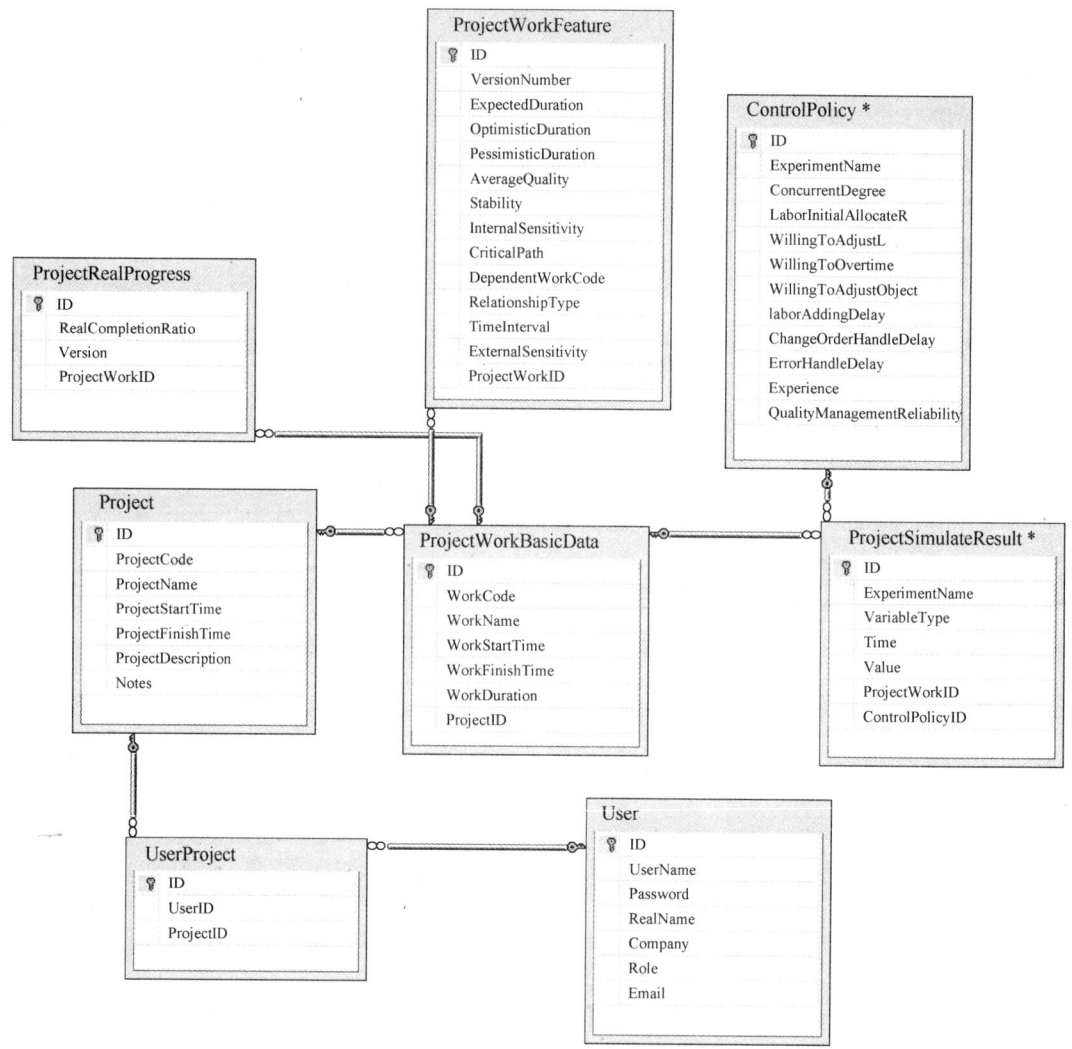

图 6.19 SDMPDSS 数据库表结构

展状况会对项目竣工时间产生直接影响。为了确保工程量增加后该项工作仍能按计划时间完成，管理者需要采取进度控制策略，下面对在该场景下管理者如何通过与 SDMPDSS 的交互获取决策支持进行分析。

6.6.3 进度控制方案设计与方案评价

1. 进度控制方案设计

点击图 6.4 所示系统主界面中的"模拟输入"功能，进入图 6.6 所示的"进度控制策略参数输入"界面。由于该模拟场景是系统在项目工作级层面的应用，因此，点击"工作"选项，在项目工作列表中选择"桩基工程"，即可在图 6.21 中通过改变该项工作对应的控制策略参数建立不同的进度控制方案。

首先分别分析增加劳动力人数、工人加班、缩短决策延迟三种进度控制策略对该

第 6 章 基于系统动力学模型的工程进度控制决策支持系统

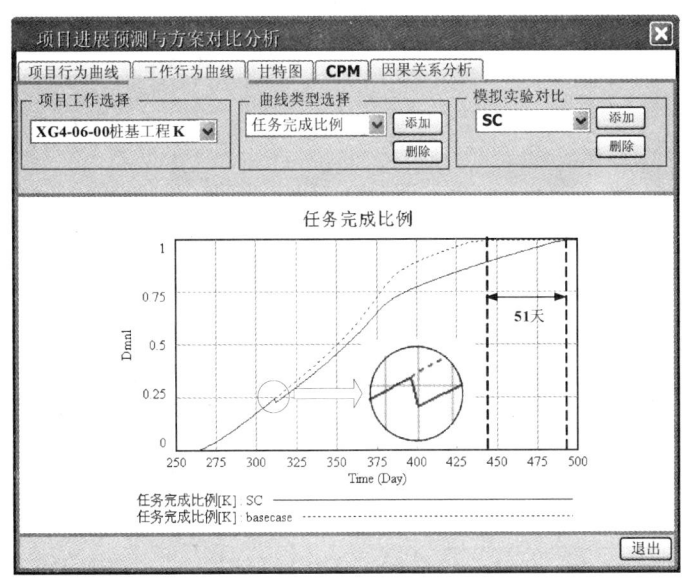

图 6.20 工程变更前后桩基工程任务完成比例仿真结果

图 6.21 桩基工程进度控制策略参数输入

项工作进度的影响，为此，设计三种进度控制方案，名称分别为"SC＋case1"、"SC＋case2"和"SC＋case3"。方案一"SC＋case1"中采取完全根据需要调整劳动力人数策略，即"调整劳动力人数意愿"设为1；方案二"SC＋case2"中采取完全根据需要加班的策略，即"加班意愿"设为1；方案三"SC＋case3"中将管理决策时间缩短

135

为原来的1/3，即"变更处理决策时间"设为3，"质量问题处理决策时间"设为1。在各方案中，其他策略参数保持不变。对各方案进行仿真试验，桩基工程的进展预测如图6.22所示。

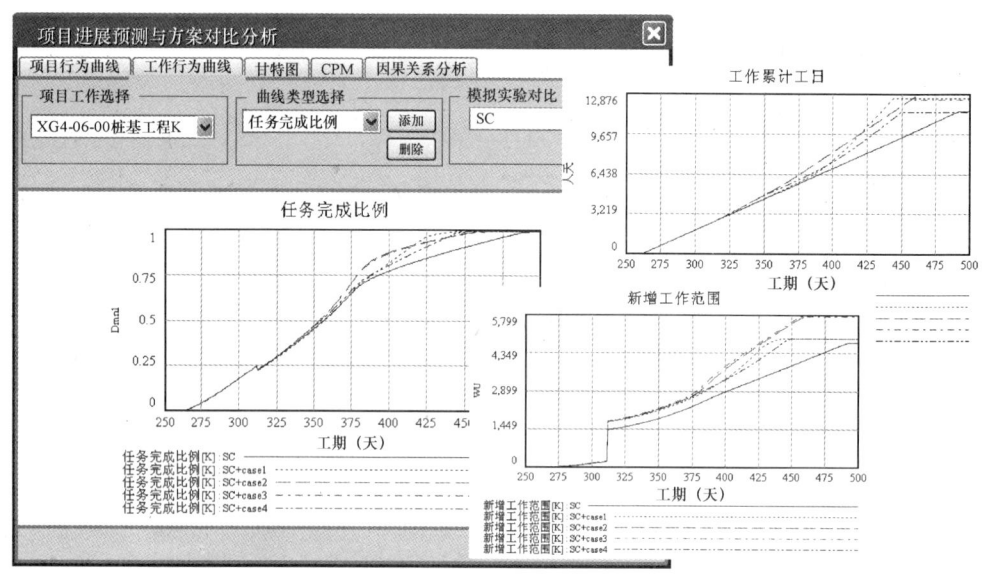

图6.22 桩基工程不同进度控制策略下的预测结果

在图6.22所示的界面中，选择曲线类型"累计工日"和"新增范围"，同样可以得到桩基工程不同方案中这两个变量的预测结果。读取各仿真值并汇总于表6.4中。

桩基工程不同进度控制策略下的仿真值　　　　　　　　　表6.4

进度控制方案	增加劳动力	加班	缩短决策延迟	开始时间（天）	结束时间（天）	持续时间		累计工日		新增范围	
						数值（天）	偏差（%）	数值（人天）	偏差（%）	数值（WU）	偏差（%）
basecase	—	—	—	262	441	179	—	—	—	—	—
SC	—	—	—	262	492	230		11525		4735	—
SC+case1	100%	No	No	262	445	183	20.4	12537	8.7	4907	3.6
SC+case2	No	100%	No	262	463	201	12.6	12876	11.7	5399	14.1
SC+case3	No	No	1/3	262	457	195	15.2	12433	7.8	5164	9.0
SC+case4	100%*	100%*	1/2	262	446	184	20.0	12619	9.5	4978	5.1

＊：策略SC+case4第一个月采取100%加班策略，一个月后采取100%增加劳动力策略。

2. 方案评价

从表6.4可以看出，方案一最大化地提高了工程进度，几乎能够保证在计划工期内完成桩基工程，与不采取进度控制策略相比，工期提前了20.4%。方案三尽管在提高进度绩效上逊于方案一，但从其累计工日指标可以看出，该方案需追加的人力成本最低。方案二提高的进度幅度最小并且需投入的人力成本最大，并同时带来了大量的新增工作范围。各方案对工作绩效影响产生原因的分析管理者可以借助于系统"项目进展预测和方案对比分析"功能中的"因果关系分析"子功能完成。例如,从调整劳动力人数策略的反馈回路中可以看出,采取方案一后的工作完成时间仍比计划晚 4 天是由于策略的采纳存在延迟。图 6.23 以方案二为例,选择了工人加班策略的反馈回路。从回路中可以看出,方案二在带来工作时间的延长从而加快工作速度的同时,长时间加班使工人产生了疲劳,从而降低了生产效率和工作质量,降低的生产效率和因工作质量降低产生的工作范围均对工作速度产生了负面影响。因此,尽管方案二是完全根据需要追加工作时间,但从仿真结果可以看出,采纳该方案后,桩基工程的完成时间仍比计划晚 22 天,无法发挥其进度控制的预期作用。

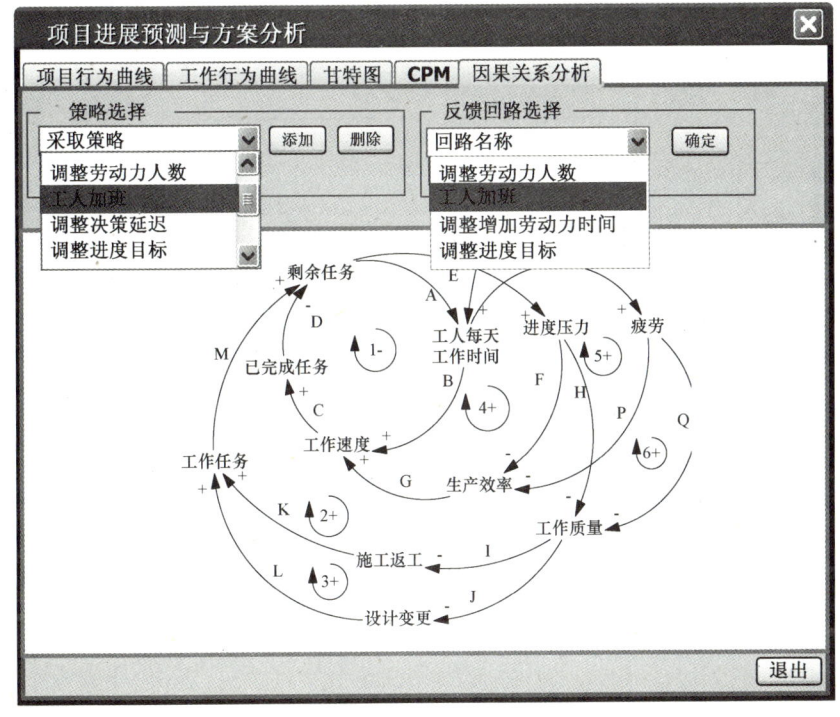

图 6.23　桩基工程进度控制策略因果关系分析

3. 方案选择

在对比分析了不同方案下的工作进展预测结果及其成因后,管理者需要结合现实状况作出选择何种进度控制策略的决策。缩短 2/3 的管理决策时间对进度和成本正面的综合影响最大,但由于管理决策涉及项目多参与方,缩短决策时间需要多方配合,因此该策略的实施存在较大困难。完全按需增加劳动力人数能够满足按期完成工作的要求,但是由于当前的劳动力市场存在供应短缺现象,难以在短时间内招到需要的工人。加班策略尽管不宜长期采纳,但可以收到立竿见影的效果,并且该项策略的实施不会受到其他因素的影响。综合考虑上述因素,建立第四个进度控制方案"SC＋case4",即在前一个月内采纳 100％加班策略,一个月以后采取增加劳动力人数策略,并在整个实施阶段将管理决策时间缩短 1/2。对该方案进行仿真实验，可以得到该方案下桩基工程在第 446 天完成。通过对表 6.4 所列的各种方案下的工作绩效值的对比可以看出，方案四不仅降低了现实因素对策略实施的影响，也满足了工程进度要求，在成本绩效方面也有较好表现，因此选择方案四作为发生变更后采纳的进度控制策略。图 6.24 显示了变更发生前后和采纳方案 4 后的桩基工程任务完成比例的行为曲线。

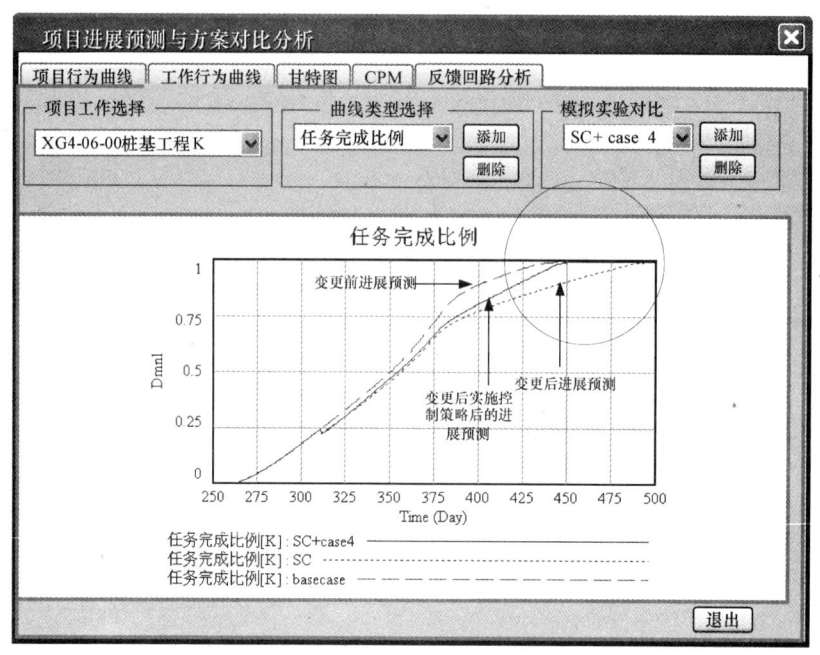

图 6.24　桩基工程变更前后及实施控制策略后的进展预测

6.6.4　完工概率分析

当桩基工程的实施过程存在不确定因素时，SDMPDSS 的"进度计划优化与完工概率分析"功能可以通过蒙特卡洛模拟方法进一步提供实施进度控制策略后桩基工程的完工概率分析，如图 6.25 所示。在该界面左侧可以选择不确定性因素、概率分布类型和设定相关参数，界面右侧则显示了完工时间的频率分布图和完工概率分布图。这里选择质量为不确定性因素，假设其服从 0.75~1 的平均分布，仿真次数设置为 200，经计算得桩基工程在第 446 天前完成的概率为 0.48。第 446 天是当工程质量为 0.9 时桩基工程的完成时间，通过该项分析可以得出，工程质量会对进度控制策略的实施效果造成较大影响，因此，为确保工程进度，还需特别加强工程质量的管理。

从上述分析可以看出，在 SDMPDSS 应用过程中，用户可以通过良好的人机交换界面向系统输入项目特征参数、进度控制策略参数及其他各种模型计算所需数据，同时该界面可以灵活显示项目及项目各项工作的任一变量不同仿真试验中的仿真结果，

第6章 基于系统动力学模型的工程进度控制决策支持系统

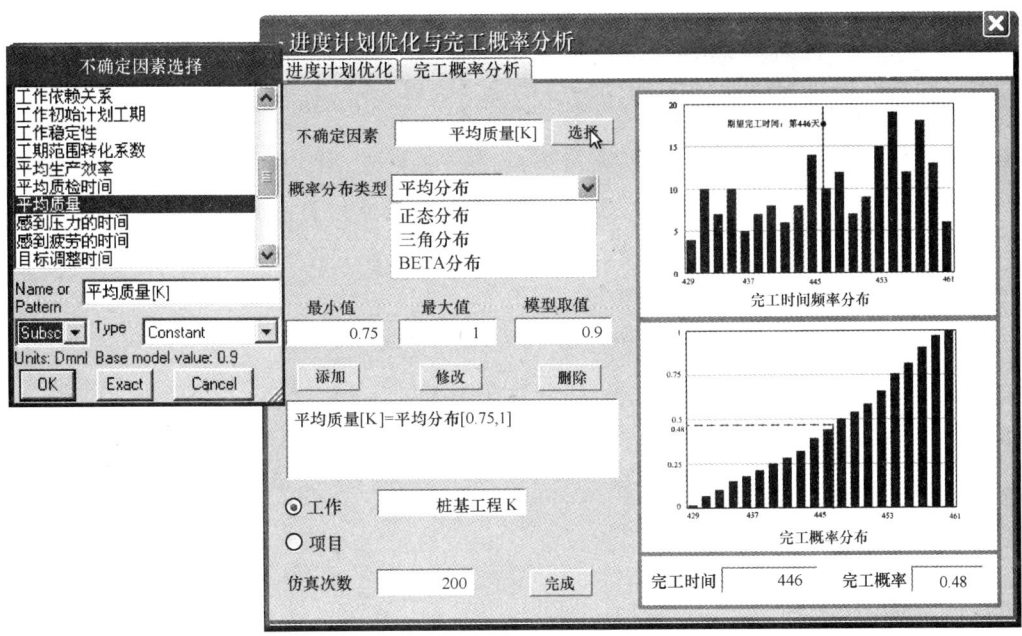

图 6.25 桩基工程完工概率分析

并向用户提供了决策方案分析工具。用户借助人机交互界面控制系统运行，在进度控制决策方案设计、方案分析与评价、进度计划优化、计划更新和完工概率分析等方面均可获得良好的决策支持。SDMPDSS 系统有机集成了工程项目 SD 模型和进度控制决策所需的数据资源，提高了工程项目 SD 模型的应用效率，为复杂工程项目的进度控制决策提供了一个有效的支持工具。

结 束 语

由于受到工程变更、工程质量、生产效率、资源数量和管理决策延迟等多种因素的影响，复杂工程项目的执行过程呈现出高度的动态性和不确定性，这为其进度目标控制带来了严峻挑战，而传统方法对其进度控制的支持作用已凸显不足。为此，本书提出了一种能够对复杂工程项目进行进度计划优化并为其进度控制策略选择提供决策支持的工程进度控制系统动力学仿真方法。首先以系统动力学的理论和方法为指导，结合工程项目管理知识和经验，构建了工程项目系统动力学模型。该模型描述了项目实施过程中各项工作与工作之间、工作与各种进度影响因素之间的相互关系，通过仿真运行，能够较好地模拟实际系统的动态过程和运行规律。然后以该模型作为"实验室"，通过调整控制策略参数，得出了不同控制策略对项目绩效的影响，从而为选择合理的进度控制策略提供决策支持；结合所选择的进度控制策略，对项目进展作出预测，得到了优化后的进度计划。最后设计了基于工程项目系统动力学模型的工程进度控制决策支持系统，该系统为模型的应用提供了基于网络的信息化环境，提高了模型的应用效率。

本书提出的工程进度控制系统动力学仿真方法能够辅助管理者对复杂工程项目进度控制中战略层面的问题进行系统地分析和判断，有利于提高复杂工程项目进度计划的科学性和控制的有效性。在工程项目复杂化趋势不断增强和复杂性科学大发展推动各学科交叉与融合的双重背景下，本书对于促进复杂项目管理理论体系的构建、提高复杂工程项目的社会效益和经济效益具有一定的理论意义和实践意义。

本书的研究价值和创新点主要体现在以下几个方面。

（1）结合工程项目管理知识和经验，以系统动力学的系统建模理论为指导，构建了工程项目系统动力学模型。将工作任务依赖关系、工程变更、工程质量、资源分配、生产效率、管理决策延迟和进度压力等工程项目进度影响因素纳入到统一的系统框架内，并将其分解为建设过程子系统、范围子系统、资源管理子系统、进度目标子系统和项目表现子系统五个子系统；以先定性分析子系统内诸要素之间的逻辑关系并识别出主要的因果反馈回路、再提炼模型变量并确立主要变量的数学方程为研究路线，分别构建了各子系统模型结构，从而得到了各子系统协调一致、与项目真实系统较好耦合并可在计算机上仿真运行的工程项目SD模型；将其与现有的项目系统动力学模型进行了对比分析。应用系统动力学模型检验理论验证了模型的有效性。

（2）应用系统结构与功能相结合的方法揭示了并行建设、劳动力分配策略、调整进度目标和调整时间延迟四类进度控制策略对项目绩效的影响机理，并通过对不同进度控制策略下模型仿真结果的对比分析与评价，提出了实验项目进度控制策略和进度计划的优化方案。为利于仿真实验中仿真结果的理解和确立仿真结果的比较基准，分析了模型在特定场景下项目进展、新增工作任务、劳动力人数和生产效率的动态行为；以模型为"实验室"，控制和改变进度控制策略参数，对模型进行多次仿真试验，得到了模型项目工期、项目累计工日和项目增加范围的仿真结果，以系统动力学中系统内部的动态结构和反馈机制决定系统行为的理论和主导动态结构作用原理为指导，借助工程项目系统动力学模型流图和反馈回路对仿真结果进行机理分析和评价；根据以上分析，从项目进度绩效出发，提出了实验项目进度控制策略和项目进度计划优化方案。

（3）为了提高工程项目SD模型的应用效率，设计了基于系统动力学模型的工程进度控制决策支持系统，该系统将SD模型和数据等决策资源网络共享，通过人机交互的方式为用户提供进度控制决策支持。在分析系统开发的必要性后，结合工程项目组织临时性、地理位置分散性和工作协作性的特征，提出了系统设计要求，并界定了系统内涵；设计了系统输入、项目进展预测与方案对比分析、实时模拟、SD模型校正和进度计划优化等系统功能；以决策支持系统理论为指导，设计了包含对话部件、模型部件和数据部件的系统软件架构；应用软件工程原理并结合计算机技术提出了详细的系统开发技术方案；将该系统应用于某道路工程，应用效果表明，该系统为SD模型的应用提供了一个高效的应用环境。

本书的研究虽然取得了一定的成果，但尚存在不足和有待进一步深入研究的工作，主要如下：

（1）文中构建的工程项目系统动力学模型主要建立了工程质量、工程变更、资源、生产效率、管理决策延迟和项目工作之间的依赖关系等因素与项目工作进度之间的关系，但除了这些因素外，资金、工程安全和现场施工条件等因素也会对项目进度造成影响。而为了研究的收敛性，文中尚未将这些因素考虑在内，因此，今后还需进一步扩大模型的边界，提高模型与实际系统的一致性，从而增强模型辅助进度控制决策的能力。

（2）文中构建的工程项目系统动力学模型可对劳动力成本和工程进展等项目行为进行模拟，为管理者进度控制决策提供定量分析信息，但该模型目前尚不能对成本和进度目标进行均衡优化，今后还需要建立多目标均衡优化模型并将其与工程项目系统动力学模型综合集成，以为管理者选择项目整体效用最大的进度控制策略提供决策支持。

附录 A 工程项目 SD 模型主要变量说明表

符　号	中　文　变　量	变量类型	单　位
$ActOTRatio[i]$	实际工作时间比例$[i]$	A	Dmnl
$ActP[i]$	实际生产效率$[i]$	A	WU/(人·天)
$ActQ[i]$	实际质量$[i]$	A	Dmnl
$AddLT[i]$	劳动力增加调整时间$[i]$	C	天
$AppCRatio[i]$	确认变更比例$[i]$	A	Dmnl
$AQCTime[i]$	平均质检时间$[i]$	C	天
$AveHEInTTD[i]$	待完成任务中含有的隐含问题比例$[i]$	A	Dmnl
$AveP[i]$	平均生产效率$[i]$	C	WU/(人·天)
$AveReproHEInTWQC[i]$	等待质检任务中含有的隐含问题比例$[i]$	A	Dmnl
$AWSDP[i]$	过程中增加的工作范围$[i]$	L	WU
$AWSProdR[i]$	过程中增加范围产生速度$[i]$	R	WU/天
$CAppR[i]$	确认的变更产生速度$[i]$	R	WU/天
$CDMDel[i]$	变更处理的决策延迟$[i]$	C	天
$CReqR[i]$	提出变更请求速度$[i]$	R	WU/天
$CRejR[i]$	变更拒绝速度$[i]$	R	WU/天
$CSAdIndex[i]$	变更范围调整系数$[i]$	C	Dmnl
$DecrLT[i]$	劳动力减少时间$[i]$	C	天
$DurAdjR[i]$	工期调整速度$[i]$	R	天/天
$DurAdjT[i]$	工期调整时间$[i]$	C	天
$DurTarg[i]$	工作目标工期$[i]$	L	天
$EquLabor[i]$	等价的劳动力人数$[i]$	A	人
$ERelR[i]$	要求发现的质量问题不处理$[i]$	R	WU/天
$ErrDisR[i]$	质量问题发现速度$[i]$	R	WU/天
$Error[i]$	质量问题$[i]$	L	WU
$EToHER[i]$	质量问题变成隐含质量问题的速度$[i]$	R	WU/天
$EWQMD[i]$	质量问题等待处理决策$[i]$	L	WU
$ExFSR[i,j]$	外部 FS 依赖关系$[i,j]$	Table	Dmnl
$Exper[i]$	经验水平$[i]$	C	Dmnl
$ExSen[i,j]$	外部敏感性$[i,j]$	C	Dmnl
$ExSSR[i,j]$	外部 SS 依赖关系$[i,j]$	Table	Dmnl

附录 A　工程项目 SD 模型主要变量说明表

续表

符　号	中　文　变　量	变量类型	单　位
$Fatigue[i]$	疲劳$[i]$	L	Dmnl
$FOnQFactor[i]$	工人疲劳对生产效率影响因子$[i]$	A	Dmnl
$FraAvailConsInR[i]$	内部依赖关系制约的可执行任务比例$[i]$	A	Dmnl
$FraAvailConsExR[i]$	外部依赖关系制约的可执行任务比例$[i]$	A	Dmnl
$FraHE[i]$	上游隐含质量问题比例$[i]$	A	Dmnl
$FraTFin[i]$	任务完成比例$[i]$	A	Dmnl
$HE[i]$	隐含质量问题$[i]$	L	WU
$HEDisR[i]$	隐含质量问题发现速度$[i]$	R	WU/天
$HEFinR[i]$	隐含质量问题处理完成速度$[i]$	R	WU/天
$HEOnQFactor[i]$	上游隐含质量问题对质量影响因子$[i]$	A	Dmnl
$HEReproR[i]$	隐含质量问题重新执行速度$[i]$	R	WU/天
$HEReproTime[j]$	上游隐含问题处理时间$[j]$	A	天
$HERelR[i]$	释放发现的隐含质量问题$[i]$	R	WU/天
$HEToRepro[i]$	需要重新处理的隐含质量问题$[i]$	L	WU
$HEWQC[i]$	重新处理完待检查的隐含质量问题$[i]$	L	WU
$HQ[i]$	最高的质量水平$[i]$	A	Dmnl
$IniLabor[i]$	劳动力初始分配人数$[i]$	C	人
$IniLRatio[i]$	劳动力初始分配率$[i]$	C	Dmnl
$InSen[i]$	内部敏感性$[i]$	C	Dmnl
$Labor[i]$	劳动力人数$[i]$	L	人
$LDAAddR[i]$	工日增加速度$[i]$	R	人
$LEOnQFactor[i]$	学习效应对质量影响因子$[i]$	A	Dmnl
$LHR[i]$	劳动力雇佣率$[i]$	R	人/天
$PenTRelR[i]$	等待任务释放速度$[i]$	R	WU/天
$PerFraFin[i]$	认为的任务完成比例$[i]$	A	Dmnl
$PerP[i]$	认为的生产效率$[i]$	A	WU/(人·天)
$PerSPT[i]$	感觉到压力的时间$[i]$	C	天
$PerWR[i]$	认为的任务执行速度$[i]$	A	WU/天
$QCRelia[i]$	质检可靠性$[i]$	A	Dmnl
$QMDDel[i]$	质量问题处理决策延迟$[i]$	C	天
$RemW[i]$	剩余工作任务$[i]$	A	WU
$RemWReqTime[i]$	剩余任务需要时间$[i]$	A	天
$ReproByCR[i]$	变更引发需重新处理任务产生速度$[i]$	R	WU/天
$ReproByDC[i]$	下游工作变更影响$[i]$	R	WU/天
$ReproByInC[i]$	内部变更影响$[i]$	R	WU/天
$ReproByUC[i]$	上游工作变更影响$[i]$	R	WU/天

续表

符　号	中　文　变　量	变量类型	单　位
$ReproRatio[i]$	重新处理比例$[i]$	C	Dmnl
$ReqEReproR[i]$	要求发现的质量问题重新处理$[i]$	R	WU/天
$ReqHEReproR[i]$	隐含质量问题发现且需重新处理$[i]$	R	WU/天
$ReqL[i]$	需要的劳动力数量$[i]$	A	人
$ReqOTRatio[i]$	需要的工作时间比例$[i]$	A	Dmnl
$ReqUHEReProR[i]$	要求上游隐含质量问题重新处理$[i]$	R	WU/天
$ReqWR[i]$	要求的任务执行速度$[i]$	R	WU/天
$ResourceConsR[i]$	资源受限速度$[i]$	R	WU/天
$SAdIndex[i]$	重新处理范围调整系数$[i]$	C	Dmnl
$ScheRemTime[i]$	计划剩余时间$[i]$	A	天
$SchPres[i]$	进度压力$[i]$	L	Dmnl
$SelfCT[i]$	自检周期$[i]$	C	天
$SPOnQFactor[i]$	进度压力对质量影响因子$[i]$	A	Dmnl
$TableExSSR[i,j]$	Table 外部 SS 依赖关系$[i,j]$	Table	Dmnl
$TableFatiOnPro[i]$	Table 工人疲劳对生产效率影响因子$[i]$	Table	Dmnl
$TableFOnQ[i]$	Table 工人疲劳对质量影响$[i]$	Table	Dmnl
$TableInR[i]$	Table 内部依赖关系$[i]$	Table	Dmnl
$TableLEOnPro[i]$	Table 学习效应对生产效率影响因子$[i]$	Table	Dmnl
$TableLEOnQ[i]$	Table 学习效应对质量影响因子$[i]$	Table	Dmnl
$TableOTRatio[i]$	Table 需要的工作时间比例$[i]$	Table	Dmnl
$TableSPOnPro[i]$	Table 进度压力对生产效率影响因子$[i]$	Table	Dmnl
$TableSPOnQ[i]$	Table 进度压力对质量影响因子$[i]$	Table	Dmnl
$TaskAvai[i]$	可执行任务数$[i]$	A	WU
$TFin[i]$	已完成任务$[i]$	L	WU
$TFinR[i]$	任务完成速度$[i]$	R	WU/天
$TimeToFati[i]$	感到疲劳的时间$[i]$	C	天
$TimeUsed[i]$	已消耗时间$[i]$	A	天
$TIntrR[i]$	任务产生速度$[i]$	R	WU/天
$TR[i]$	任务执行速度$[i]$	R	WU/天
$TTD[i]$	待完成任务$[i]$	L	WU
$TWCDM[i]$	等待变更处理决策任务$[i]$	L	WU
$TWQC[i]$	等待质检任务$[i]$	L	WU
$TWUHEQMD[i]$	等待上游隐含问题处理决策$[i]$	L	WU
$TWUHERePro[i]$	等待上游隐含问题处理$[i]$	L	WU
$UEDisProb[i,j]$	发现上游隐含质量问题的概率$[i,j]$	A	Dmnl
$UHEDisR[i,j]$	上游隐含质量问题发现速度$[i,j]$	R	WU/天

附录 A 工程项目 SD 模型主要变量说明表

续表

符 号	中 文 变 量	变量类型	单 位
$UpHERelR[i]$	上游隐含质量问题不处理$[i]$	R	WU/天
$WillToAdjL[i]$	调整劳动力意愿$[i]$	C	Dmnl
$WillToAdjTar[i]$	工期调整意愿$[i]$	C	Dmnl
$WillToOT[i]$	采取加班策略意愿$[i]$	C	Dmnl
$WIniDur[i]$	工作初始工期$[i]$	C	天
$WIniS[i]$	工作初始范围$[i]$	C	WU
$WReqTtoFin[i]$	剩余任务需要时间$[i]$	A	天
$Wsta[i]$	工作稳定性$[i]$	C	Dmnl
$WStartT[i]$	工作开始时间$[i]$	A	天

注：L 表示状态变量；R 表示速率变量；A 表示辅助变量；C 表示常量；Table 表示表函数；Dmnl 表示无量纲。

附录 B Vensim(DSS)仿真软件函数含义说明表

函 数 名 称	含 义
IF THEN ELSE(条件,A,B)	IF THEN ELSE(条件,A,B) = $\begin{cases} A, 若条件成立 \\ B, 若条件不成立 \end{cases}$
INTEG(R,X_0)	INTEG(R,X_0) = $X_0 + \int_0^t R \mathrm{d}t$
INTEGER(A)	INTEGER(A) = 小于等于 A 的最大整数
MAX(A,B)	MAX(A,B) = $\begin{cases} A, 若 A \geqslant B \\ B, 若 A < B \end{cases}$
MIN(A,B)	MIN(A,B) = $\begin{cases} A, 若 A \leqslant B \\ B, 若 A > B \end{cases}$
SAMPLE IF TRUE(条件,A,B)	SAMPLE IF TRUE(条件,A,B) = $\begin{cases} B, 初值 \\ A, 条件一旦成立 \end{cases}$
SUM($x[i,j!]$)	SUM($x[i,j!]$) = $\sum_{j=1}^{n} x[i,j]$
VMAX($x[i,j!]$)	VMAN($x[i,j!]$) = min ($x[i,1],x[i,2]\cdots,x[i,n]$),其中 $j \in 1,2\cdots,n$
VMIN($x[i,j!]$)	VMIN($x[i,j!]$) = min ($x[i,1],x[i,2]\cdots,x[i,n]$),其中 $j \in 1,2\cdots,n$
XIDA(A,B,X)	XIDA(A,B,X) = $\begin{cases} A/B, 若 B \neq 0 \\ X, 若 B \end{cases}$
ZIDZ(A,B)	ZIDZ(A,B) = $\begin{cases} A/B, 若 B \neq 0 \\ 0, 若 B = 0 \end{cases}$

参 考 文 献

[1] Doyle J K and Ford D N. Mental models concepts for system dynamics research [R]. System Dynamics Review, in Press, Report No. 6, Jan. 7, 1998.

[2] Sterman J D. System Dynamics Modeling for Project Management [EB/0L]. Sloan School of Management, MIT, 1992. 获取网址：http://web.mit.edu/jsterman/www/SDG/project.pdf[2009-05-10]

[3] 戴汝为. 关于"复杂性"的研究——一门 21 世纪的科学，科学前沿与未来[M]. 北京：科学出版社，1998.

[4] 晏永刚，任宏，范刚. 大型工程项目系统复杂性分析与复杂性管理[J]. 科技管理研究，2009，(6)：303-305.

[5] 齐二石，姜琳. 大型工程项目的复杂性及其集成化管理[J]. 科技管理研究，2008，(8)：191-193.

[6] 盛昭瀚，游庆仲. 综合集成管理：方法论与范式——苏通大桥工程管理理论的探索[J]. 复杂系统与复杂性科学，2007，4(2)：1-9.

[7] Lyneis J M and Ford D. System dynamics applied to project management: a survey, assessment, and directions for future research [J]. System Dynamic Review, 2007, 23 (2/3)：157-189.

[8] Lyneis J M, Cooper K G and Els S A. Strategic management of complex projects: a case study using system dynamics [J]. System Dynamics Review, 2001, 17(3)：237-260.

[9] Kaming P, Olomolaiye P, Holt G and Harris F. Factors influencing construction time and cost overruns on high-rise projects in Indonesia [J]. Construction Management and Economics, 1997, 15：83-94.

[10] Al-Momani A H. Construction delay: a quantitative analysis [J]. International Journal of Project Management, 2000, 18(1)：51.

[11] Assaf S A and Al-Hejji S. Causes of delay in large construction projects [J]. Project management, 2006, (24)：349-357.

[12] Turner J R and Cochrane R A. Goals and methods matrix: coping with projects with ill defined goals and/or methods of achieving them [J]. International Journal of Project Management, 1993, 11 (2)：93-102.

[13] Baccarini D. The concept of project complexity - a review [J]. International Journal of Project Management, 1996, 14(4)：201-204.

[14] Williams T M. The need for new paradigms for complex projects [J]. International Journal of Project Management, 1999, 17(5)：269-273.

[15] Ackermann F, Eden C and Williams T. A persuasive approach to delay and disruption-using "mixed methods" [J]. Interfaces, 1996, 11-12.

[16] Williams G. Fast-track pros and cons: Considerations for industrial projects [J]. Journal of Con-

struction Engineering and Management, 1995, 11 (5): 24-32.

[17] Bertelsen S. Complexity-construction in a new perspective [C]. The proceedings of the 10th annual conference in the Internatinal Group for Lean Construction, 2003.

[18] Gidado K I. Project complexity: The focal point of construction production planning [J]. Construction Management and Economics, 1996, 14(3): 213-225.

[19] Hartmann S. Project scheduling under limited resources: CRM, methods, and applications, in Lecture Notes in Economics and Mathematical Systems, Springer, Berlin, Germany. 1999: 478.

[20] Drezet L E and Billaut J C. A project scheduling problem with labour constraints and PERT [J]. European Journal of Operational Research, 2008, 112(1): 217-225.

[21] Hyari K, El-Rayes K. Optimal planning and scheduling for repetitive construction projects [J]. Journal of Management in Engineering, 2006, 22 (1): 11-19.

[22] Georgy M E. Evolutionary resource scheduler for linear projects [J]. Automation in Construction, 2008, 17 (5): 573-583.

[23] 李若刚, 王国祥. 关于网络计划模型中的时间不确定性的讨论[J]. 系统工程与电子技术, 1997, (8): 40-45.

[24] 王卓甫. 工程进度风险计算研究[D]. 河海大学博士论文, 2002.

[25] McCahon C S. Using PERT as an approximation of fuzzy projection-network analysis [J]. IEEE Transaction on Engineering Management, 1993, 40(2): 146-153.

[26] 高朋, 冯俊文. 工程网络计划的 LR 型模糊系数线性规划方法[J]. 中国工程科学, 2009, 11(2): 70-74.

[27] 钟登华, 刘奎建, 杨晓刚. 施工进度计划柔性网络仿真的不确定性研究[J]. 系统工程理论与实践, 2005, 25(2): 107-112.

[28] 杨湘, 张连营, 张杰. 工程项目工期—成本综合模糊优化[J]. 土木工程学报, 2003, 36(3): 46-50.

[29] El-Rayes K and Kandil A. Time-cost-quality trade-off analysis for highway construction [J]. Journal of Construction Engineering and Management, 2005, 131(4): 477-486.

[30] 刘晓峰, 陈通, 张连营. 基于微粒群算法的工程项目质量、费用和工期综合优化[J]. 土木工程学报, 2006, 39(10): 122-126.

[31] 王宇静, 李永奎. 工程项目绿色施工管理多目标均衡优化研究[J]. 计算机工程与应用, 2010, 46 (10): 7-10.

[32] 张清河, 王全凤. 安全质量费用工期在网络计划中的系统优化研究[J]. 数学的实践与认识, 2006, 36(1): 85-89.

[33] Newbold R C. Project management in the fast lane-applying the theory of constraint [M]. Boca Raton: St. Lucie Press, 1998.

[34] Damay J, Quilliot A. and Sanlaville E. Linear programming based algorithms for preemptive and non-preemptive RCPSP [J]. European Journal of Operational Research, 2007, 182 (3): 1012-1022.

[35] 刘士新, 宋健海, 唐加福. 关键链——一种进度计划与调度新方法[J]. 控制与决策, 2003, 18 (5): 516.

[36] 刘士新, 宋健海. 模糊多目标资源受限项目调度问题的优化方法[J]. 系统工程学报, 2008, 23

(6)：744-750.

[37] 邢超，明新国．多资源约束下的关键链进度计划优化研究[J]．项目管理技术，2008，S1：338-342.

[38] Pena-Mora F, Han S, Lee S and Park M. Strategic-operational construction management: Hybrid system dynamics and discrete event approach [J]. Journal of Construction Engineering and Management, 2008, 134(9): 701-710.

[39] 谢行皓．建筑工程系统仿真[M]．北京：科学出版社，2001.

[40] 钟登华，李景茹，刘奎建．全过程动态仿真技术及其在大型工程施工管理中的应用[J]．天津大学学报，2003，36(3)：347-352.

[41] Chua D K H and Song Y B. Application of component state model for identifying constructability conflicts in a merged construction schedule [J]. Advances in Engineering Software, 2003, 34 (12): 671-681.

[42] Huang R. Simulation of cable-stayed bridges using DISCO [C]. Proc. Winter Simulation Conf., 1994: 1130-1136.

[43] Martinez J and Ioannou P G. General purpose simulation with stroboscope [C]. Proc. Winter Simulation Conf., 1994: 1159-1166.

[44] Tommelein I D, Carr R I and Odeh A M. Knowledgebased assembly of simulation networks using construction designs, plans, and methods. Proc., 1994 Winter Simulation Conf., IEEE, Piscataway, N. J., 1999: 1145-1152.

[45] Shi J. Activity-based construction (ABC) modeling and simulation method [J]. Journal of Construction Engineering and Management, 1999, 125(5): 354-360.

[46] Hajjar D and AbouRizk S M. Simphony: An environment for building special purpose construction simulation tools [C]. Proc., Winter Simulation Conf., IEEE, Piscataway, N. J., 1999: 998-1006.

[47] Kim K J and Gibson G E. Interactive simulation modeling for heavy construction operations [J]. Automation in Construction, 2003, 12: 97-109.

[48] Wang H J, Zhang J P, Chau K W and Anson M. 4D dynamic management for construction an resource utilization [J]. Automation in Construcition, 2004, 13(5): 94-109.

[49] Lee D E. Probability of project completion using stochastic project scheduling simulation [J]. Journal of Construction Engineering and Management, 2005, 131(3): 310-318.

[50] 钟登华，刘奎建，张静．大型地下洞室群施工动态可视化仿真研究进展[J]．水力发电学报，2004，23(2)：88-93.

[51] 刘奎建．大型地下洞室群室群施工进度实时控制研究[D]．天津大学博士论文，2007.

[52] 高兴夫．超高层建筑施工动态仿真与模糊综合优化研究[D]．天津大学博士论文，2008.

[53] 吴康新．混凝土高拱坝施工动态仿真与实时控制研究[D]．天津大学博士论文，2008.

[54] 刘东海，冯守中等．工程施工进度的实施仿真预测与控制[J]．天津大学学报，2003，39(3)：280-283.

[55] 钟登华，刘奎建．基于实时仿真的地下洞室群施工进度预测与控制[J]．天津大学学报，2007，40(6)：721-725.

[56] 李良宝．建设项目施工进度计划仿真研究[D]．哈尔滨工业大学博士论文，2007.

[57] 杨国文，宋洋. 基于可视化仿真的隧道工程施工进度分析与控制研究[J]. 中国工程科学，2007，9(6).

[58] 宋洋，钟登华. 基于可视化仿真的水电工程施工进度分析与控制研究[J]. 系统工程理论与实践，2006，8：55-62.

[59] Zhong D H, Hang W B et al. Study on dynamic visual simulation system for complex construction processes[C]. The Sixth International Conference for Young Computer Scientists. Hongzhou, China, 2001：430-434.

[60] Roberts E B. A simple model of R&D project dynamics [J]. R&D Management, 1974, 5(1): 1-15.

[61] Ford D N. and Sterman J. Dynamic modeling of product development process [J]. System Dynamic Review, 1998a, 14(1), 31-68.

[62] Pena-Mora F and Park M. Dynamic planning for fast-tracking building construction projects [J]. Journal of Construction Engineering and Management, 2001, 127 (6): 445-456.

[63] 宁晓倩. 基于系统动力学的软件开发项目管理[D]. 复旦大学博士论文，2004.

[64] Ford D N. The dynamics of project management: an investigation of the impacts of project process and coordination on performance [D]. PhD thesis, MIT Sloan School of Management, Cambridge, MA, 1995.

[65] Homer J B, Sterman J D, Greenwood B and Perkola M. Delivery time reduction in pulp and paper mill construction projects: a dynamic analysis of alternatives[C]. In Proceedings of the 1993 International System Dynamics Conference, Cancun, Mexico, 1993.

[66] Madachy R J. Software process concurrence [J]. In Proceedings of the 2002 International System Dynamics Conference, Palermo, Italy, 2002.

[67] Ackermann F, Eden C and Williams T. Modelling for litigation: mixing qualitative and quantitative approaches [J]. Interfaces, 1997, 27(2): 48 - 65.

[68] Eden C E, Williams T M and Ackermann F A. Dismantling the learning curve: the role of disruptions on the planning of development projects [J]. International Journal of Project Management, 1998, 16(3): 131 - 138.

[69] Weil H B and Etherton R L. System dynamics in dispute resolution[C]. In Proceedings of the 1990 International System Dynamics Conference, Utrecht, The Netherlands, 1990.

[70] Ford D N, Ceylan K. Using options to manage dynamic uncertainty in acquisition projects. Acquisition Review Quarterly, 2002, 9(4): 243 - 258.

[71] Park M and Pena-Mora F. Reliability buffering for construction projects [J]. Journal of Construction Engineering and Management, 2004, 130 (5): 626-637.

[72] Lee S H and Pena-Mora F. Understanding and managing iterative error and change cycles in construction [J]. System Dynamics Review, 2007, 23(1): 35-60.

[73] Joglekar N and Ford D N. Product development resource allocation with foresight [J]. European Journal of Operational Research, 2005, 160(1): 72-87.

[74] Park M. Model-based dynamic resource management for construction projects [J]. Automation in Construction, 2005, 14: 585-598.

[75] Lee Z W and Ford D N. Effects of Resource Allocation Policies for Reducing Project Durations: A

Systems Modelling Approach [J]. Systems Research and Behavioral Science, 2007, 24: 551-566.

[76] Cooper K G. The rework cycle: why projects are mismanaged [J]. PM Network Magazine, 1993a, 2: 5-7.

[77] Cooper K G. The rework cycle: How it really works …and reworks [J]. PM Network Magazine, 1993b, 2, 25-28.

[78] Cooper K G. The rework cycle: Benchmarks for the project manager [J]. Project Management Journal, 1993c, 24(1): 17-21.

[79] Ford D N and Sterman J. The liar's club: impacts of concealment in concurrent development projects [J]. Concurrent Engineering Research and Applications, 2003, 111(3): 211-219.

[80] Park M and Pena-Mora F. Dynamic change management for construction: introducing the change cycle into model-based project management [J]. System Dynamic Review, 2003, 19 (3): 213-242.

[81] Lee S H Pena-Mora F. and Park M. Quality and change management model for large scale concurrent design and construction projects [J]. Journal of Construction Engineering and Management, 2005, 131(8): 890-902.

[82] Cooper K G. The $2000 hour: how managers influence project performance through the rework cycle [J]. Project Management Journal, 1994, 25(1): 11-24.

[83] Ford D N. and Sterman J. Expert knowledge elicitation for improving mental and formal models [J]. System Dynamics Review, 1998b, 14(4): 309-340.

[84] Abdel-Hamid T K. A multiproject perspective of single-project dynamics [J]. Journal of Systems Software, 1993a, 22 (3): 151-165.

[85] Abdel-Hamid T K. Adapting, correcting, and perfecting software estimates: a maintenance metaphor [J]. Computer March, 1993b: 20-29.

[86] Ford D N, Lyneis J M and Taylor T. Project Controls to minimize cost and schedule overruns: a model, research agenda, and initial results [C]. In Proceedings of the 2007 International System Dynamics Conference, Boston, MA, 2007.

[87] FordD N, Anderson S, Damron, A, de Las Casas R, Gokmen N and Kuennen S. Managing constructability reviews to reduce highway project durations [J]. ASCE Journal of Construction Engineering and Management, 2004, 130(1): 33 – 42.

[88] Taylor T and Ford D N. Tipping point dynamics in development projects [J]. System Dynamic Review, 2006, 22(1): 51-71.

[89] Taylor T and Ford D N. Managing tipping point dynamics in complex construction projects [J]. Journal of Construction Engineering and Management, 2008, 134(6): 421-431.

[90] Rodrigues A G and Williams T M. System dynamics in project management: assessing the impacts of client behavior on project performance [J]. Journal of the Operational Research Society, 1998, 49 (1): 2-15.

[91] Reichelt K S. Halter Marine: A case study of the dangers of litigation [D]. Masters thesis, Massachusetts Institute of Technology, 1990.

[92] McKenna N. Executing major projects through contractors [C]. In Proceedings of the 2005 International System Dynamics Conference, Boston, MA, 2005.

[93] Stephens C A, Graham A K and Lyneis J M. System dynamics modeling in the legal arena: meeting

the challenges of expert witness admissibility [J]. System Dynamics Review, 2005, 21(2): 95-122.

[94] Howick S and Eden C. The impact of disruption and delay when compressing large projects: going for incentives? [J]. Journal of the Operational Research Society, 2001, 52: 26-34.

[95] Abdel-Hamid T K and Madnick, S E. Software Project Dynamics: An Integrated Approach [M]. Prentice-Hall: Englewood Cliffs, NJ, 1991.

[96] Qi-fan W and Xiao-Qian N. The influence of schedule target on project performance [J]. Journal of Fudan University (Natural Science), 2003, 42(5): 699-705.

[97] Cooper K G and Reichelt K S. Project changes: sources, impacts, mitigation, pricing, litigation, and excellence. In The Wiley Guide to Managing Projects, Morris PWG, Pinto JK (eds). Wiley: Hoboken, NJ: 2004: 743-772.

[98] Williams T M. Seeking optimum project [J]. Operational Research Society, 1999, 50: 460-467.

[99] Repenning N P. A dynamic model of resource allocation in multi-project research and development systems [J]. System Dynamics Review, 2000, 16(3): 173-212.

[100] Graham A K. Beyond PM101: lessons for managing large development programs [J]. Project Management Journal, 2000, 31(4): 7-18.

[101] Qi-Fan W, Xiao-Qian N, Jiong Y. Advantages of system dynamics approach in managing project risk dynamics [J]. Journal of Fudan University (Natural Science), 2005, 44(2): 201-206.

[102] 翟丽, 宋学明, 辛燕飞. 系统动力学在软件项目管理中的应用: 对解决问题各备选方案的评价 [J]. 软科学, 2008, 22 (1): 59-62.

[103] 雷荣军, 毕星. 系统动力学在工程项目管理中的应用[J]. 哈尔滨理工大学学报, 2004, 9(6): 72-75.

[104] 孙水根, 李学迁. 系统动力学在项目管理中的应用[J]. 基建优化, 2007, 28(5): 16-17.

[105] 杨林, 赵延龙. 基于离散—连续混合系统的工程进度仿真构想[J]. 科技进步与对策, 2009, 26 (21): 82-85.

[106] 李旭. 社会系统动力学[D]. 上海: 复旦大学出版社, 2009.

[107] Forrester J W. Industrial Dynamics. Cambridge MA: Productivity Press, 1961.

[108] 王其藩. 系统动力学理论与方法的新进展[J]. 系统工程理论方法应用, 1995, 4(2): 6-12.

[109] 王其藩. 高级系统动力学[M]. 北京: 清华大学出版社, 1996.

[110] 宣慧玉, 高宝俊. 管理与社会经济系统仿真[M]. 武汉: 武汉大学出版社, 2002.

[111] 丁士昭. 建设监理导论[M]. 上海快必达软件出版发行公司, 1990.

[112] 丁士昭. 项目信息门户(PIP)的特征和发展趋势的探讨[C]. 工程管理论文集, 2004.

[113] Sterman J D. Business Dynamics: Systems Thinking and Modeling for a Complex World. Irwin WcGraw-Hill: New York, 2000.

[114] Phelan S E. What is complexity science, really? [J]. Emergence, 2001(1): 120-136.

[115] Scholl H. Agent-based and system dynamics modeling: a call for cross study and joint research[C]. Proceedings of the 34th Hawaiian International Conference on System Sciences (HICSS-34), January 2001, Maui, HI2001.

[116] Lee S H, Pena-Mora F and Park M. Dynamic planning and control methodology for strategic and operational construction project management [J]. Automation in Construction, 2006, 15 (1): 84-97.

[117] Rodrigues A and Bowers J. System dynamics in project management: A comparative analysis with traditional methods [J]. System Dynamics Review, 1996, 12(2): 121-139.

[118] 丁士昭. 工程项目管理[M]. 北京: 中国建筑工业出版社, 2006.

[119] Nguyen L D and Ogunlana S O. Modeling the dynamics of an infrastructure project [J]. Computer-Aided Civil and Infrastructure Engineering, 2005 (20): 265-279.

[120] Rosenau M D and Moran J. Managing the Development of New Products, Achieving Speed and Quality Simultaneously Through Multifunctional Teamwork. New York: Van Nostrand Reinhold, 1993.

[121] Wheelwright S C and Clark K B. Revolutionizing Product Development, Quantum Leaps in Speed, Efficiency, and Quality [C]. New York: The Free Press, 1992.

[122] Clark K B and Fujimoto T. Product development performance strategy, organization and management in the world auto industry [J]. Boston, MA: Harvard Business School Press, 1991.

[123] Josephson P, Hammarlund Y. The causes and costs of defects in construction: a study of seven building projects [J]. Automation in Construction, 1999, 8(6): 681-687.

[124] 吴水根, 李辉. 建筑工程质量验收与质量问题处理[M]. 上海: 同济大学出版社, 2007.

[125] Krishnan V, Eppinger S D and Whitney D E. A model-based framework to overlap product development activities [J]. Management Science, 1997, 43(4): 437-451.

[126] Hanna, Awad S, Camlic R, Peterson Pehr A and Nordheim Erik V. Quantitative definition of projects impacted by change orders[J]. Journal of Construction Engineering and Management, 2002, 128(1): 57-64.

[127] 霍俊. 关于公路工程变更管理的探索[J]. 山西建筑, 2009, 35(26): 186-187.

[128] AssafS A and Al-Hejji S. Causes of delay in large construction projects [J]. Project management, 2006(24): 349-357.

[129] Chan D W and Kumaraswamy M M. A comparative study of causes of time overruns in Hong Kong construction projects [J]. International Journal of Project Management, 1997, 15(1): 55-63.

[130] Motawa I A, Anumba C J, Lee S and Pena-Mora F. An integrated system for change management in construction [J]. Automation in Construction, 2007, (16): 368-377.

[131] Moselhi O, Assem I and EI-Rayes K. Change orders impact on labor productivity [J]. Journal of Construction Engineering and Management, 2005, 131 (3): 354-359.

[132] Ibbs C. Quantitative impacts of project change: Size issues [J]. Journal of Construction Engineering and Management, 1997, 123(3): 308-311.

[133] Vandenberg P. The impact of change orders on mechanical construction labor efficiency [D]. MSc thesis, University of Wisconsin-Madison, Wisc, 1996.

[134] Hanna A, Russel J et al. Impact of change orders on labor efficiency for mechanical construction [J]. Journal of Construction Engineering and Management, 1999a, 125(3): 176-184.

[135] Hanna A, Russel J et al. Impact of change orders on labor efficiency for electrical construction [J]. Journal of Construction Engineering and Management, 1999b, 125(4): 224-232.

[136] Coffman G. Effect of change orders on labor productivity [C]. Proceeding, 5th Construction Congress V, ASCE, Reston, Va., 1997: 141-148.

[137] Hanna A, Russel J et al. Impact of change orders on labor efficiency for electrical construction [J].

Journal of Construction Engineering and Management, 1999b, 125(4): 224-232.

[138] Leonard C. The effect of change orders on productivity [D]. MS thesis, Concordia University, Montreal, Quebec, 1998.

[139] Motawa I A, Anumba C J et al. Modelling change processes within construction projects [C]. Proceedings of the Second International Conference on Structural and Construction Engineering (ISEC-02), Rome, Italy, Sep. 2003: 2185 – 2190.

[140] Cox I D, Morris J P et al. A quantitative study of post contract award design changes in construction [J]. Journal of Construction Management and Economics, 1999, (17): 427 – 439.

[141] Mokhtar A, Bedard C et al. Information model for managing design changes in a collaborative environment [J]. Journal of Computing in Civil and Engineering, 1998, 12(2): 82 – 92.

[142] Krishnamurthy K, Law K. A data management model for design change control [J]. Concurr. Eng. Res. Appl., 1995, 3 (4): 329 – 343.

[143] Swedish Construction Federation. Fakta om byggande, 2003.

[144] RastegaryH and Landy F J. The interactions among time urgency, uncertainty, and time pressure. Time pressure and stress in human judgment and decision making, O. Svenson and A. J. Maule, eds., Plenum, New York, 1991: 217-239.

[145] Michalak C F. The cost of chasing unrealistic project schedules [J]. Transactions of the American Association of Cost Engineers, 1997: PC. 02. 1-PC. 02. 6.

[146] Nepal M P, Park M and Son B. Effects of Schedule Pressure on Construction Performance [J]. Journal of Construction Engineering and Management, 2006, 132(2): 182-188.

[147] Thomas H R. Effect of schedule overtime on labor productivity [J]. Journal of Construction Engineering and Management, 1992, 118 (1): 60-76.

[148] Thomas H R and Raynar K A. Scheduled overtime and labor productivity: A quantitative analysis [J]. Journal of Construction Engineering and Management, 1997, 123 (2): 181-188.

[149] Thomas H R and Napolitan C. Quantitative effects of construction changes on labor productivity [J]. Journal of Construction Engineering and Management, 1995, 121(3): 290-296.

[150] Diekmann J, and Heinz J. Determinants of jobsite productivity [R]. Construction Industry Institute Research Report, 2001, No. 143-11, Univ. of Texas at Austin.

[151] Olomolaiye P O, Jayawardane A K W, and Harris F C. Construction productivity management [M]. Addison Wesley Longman, U. K. 1998.

[152] Dai J, Goodrum P M, Maloney W F. and Srinivasan C. Latent structures of the factors affecting construction labor productivity [J]. Journal of Construction Engineering and Management, 2009, 135 (5): 397-406.

[153] Wichens C D, and Hollands J G.. Engineering psychology and human performance. 3rd Ed., Prentice Hall, Upper Saddle River, N. J., 2000.

[154] Chang C K, Hanna A S, Lackney J A and Sullivan K T. Quantifying the impact of schedule compression on labor productivity for mechanical and sheet metal contractor [J]. Journal of Construction Engineering and Management, 2007, 133 (4): 287-296.

[155] Waterworth C. Relearning the Learning Curve: A Review of the Derivation and Application of Learning-Curve Theory [J]. Project Management Journal, 2000, 31(1): 24-31.

[156] CIB. Building Pathology-A State-of-the-art Report [R]. CIB Report, Publication 155, 1993.

[157] Hammarlund Y, Jacobsson S and Josephson P E. Quality failure costs in building construction [R]. CIB International Symposium at the University of Technology, Sydney, March 1990.

[158] Josephson P, Hammarlund Y. The causes and costs of defects in construction: a study of seven building projects [J]. Automation in Construction, 1999, 8(6): 681-687.

[159] Nowak A S. Human Errors in Structures, Offshore Mechanics and Arctic Engineer. Vol. 2, 11th International Conference, Calgary, Canada, June 1992: 335-341.

[160] Reichelt K S, Lyneis J M. The dynamics of project performance: benchmarking the drivers of cost and schedule overrun. European Management Journal, 1999, 17(2): 135–150.

[161] Toole T M and Hufford C. A project management flight simulator. Proceeding of the ASCE CRC Specialty Conference "Management and Leadership Issues in Construction", Hilton Head, NC, 2004, March: 24-26.

[162] Chang C L. Applying R&D project dynamics concepts to construction management [D]. Master Research Study, No. IE-90-1, AIT, Bangkok, Thailand, 1990.

[163] Jessen S A. Can project dynamics be modeled? [C]. Proceedings of the 1988 International Conference of the System Dynamics Society, La Jolla, CA, 1988.

[164] Barlas Y. Formal aspects of model validity and validation in system dynamics [J]. System Dynamics Review, 1996, 12(3): 1-28.

[165] Grcic B and Munitic A. System Dynamics Approach to Validation [C]. International System Dynamics Conference, Cambridge, Massachusetts, 1996.

[166] Forrester J W and Senge P. Tests for building confidence in system dynamics models [J]. TIMS Studies in the Management Sciences, 1980, 14: 209.

[167] Barlas Y and Kanar K. Structure-oriented behavior tests in Model Validation [J]. 18th International Conference of the System Dynamics Society, Bergen, Norway, System Dynamics Society, 2000.

[168] Turk Z, Wasserduhr R, Katranuschkov P, Amor R, Hannus M & Sacherer R J. Conceptual modelling of a concurrent engineering environment, Concurrent engineering in construction, Institution of Civil Engineers, London, 1997.

[169] Evbuomwan N F O and Anumba C J. An Integrated Framework for concurrent life-cycle design and construction [J]. Advances in Engineering Software, 1998, (29): 587.

[170] Park M. Dynamic planning and control methodology for large-scale concurrent construction projects [D]. MIT, Dissertation, 2001.

[171] Williams G. Fast-track pros and cons: Considerations for industrial projects [J]. Journal of Construction Engineering and Management, 1995, 11 (5): 24-32.

[172] Project Management Institute. A guide to project management body of knowledge (PMBOK Guide) [M]. Project Management Institute: PA, 2000.

[173] Georgy M E. Evolutionary resource scheduler for linear projects [J]. Automation in Construction, 2008, 17 (5): 573-583.

[174] Tighe J. Benefits of fast tracking are a myth [J]. International Journal of Project Management, 1991, 9(1): 49-51.

[175] Pfahl D and Lebsanft K. Integration of system dynamics modelling with descriptive process modeling and goal-oriented measurement [J]. The Journal of Systems and Software, 1999, 46: 135-150.

[176] 丁士昭. 建设工程信息化导论[M]. 北京: 中国建筑工业出版社, 2005.

[177] 齐国友. P3e/c 工程项目管理应用[M]. 北京: 机械工业出版社, 2007.

[178] 卢勇. 基于互联网的工程建设远程协作的研究[D]. 同济大学博士论文, 2004.

[179] Beck T. Die Projektorganisation und ihre Gestaltung. Betriebswirtschaftliche Forschungsergebnisse; Bd. 105, Dunker und Humblot, Berlin, 1996.

[180] Pena-Mora F and Dwivedi G. Multiple device collaborative and real time analysis system for project management in civil engineering [J]. Journal of Computing in Civil Engineering, 2002, 16(1): 23-38.

[181] Senior B and Halpin D. Simplified simulation system for construction projects [J]. Journal of Construction Engineering and Management, 1998, 124 (1): 72-81.

[182] Tavakoli A and Riachi R. CPM use in ENR top 400 contractors [J]. Journal of Management Engineering, 1990, 6(3): 282-295.

[183] Kelleher A. An investigation of the expanding role of the critical path method by ENR's top 400 contractors [D]. Master's thesis, Faculty of Virginia Polytechnic Institute and State Univ., Blacksburg, Va, 2004.

[184] Lu H Q. Extended production integration for construction: an integration system for building construction [D]. Ph.D. thesis, University of Florida, 2002.

[185] Chanbari A. Model-based integrated total project management systems, with an Emphasis on Materials Management [J]. Ph.D. thesis, University of British Columbia, 2006.

[186] Alter S. A Work System View of DSS in its Fourth Decade [J]. Decision Support System, 2004, 38(3): 319-327.

[187] Power D J and Sharda R. Model-Driven Decision Support System: Concepts and Research Direction [J]. Decision Support System, 2007, 43 (3): 1044-1061.

[188] Bhargava H K, Krishnan R and Muller R. Decision Decision support on demand: emerging electronic markets for decision technologies [J]. Decision Support Systems, 1997, 19 (3): 193-214.

[189] Bhargava H K. and Krishnan R. The world Wide Web: opportunities for operation research and management science [J]. INFORMS Journal on Computing, 1998, 10 (4): 359-383.

[190] Power D J. Decision Support Systems: Concepts and Resources for Managers [M]. Quorum Books, Wesport Conn., 2002.

[191] Zhang S and Goddard S. A software architecture and framework for Web-based distributed Decision Support System [J]. Decision Support System, 2007, 43: 1130-1150.

[192] Bhargava H K, Power D J and Sun D. Progress in Web-based decision support technologies [J]. Decision Support Systems, 2007, 43: 1083-1095.

[193] 戴彬. 项目信息门户的概念及实施分析[J]. 同济大学学报(自然科学版), 2005, 33 (7): 990-994.

[194] 陈文伟, 廖建文. 决策支持系统及其开发[M]. 北京: 清华大学出版社, 2008.